방관자 효과

WHY WE ACT: Turning Bystanders Into Moral Rebels
by Catherine A. Sanderson

당신이
침묵의 방관자가
되었을 때
일어나는 나비 효과

방관자 효과

캐서린 샌더슨 지음
박준형 옮김

"당신은 그때 왜 행동하지 않았는가…?"

쌤앤
파커스

앤드류, 로버트, 캐롤라인에게

중요한 문제에 대해
침묵하지 않기를 바라며

차례

서문

우리는 왜 행동하지 않는가

2017년 8월 25일, 남편과 나는 하루 종일 첫째인 앤드류의 대학 입학 준비로 바빴다. 우리는 월마트에서 작은 냉장고와 러그를 샀고, 아이의 새 침실 벽에 포스터를 걸었다. 아쉬운 마음을 달래면서 함께 점심을 먹고, 전보다 약간 조용해진 집으로 차를 타고 돌아왔다.

2주 후 어느 날, 갑작스럽게 앤드류의 전화를 받았다. 그동안 없던 일이었다. 보통의 십 대 아이들이 흔히 그렇듯 통화보다는 문자로 연락하는 경우가 훨씬 많았다. 앤드류는 갈라진 목소리로 기숙사 룸메이트가 죽었다고 말했다.

앤드류는 죽은 룸메이트와 죽이 잘 맞았다고 했다. 룸메이트도 신입생이었고, 고향도 매사추세츠로 같았다. 자신이 졸업한 고등학교와 경쟁 관계에 있는 고등학교를 나왔고, 자신처럼 남동생이 있다고 했다.

"어떻게 된 거니?" 내가 물었다.

앤드루의 말에 따르면 친구들과 술을 마시고 있었다고 한다. 토요일 밤이었고, 밤 9시쯤 만취한 룸메이트는 쓰러지면서 머리를 부딪쳤다. 앤드류, 그리고 함께 술을 마신 라크로스팀 동료들은 몇 시간 동안 번갈아 룸메이트를 돌봤다. 허리가 꺾이거나, 토하다가 질식하지 않도록 배낭을 어깨 쪽에 고여놓았다. 확실히 숨을 쉬고 있는지도 여러 번 확인했다.

그런데 그들이 약 24시간 동안 하지 않은 행동이 한

가지 있었다. 911에 전화하는 것이었다.

이들이 도움을 요청한 시각은 일요일 오후 4시였고, 이때는 이미 늦은 뒤였다. 의식을 잃은 아이는 병원으로 실려 갔고, 가족들과 마지막 작별 인사를 할 시간을 벌기 위해 생명 유지 장치를 달았다.

재빨리 의료진의 도움을 받았다면 아이가 살 수 있었 을지는 알 수 없다. 어쩌면 그럼에도 살지 못했을지도 모른다. 하지만 아이에게 기회조차 없었다는 사실만은 분명하다. 심 각한 응급 상황에서 대학생들이 아무 조치도 취하지 못한 이 상황은 사실 전혀 낯설지 않다.

위급한 상황에서 아무 행동도 하지 않는 것을 택하는 것은 비단 대학생뿐만이 아니다. 왜 유나이티드항공과 관련 해 인터넷에 퍼진 영상 속에서 항공기에 탑승한 승객 대부분 은 누군가가 강제로 끌려 나가는 모습을 보고도 조용히 앉아 있었을까? 왜 사람들은 모욕적인 언어와 괴롭힘을 보고도 침 묵하는 것일까? 왜 가톨릭 교단의 수많은 성직자는 수년 동안 신부들의 성적 학대를 보고하지 않았던 것일까?

나는 1990년대에 프린스턴 대학교를 졸업하고, 암허 스트 대학교 교수로 재직하며 20년의 경력을 쌓으면서 내 연 구는 사회적 기준에 집중되었다. 사회적인 기준이란 우리의 행동을 형성하는 불문율을 말한다. 사람들은 사회적 집단과 어울리고 적응하기 위해 이 사회적 기준을 따르지만, 기준을 인식하는 데 있어 치명적인 오류를 저지른다. 나는 이처럼 행동에 실패하는, 절박해 보이는 사람들의 사례에서 무슨 일이 일어나고 있는지에 대한 혼란과 개인적 책임의 부족, 사회적 기준에 대한 오해, 결과에 대한 공포 같은 동일 요인에 의한 근본적 문제를 찾고 있다.

나는 연구를 통해 얻은 사회적 기준의 힘에 대해 가르치고, 이 기준과 오해의 결과를 인식할 때 자주 저지르게 되는 오류를 지적해 더 나은 행동을 하도록 도왔다. 내 연구에서 캠퍼스의 사회적 기준이 건강하지 않은 신체적 이미지를 강조한다는 사실을 깨달은 여성 신입생은 섭식 장애를 겪을 확률이 낮았으며, 정신적 문제를 겪고 있는 친구들이 많다는 사실을 알게 된 학생들은 이후 정신 질환 치료에 대해 긍정적 시각을 갖게 된다는 것을 확인했다. 오해로 이어질 수 있는 심리적 과정을 이해하도록 돕는 것은 실질적인 잘못을 줄이고, 타인에 대한 오해를 줄이며, 심리적 그리고 신체적으로 도움이 된다. 그래서 사람들이 행동하도록 만들 수 있다.

1987년에 스탠퍼드 대학교 학생으로 처음 심리학에 입문했을 때 무리 속에 있을 때 나의 행동이 얼마나 영향을 받는지 깨닫고 깊은 인상을 받았다. 필 짐바르도 교수의 제자가 될 수 있었던 것은 영광이었다. 짐바르도 교수의 스탠퍼드 감옥 연구는 지금도 심리학에서 가장 중요하고 논란이 되는 연구로 남아 있다. 이 연구가 나를 사회 심리학으로 이끌었다.

당시 연구진은 실험을 설계하고, 사람들의 행동을 측정할 수 있었다. 하지만 우리는 이를 설명하는 메커니즘은 관통하지 못했다. 뇌 안에서 어떤 일이 벌어지는지 알지 못했던 것이다. 최근 신경 정신학의 발전으로 이런 한계를 극복할 수 있게 되었다. 이제는 뇌 속에서 벌어지는 시나리오, 압박, 경험을 실시간으로 확인할 수 있다. 나는 이 책에서 사람들이 응급 상황에 놓여 있을 때 행동하지 않게 만드는 이유가 세심한 절차에 의해서가 아니라 뇌 속의 자동 기제에 따른 결과라는 사실을 보여줄 것이다.

이 책을 집필한 목적은 사람들이 좋지 않은 행동 앞에서 침묵하려는 인간의 자연스러운 본성 이면에 깔린 심리적 요인을 이해하도록 돕고, 나쁜 행동이 지속되도록 허용하고 침묵하는 데 있어 얼마나 중요한 역할을 하는지 알리고자 함이다. 이 책의 앞 절반에서는 사람들이 나쁜 행동에 개입하는 상황과 심리적 요인을 설명하려 한다(1장). 이어서 이보다 더 일반적인 현상인, 다른 사람의 나쁜 행동을 보고도 침묵하는 이유에 대해 설명하고자 한다(2~5장). 다음으로는 이들 요소가 특정 상황에 놓였을 때 행동하는 것을 어떻게 방해하는지 살펴보려 한다. 그중에는 학교에서의 따돌림(6장), 대학에서의 성폭력(7장), 직장에서의 비윤리적 행위(8장)가 포함된다. 또한 타인에게 맞서는 방법과 도덕적 저항 행위에서 무엇을 얻을 수 있는지 설명하고자 한다(9장). 마지막 장에서는 우리의 목소리를 내고, 가장 필요한 행동을 취하기 위해 활용할 수 있는 전략을 살펴보려 한다. (자신의 성격과 관계없이 활용할 수 있는 전략이다.)

이 책이 우리가 행동하지 못하게 막는 힘에 대한 통찰력을 제공하고, 우리 삶에 가해지는 압박에 저항하는 실용적 방법을 얻게 되길 바란다. 또한 여러분이 이 책의 내용을 통해 어려운 상황에서도 분연히 옳게 행동할 수 있기를 바란다. 마지막으로, 침묵의 방관자가 되었을 때 일어날 수 있는 나비 효과를 막을 수 있는 비밀은 긴급한 상황에서 도움을 청하는 전화를 걸기까지 20시간이나 기다리지 않는 것이라는 사실을 알려주고 싶다.

PART 1.   선한

사람들의　　　침묵

1.

괴물에 대한 환상

2012년 8월 11일, 오하이오 슈토이벤빌에서는 한 16세 여학생이 고등학생 한 무리와 함께 파티에 참석했다. 당시 참석자 중에는 학교 미식축구팀 선수들도 있었다. 이 학생은 과음으로 만취 상태가 되어 토하기 시작했다. 당시 파티에 있던 다른 학생들은 이 학생이 "완전히 취했었다"라고 증언했다. 다음날 아침, 이 여학생은 완전히 발가벗은 상태로 지하 거실에서 정신을 차렸다. 곁에는 남학생 세 명이 있었지만, 전날 밤 무슨 일이 있었는지 전혀 기억나지 않았다.

이후 며칠 동안 SNS에는 그날 밤 어떤 일이 벌어졌는지 생생하게 보여주는 사진과 영상이 올라왔다. 그 여학생은 의식이 없는 상태에서 강제로 옷이 벗겨진 후 성폭행을 당했던 것이다. 2013년 3월, 슈토이벤빌 고등학교 미식축구팀 선수인 트렌트 메이스와 말릭 리치몬드는 성폭행 혐의로 재판에서 유죄 판결을 받았다.

사람들은 이러한 사건을 접하면 범죄는 악인의 전유물이라고 생각한다. 의식이 없는 십 대 여학생을 성폭행하는 나쁜 행동은 악인들만 저지른다고 믿는다. 불행하게도 이러한 판단은 옳지 않다. 팔레스타인 테러리스트를 수년간 연구한 나스라 하산은 "무서운 사실은, 자살 폭탄 테러를 자행하는 테러리스트는 이상하기는커녕 너무나 평범한 사람들이었다는 점이다"라고 말했다.[1]

이번에는 수 클리볼드의 사연을 살펴보자. 1999년, 그의 아들 딜런 클리볼드는 같은 반 친구 에릭 해리스와 함께 콜로라도의 콜럼바인 고등학교에서 총기를 난사해 10명 넘게 살해했다. 수 클리볼드는 "남들은 우리 아이가 비뚤어진 목적을 가진 괴물이라고 생각해요. 분명 악마 같은 면이 있었을 것이라고 믿고 싶어 하지요"라고 말했다.[2]

왜 우리는 악인만 나쁜 행동을 한다고 추정할까? 우리의 친구, 가족 그리고 나 자신은 좋은 사람이고, 그런 짓을 저지를 리 없다고 믿어야 안심이 되기 때문이다.

하지만 우리가 '좋은 사람'이라고 믿었던 이들도 학교에서 친구를 따돌리고, 대학에서 신입생을 못살게 굴고, 직장에서 동료를 성추행하는 등 갖가지 못된 짓을 저지른다. 그렇기에 괴물을 찾아내 막는 것만으로 이러한 끔찍한 행동을 억제할 수 없다. 선한 사람을 나쁜 선택으로 이끄는 원인을 찾아내야 그릇된 행동을 막거나, 적어도 줄일 수 있다. 1장에서는 보통 사람들이 옳지 않은 행동을 자행하는 조건과 상황을 살펴보려 한다. 다른 사람들과 함께 있을 때, 믿는 이가 부추겨서, 혹은 자신도 모르게 나쁜 방향으로 조금씩 발을 들이는 경우 그릇된 행동을 저지르기 쉽다는 사실은 그다지 놀랍지 않다. 하지만 이러한 인간의 경향 속에는 많은 이들이 생각지도 못한 이유가 숨어 있다.

비뚤어진 군중의 힘

나는 프린스턴 대학교 대학원에 다닐 때 기숙사에서 아르바이트를 하면서 생활비를 마련했다. 당시 나의 역할은 기숙사에서 생활하는 학생들을 지원하는 것이었다. 구체적으로 식당에서 학생들과 같이 밥을 먹고, 기숙사의 행사를 돕고 학업이나 개인적인 문제를 상담해주는 것 등이었다. 그런데 업무중에서 죽기보다 싫었던 한 가지가 있었다. 매년 열리는 행사였던 누드 올림픽 행사 지원이었다.

누드 올림픽은 1970년대 초 시작되어 1999년에 학교 이사회가 금지할 때까지 전해 내려온 학교의 전통이었다. 이 행사에는 매년 첫눈이 내린 날(주로 1월이었다) 2학년 학생들만 참가할 수 있었는데, 자정에 신발과 모자, 장갑만 두른 채 캠퍼스를 질주했다. 짐작하겠지만, 학생들은 행사 시작 전에 다량의 술을 마시곤 했다. 영하의 날씨를 견디기 위해서이기도 하고, 친구들 앞에서 알몸으로 달리는 민망함도 견디기 위해서였다.

당시 나는 야광 반사 조끼를 입고 구급상자를 들고 대기하는 임무를 맡았다. 행사에 참가한 학생이 얼음에 미끄러져 넘어진다거나 하는 문제가 생기면 나를 찾아 치료를 받았다. 나는 다음 누드 올림픽이 열리기 전에 논문이 통과되어 프린스턴을 떠날 수 있기만을 바랐다. 나는 '미국에서 제일 똑똑하고 뛰어난 학생들이 대체 왜 이런 짓을 벌이는 것일까?'라고 자신에게 물었지만, 답을 찾을 수 없었다. 한밤중에 술에 취해 발가벗고 달리는 것은 제정신으로 할 일은 아니었다.

하지만 누드 올림픽을 통해 인간 심리의 근본적인 사실 하나를 발견할 수 있었다. 사람은 군중 속에 있을 때 혼자서는 절대 하지 않을 행동을 저지른다는 점이다. 다행히 누드 올림픽은 남에게 해를 끼치지는 않는다. 그러나 다른 옳지 않은 행동에도 일종의 군중 심리가 작용하는데, 여기에 해당하는 사례는 쉽게 찾을 수 있다.

- 2010년 2월, 딜런 기포드 윤트는 샌프란시스코에 있는 한 상가의 4층 외벽 턱에 서서 군중을 바라보고 있었다. 사람들은 "어서 뛰어!", "눈 딱 감고 해봐!"라고 외치며 도발했다. 45분 후 그는 뛰어내렸고, 결국 사망했다.
- 독일 쾰른에서는 2016년 새해 전야 행사에서 다수의 남성들이 약 1200명의 여성을 집단 성추행했다.
- 2018년 2월, 슈퍼볼 경기 승리를 자축하던 필라델피아 이글스 팬들이 차량을 전복시키고, 전봇대를 뽑고, 불을 지르고, 상점 유리를 깨 27만 3000달러의 피해가 발생했다.

왜 사람들은 군중 속에 있을 때 혼자서는 하지 않을 행동을 하는 것일까? 여러 이유 중 하나는 익명의 상태이기 때문에 책임을 지지 않을 것이라는 믿음이다. 군중 속에 있지 않더라도, 마스크나 옷에 달린 모자를 쓰거나, 자신의 정체를 밝히지 않은 상태에서 벌이는 공격적 행동은 빈도와 강도가 심해진다. 심리학자 필립 짐바르도는 다른 학생에게 전기 충격을 가하는 실험(실험 참가자에게는 창의성 관련 연구라고 알려주었다)에서 전기 충격을 가하는 참가자가 모자로 얼굴을 가려 신원을 감출 수 있을 때 그렇지 않은 상황보다 충격을 주는 시간이 훨씬 길어 더 강한 고통을 주었다고 한다.[3]

실험실 밖에서도 동일한 현상이 관측되었다. 북아일랜드에서 일어난 소요 행위를 분석한 레스터 대학교의 앤드류 실케는 마스크나 모자, 그 외에 얼굴을 가릴 수 있는 옷을 입었기 때문에 더욱 심각한 파괴 행위를 자행했고, 더 많은 이들을 공격했으며, 더 큰 부상을 남겼다고 분석했다.[4] 이 연구 결과는 익명성이 보장되는 온라인에서 사이버 폭력이나 다른 폭력 행위가 흔히 발생하는 이유를 설명해준다.

개인이 아닌 집단 역시 개인으로서의 감각을 잃는 것을 말하는 '탈 개인화'[5]라는 과정에 의해 그릇된 행동을 한다. 사람들은 집단 속에서 도덕적 기준에 대한 감각을 잃고, 자신이 누구인지 잊는 일이 쉽게 발생하게 되어 일탈 행위를 막는 일반적 기준이 사라진다.

군중의 규모가 커질수록 행동은 더욱 악화된다. 펜실베이니아 주립 대학교의 앤드류 리치와 베리 루벡은 폭력적 린치 행위를 분석해 이러한 행위의 영향을 연구했다.[6] 조지아주에서 발생한 린치 행위를 알아보기 위해 《애틀랜타 컨스티튜션》의 기사를 분석한 결과 1882년부터 1926년까지 발생한 411건의 사건에서 515명의 희생자를 확인할 수 있었다. 리치와 루벡은 군집의 규모, 피해자의 인종과 성별, 각 사건에서 발생한 폭력의 정도를 정리했다. 대부분은 사망한 린치 피해자 중에서도 화상을 입었거나, 목이 매달렸거나, 구타를 당한 경우를 폭력 수준이 높은 것으로 분류했다. 이 결과를 통해 린치에 가담한 사람들이 많을수록 폭력의 수위가 높아지는 것을 볼 수 있었다.

군집은 단체 행동을 악화시키는 것으로 보이지만, 그 이유를 파악하기는 쉽지 않다. 사람들은 자신이 선택한 행동의 이유를 인식하지 못할 수도 있다. 그래서 연구진에게 자신이 왜 그런 행동을 하게 되었는지 정확하게 답하지 못하기도 한다. 또한 이들은 자신이 나쁜 사람은 아니라는 것을 보여주기 위해 변명을 하는 것일 수도 있다.

하지만 최근 발전한 신경 정신학은 이러한 행동을 이해하도록 돕는 중요한 도구가 되고 있다. 연구진은 신경 영상 기술을 활용해 사람들이 특정한 행동을 하는 동안 뇌의 여러 부위에서 벌어지는 일들을 관찰할 수 있게 되었다. 이 방법은 사람들의 동기를 알기 위해 그들의 증언에 의존할 필요가 없도록 해주었다. 대신, 군중의 일원이 되면 뇌 활동 패턴이 어떻게 변화하는지 조사할 수 있다.[7]

　　군중 속에서 신경 반응이 낮아지는지 확인한 연구는 MIT 연구진에 의해 처음으로 수행되었다. 이 연구는 연구진 중 한 명이던 미나 시카라가 졸업했을 즈음의 경험에서 시작되었다. 시카라와 남편은 정오가 갓 지났을 무렵 양키 스타디움으로 야구를 보러 갔다. 그날은 양키스의 오랜 라이벌인 보스턴 레드삭스와 경기가 있는 날이었다. 레드삭스 모자를 썼던 남편은 양키스 팬들의 끈질긴 조롱을 받았다. 시카라는 험한 분위기를 잠재우기 위해 남편의 모자를 대신 썼다. 양키스 팬들이 여성에게는 폭언을 하지 않을 것이라는 생각에서였다.

　　시카라의 판단은 완전히 빗나갔다. 시카라는 "평생 들어온 것보다 더 많은 욕을 들었어요"라고 말했다.[8] 시카라는 경기 후 집으로 돌아오면서 군중에 속하지 않았다면 평범했을 사람들(물론, 그들은 양키스 팬들이다)이 왜 그렇게 형편없는 행동을 하게 되었는지 알아내야겠다는 결심을 했다. 시카라와 동료들은 다음과 같은 두 가지 의문에 대한 테스트를 진행하기 위해 연구를 설계했다. 첫째, 사람들은 팀의 일원으로 경쟁적인 일에 참가할 때 혼자일 때보다 자신에 대해 덜 생각하는 가? 둘째, 팀의 일원으로 활동할 때 자신에 대해 덜 생각하는 사람들이 다른 팀의 구성원에게 더 공격적으로 행동하는가?[9] 연구진은 군중에 속해 경쟁 상황에 들어가게 되면 자신을 덜 자각하게 되고, 자신의 행동을 평가할 능력도 줄어든다고 가정했다.

연구진은 연구 초기에 실험 참가자들이 팀의 일원으로 게임을 하는 동안과 게임 후의 뇌 활성화 패턴을 기능성 자기 공명 영상fMRI으로 관찰했다. 게임이 진행되는 동안 실험 참가자들에게 긍정적 혹은 부정적 행동에 대한 설명을 보여주었다. 예를 들어 "나는 공동으로 사용하는 냉장고에서 음식을 훔친 적이 있다", "그는 누군가와 부딪히면 늘 사과한다" 같은 문장이었다.

연구진은 mPFC라고 불리는 뇌의 내측전전두피질에 초점을 맞추었다. mPFC는 타인보다 자신에 대해 생각할 때, 즉 자신의 성격이나 신체적 특징 또는 정신 상태를 생각할 때 더 활성화되는 것으로 나타났다(흔히 "정신이 바짝 든다"라고 표현하는 상황이다).[10]

시카라와 동료들은 혼자 게임을 할 때는 타인과 관련한 글보다 자신과 관련한 글을 읽을 때 mPFC가 훨씬 더 활성화된다는 사실을 발견했다. 하지만 팀의 일원이 되자 실험 참가자의 절반에서 두 경우의 차이가 크게 줄어들었다. 이 실험 결과는 혼자일 때보다 군중의 일원이었을 때 자신에 대해 덜 생각한다는 사실을 시사한다.

하지만 이 연구로 밝히고자 하는 것은 팀의 일원으로 경쟁할 때 자신을 덜 생각하는 경향이 있는가가 아니다. 바로 자신에 대해 덜 생각한 결과가 무엇인가이다. 연구진은 실험 참가자들에게 자신의 팀원과 상대 팀원의 사진을 여섯 장씩 보여주고 한 장씩 선택하도록 해 이후 보고서에서 공개할 예정이었다. 선택한 사진은 각각 매력 정도를 평가하도록 했다. 팀의 구성원으로 mPFC가 낮은 활성도를 보이면서 자신에 대해 덜 생각한 실험 참가자는 상대 팀원의 사진이 덜 매력적이라고 답하는 경향이 있었다. 반면, 자신에 대한 생각이 줄지 않은 실험 참가자는 양 팀 모두 매력적이라고 생각하는 사진을 선택했다.

연구진은 군중에 속한 환경에서 자신을 덜 생각하는 사람은 타인에게 상처를 주는 행동을 할 가능성이 높다고 결론내렸다. 시카라가 양키 스타디움에서 남편의 레드삭스 모자를 썼을 때 경험한 것처럼, 자신이 속한 집단이 직접적 경쟁 관계에 놓여 있을 때 두드러지는 현상이다.

이 연구에 참가한 레베카 작세는 "인간은 많은 경우 형평성을 강하게 의식하고 해악을 끼치는 것에 대한 도덕적

절제를 보여주지만, '우리'와 '저들'로 구분되면 우선순위가 바뀝니다"라고 설명했다.[11]

그저 명령을 따랐을 뿐

예일 대학교 스탠리 밀그램은 다른 상황이었다면 선했을 사람들이 해로운 행동을 하는 원인을 밝힌 초기 연구이자 가장 유명한 연구를 남겼다. 밀그램은 왜 사람들이 권위를 가진 이의 명령을 받았을 때 남에게 고통을 주려 하는지 관심을 가졌고, 수백만 명이 사망한 나치의 홀로코스트에 연관된 이들이 "자신은 그저 명령을 따랐을 뿐이다"라고 주장하는 심리를 분석하기 위해 특별한 연구를 설계했다. 밀그램은 "복종은 행동으로 옮기도록 한 가장 중요한 요인으로, 시대 상황과 특별한 관련이 있습니다. 가스실이 만들어졌고, 죽음의 수용소는 삼엄한 경계 태세를 갖추었습니다. 그리고 매일 할당된 만큼의 시체가 채워졌습니다. 이러한 비인간적 정책은 한 사람의 생각에서 시작되었지만, 수많은 사람이 명령에 복종해야만 실현될 수 있었던 일입니다"[12]라고 설명했다.

　　밀그램은 기억과 학습에 대한 연구의 일환이라고 소개한 일련의 실험을 위해 실험실로 사람들을 초대했다. (연구

초기에는 40명의 남성을 대상으로 진행했다. 이후 변형된 연구에는 여성도 포함했다.) 실험 참가자들은 도착과 동시에 연구진의 환영을 받았고, 먼저 도착한 다른 실험 참가자들에게 소개되었다. 사실 먼저 도착한 실험 참가자는 연구진의 협력자들이었다. 연구진은 실험 참가자들에게 처벌이 학습 속도에 미치는 영향에 대한 중요한 과학적 의문을 밝히기 위한 실험이라고 설명했다.

연구진은 한 명은 교사로, 다른 한 명은 학습자 역할을 맡게 된다고 설명했다. 하지만 실험 참가자들은 늘 교사 역할을 맡게 되어 있었고, 연구진의 협력자들은 늘 학습자 역할을 맡게 되어 있었다. 학습자는 일련의 단어 쌍을 받았다. 이후 두 단어 중 하나를 보여주면 사지선다형 답안 중에서 짝을 선택하게 했다. 교사는 학습자와 의사소통은 할 수 있었지만, 모습을 볼 수 없도록 했고 만약 학습자가 오답을 선택하면 전기 충격을 가하도록 했다. 연구진은 그 충격이 학습 성과에 도움이 되는지 평가한다고 설명했다. (실제로는 충격이 가해지지 않았다.)

교사는 연구진으로부터 학습자가 오답을 선택할 때마다 최저 15볼트부터 시작해 점차 충격의 수준을 높이도록 지시를 받았다.

학습자는 각 충격 수준마다 미리 정해진 방식으로 반응했다. 75볼트에 도달하면 아프다고 소리를 지르기 시작했고, 150볼트에 도달하면 실험을 그만하겠다고 외쳤다. 또한 가슴 통증을 호소하기도 했다. 교사 역할을 맡은 실험 참가자가 머뭇거리거나 당황하며 연구진에게 그만두어야 할지 물으면 "계속해주세요", "실험은 계속 진행되어야 합니다", "멈추지 않고 진행하는 것이 중요합니다", "계속하시는 것 외에는 선택할 수 없습니다" 같은 메시지를 화면에 자막으로 전달했다. 교사 역할을 맡은 실험 참가자가 실험을 계속하는 것을 거부하거나 최고 수준인 "절대 위험"으로 표시된 450볼트에 도달할 때까지 메시지를 계속 노출했다.

　　놀랍게도 실험 참가자 중 65%가 무고한 상대방에게 최대 수치의 전기 충격을 가하려고 했다. 밀그램이 실험을 실시하기 전에 조언을 구했던 정신 건강 의학과 전문의를 포함한 다수의 자문단은 지시를 따른 실험 참가자의 비율이 너무 높아 경악했다. 연구진은 실험 참가자 중 약 1% 정도만 끝까지 지시를 따를 것이라고 예측했다. 밀그램의 연구는 50여 년 전에 실시되었지만, 폴란드와 미국에서 최근에 실시한 유사 실험에서도 지시를 이행하는 비율이 높게 나타났다.[13]

　　권위를 가진 인물의 지시를 따라 타인에게 해를 끼치려는 사람들의 의지는 실제 상황을 더욱 분명하게 모방한 연구에서도 입증되었다. 한 연구에서는 연구진이 실험 참가자에게 구직자를 상대로 한 면접에서 준비된 다양한 질문을 하도록 요청했다.[14] 사실 연구진의 협력자였던 구직자는 30세 정도의 옷을 잘 차려입은 남자로 동일한 사람이 연기했다. 연구진은 실험 참가자에게 구직자가 면접에서 경험하는 압박에 어떻게 반응하는지 알아보는 실험이라고 설명했다. 그러면서 구직자에게 "계속 이런 식이면 실패할 겁니다", "이 일은 당신에게는 너무 어렵겠군요" 같은 불쾌한 언급으로 괴롭혀야 한다고 지시했다. 구직자는 면접이 진행될수록 불쾌한 압박을 중단하라고 요청했고, 더 이상의 불쾌한 언행은 참지 않겠다며 거부하거나 긴장하고 있다는 메시지를 보냈다. 결국 절망에 빠진 구직자는 질문에 답하는 것을 멈췄다. 반면, 대조군에서는 면접을 계속하도록 촉구한 연구진 중에 권위 있는 인물은 없었다. 이 경우 15개의 질문을 모두 완료한 사람은 한 명도 없었다. 하지만 앞에서 언급한 실험에서는 참가자의 92%가 15개의 질문을 모두 완료했다.

　　　무고한 사람에 해가 되는 상황에서 권위 있는 인물의 명령에 복종하는 경향은 어떻게 설명해야 할까? 한 가지 중요한 요인은 권한을 가진 사람이 부정적 결과에 대해 책임을 지겠다는 의지 여부이다. 이는 그릇된 행동에 개입한 사람에게 자신의 잘못이 용서받을 수 있다는 느낌을 준다.[15] 이라크에 있었던 아부 그라이브 감옥에서 포로를 학대한 미군부터 기업 사기에 연루된 경영진까지 명령에 복종했다는 것을 근거로 용서를 구하는 경향은 현실에서 계속 확인할 수 있다.[16]

　　　　사람들은 타인에게 해를 주는 행동에 대해 책임감을 덜 느낄 때 행동으로 옮길 의지가 높아진다는 것이 실험을 통해 확인되었다. 밀그램의 연구와 유사한 다른 연구에서는 교사 역할을 맡은 실험 참가자에게 충격을 줄 때는 학습자의 건강에 유의해야 한다고 말하자 충격을 주는 과정이 훨씬 일찍 중단되었다.[17] 이처럼 분명한 지침이 존재할 때는 타인에게 해가 되는 행동에 대해 더 많은 책임을 느끼는 것으로 나타났다. 밀그램의 연구와 관련해 최근 진행된 분석에서는 자신의 행동에 책임이 있다고 판단한 실험 참가자는 명령에 불복하고 충격을 일찍 중단할 가능성이 높은 것으로 나타났다.[18]

　　　　앞에서 소개한 연구 결과를 통해 사람들은 책임을 덜 느낄 때 위험한 행동에 더 많이 개입된다는 사실을 확인할 수 있다. 하지만 그 이유는 알 수 없다. 나치 피고인들이 뉘른베르크 재판에서 자신은 단순히 명령을 따랐을 뿐이라고 주장한 것처럼 사람들은 자신의 행동에 대한 책임을 피하기 위해 권력자의 명령을 비난하는 것일까? 아니면 명령을 따르는 행위가 신경학적 수준에서 행동의 처리 방식을 변화시키는 것일까?

　　　　유니버시티 칼리지 런던의 인지 신경 과학자 패트릭 해거드는 이 문제를 분명히 확인하기 위해 동료들과 연구를 설계했다.[19] 실험에 참가한 학생들에게는 실험 절차를 위해 무엇을 해야 하고, 어떻게 처리해야 할지 상대와 논의하기 위한 실험이라고 설명했다. 실험 참가자는 짝을 이루어 서로의 파트너에게 고통스럽고 참을 수 없는 충격을 주도록 했다. (실제로 충격이 가해지지 않았다.) 첫 번째 조건에서는 실험 참가자가 상대방에게 충격을 가할지 결정할 수 있었다. 이때는 약간의 보상이 제공되었다. 다른 조건에서는 연구진이 실험 참가자에게 충격을 가하도록 명령했다.

연구진은 뇌파 검사electroencephalography, EEG를 이용해 실험 참가자의 뇌 활동을 모니터해 신경학자들이 사건 관련 전위, 즉 ERP라고 부르는 것을 측정했다. ERP란 다양한 감각, 동작, 인지 사건에 대응해 뇌에서 생성되는 소량의 전력이다. 예를 들어 뇌는 얼굴 사진을 보거나 놀라운 사건을 경험할 때 이 전력을 발생시킨다. 자신의 행동에 자유롭게 개입하는 실험 참가자는 명령을 받은 실험 참가자보다 ERP의 파장이 더 크게 나타났다. 그래서 뇌파도 크고 뇌의 활동도 컸으며 경험도 더욱 강렬했다.[20] 연구진은 명령을 받았을 때보다 명령 없이 충격을 전달하는 실험 참가자의 ERP 충격이 더 크다는 점에 주목했다.

먼저 자유 의지를 사용할 수 있었던 실험 참가자(87%)는 명령을 받은 실험 참가자(35%)보다 더 높은 책임감을 보인다는 것이 확인되었다. EEG 데이터를 살펴본 결과 자발적으로 상대방에게 충격을 가한 실험 참가자는 명령을 받고 충격을 가한 실험 참가자보다 ERP 진폭이 더 큰 것으로 나타났다. 이 사실은 무엇을 시사할까? 타인에게 해가 될 수 있는 일을 강요받을 경우, 즉 단순히 명령을 따른 사람은 자발적으로 행동한 사람보다 자신의 행동에서 얻는 경험이 덜한 것으로 추정된다.

뇌 반응의 수준이 낮다는 것은 명령을 받아 하는 행동이 동일한 행동을 스스로 했을 때보다 신경학적 수준에서 의미가 덜하다는 뜻이다. 이 경우 행동에 대해 책임감을 덜 느끼게 되고, 따라서 그릇된 행동을 할 가능성도 높다. 또한 "그저 명령을 따랐을 뿐이다"라는 변호가 자신의 행동을 변명하기 위한 전략만은 아닐 수 있음을 암시하기도 한다. 권위 있는 사람의 분명한 지시에 따라 타인에게 해를 끼칠 때의 뇌는 다른 처리 절차를 거친다.

정체성의 혼란

인간의 본성은 무언가 잘못한 행동의 증거에 직면하면 비난할 사람을 찾는 경향이 있다. 전적으로 자신의 잘못이 아니라고 주장하는 것이다. 그래서 다른 사람이 잘못했을 가능성을 찾고, 자신은 좋은 사람이라고 생각하려 한다. 신경 정신 데이터에 따르면 단순히 명령을 따르는 사람은 스스로 행동하는 사람보다 낮은 행동 수준을 경험하는 것으로 나타났다. 심리학 연구자들 역시 사람들은 지시를 내릴 수 있는 권한을 가진 인물이 존재할 때 그릇된 행동에 기꺼이 동참하기로 결정한다는 것을 알게 되었다. 특히 카리스마 있는 종교 또는 정치적 지도자가 존재할 때 이런 현상이 두드러졌다.

세인트 앤드류 대학교와 엑스터 대학교의 연구진은 명령하는 사람에 대한 지식이 행동에 어떤 영향을 미치는지 확인하기 위한 연구를 진행했다.[21] 이들은 실험 참가자에게 밀그램의 연구와 변수를 살펴보도록 한 뒤, 밀그램의 실험 참가자들이 충격을 가한 교사나 충격을 받은 학습자를 어떻게 판단했을지 평가해달라고 요청했다. 연구진은 밀그램의 연구에 대해 이미 알고 있는 심리학자로 구성된 전문가 집단과 심리학 입문 강의를 듣고 있지만, 밀그램의 연구에 대해 모르는 비전문가 집단을 구성했다. 이 두 집단의 평가가 다를 가능성이 존재하기 때문이었다. (하지만 결국 두 집단의 평가는 동일했다.) 연구진은 두 집단에게 먼저 밀그램의 연구에 대해 살펴본 후, 밀그램이 진행한 15가지의 변형 연구를 살펴보도록 했다. 변형된 연구는 절차상 약간의 차이가 있었다. 하지만 가장 중요한 차이는 실험 방법에 있었다. 어떤 연구에서는 연구진이 직접

대면하지 않고 전화로 명령을 내렸고, 어떤 연구는 예일 대학교 같은 유명 대학교가 아닌, 코네티컷주 브리지포드에 위치한 사무실에서 진행하기도 했다.

연구진은 두 집단에게 밀그램 연구의 변수가 실험 참가자들이 연구진을 과학자 또는 과학계의 일원으로 인식하는 것과 일반인이라고 인식하는 것이 실험에 어떤 영향을 미친다고 생각하는지 설명하도록 요청했다. 그다음 다양한 변수에서 실험 참가자의 정체성이 명령 복종 또는 거부 의지와 관련이 있는지를 검사했다.

그렇다면 이러한 변수가 복종에 영향을 미쳤을까? 한마디로 말하면 그렇다. 실험 참가자에게 연구진에 대해 알려주고 이들의 행동이 과학적 지식 측면에서 중요하다고 설명했을 경우 충격을 가하라는 명령을 더 오래 따르는 것으로 나타났다. 변수의 사례로는 학습자가 말로 불평하지 않고 벽을 두드리기도 했고, 연구진이 실험 절차를 빨리 진행하고자 명령을 내리기 위해 개입하기도 했다.

교사 역할의 실험 참가자가 학습자의 모습을 볼 수 있도록 한 경우 더 일찍, 더 강력하게 명령에 저항하는 모습을 보였다. 구체적으로 두 명의 실험 참가자가 계속 충격을 가하도록 한 것을 거부했고, 다른 두 명의 실험 참가자는 계속 충격을 가하는 것에 대해 연구진과 논쟁을 벌였다.

이 결과는 사람들이 타인에게 해가 되는 명령을 받았을 때 행동으로 옮기는 이유가 단순히 책임감이 줄어들었기 때문이 아니라, 자신의 행동이 가치 있는 목적을 위한 것이라고 믿기 때문인 것으로 보인다.

이러한 대안적 해석은 나치 경찰의 끔찍한 효율성을 가능하게 했던 요소에 대한 통찰력을 제공한다. 사람들은 단순히 아무 생각 없이 명령에 복종하는 것이 아니다. 사람들 대다수는 파시즘의 사회적 비전이나 인물을 적극 수용했다. 이들은 히틀러가 말하는 위험을 알고 있었지만, 동시에 남성적 애국주의와 과거에 대한 단순한 향수를 가지고 있었고, 외부인을 증오했다. 또한 순수한 인종을 구성하겠다는 히틀러의 비전을 실현하려고 했다.

문제는 사람들의 나쁜 행동이 선한 사람과 악한 사람을 구분하는 기준이 되지 않는다는 것이다. 상황적 요소와 자기 정체성의 문제는 우리가 생각하는 것보다 훨씬 중요하다.[22]

침묵한 그들도 고뇌했다

앞에서 설명한 것처럼 밀그램의 초기 연구에서 대부분의 실험 참가자는 무고한 사람에게 더욱 강력하다고 믿는 고통을 가했다. 그러나 실험 참가자들이 권위에 계속 복종하는 선택을 하는 것이 쉽지 않았다는 사실이 간과되곤 한다. 실험을 촬영한 영상을 보면 실험 참가자들 대부분이 계속 충격을 전달하지만, 동시에 자신의 행동에 대해 고민하고 있었다. 밀그램은 괴로워했던 실험 참가자 한 명에 대해 "성숙한 인격의 사업가가 침착한 태도로 실험실에 들어갔습니다. 그는 미소를 띠었고, 자신감이 넘쳤습니다. 하지만 20분도 지나지 않아 경련을 일으키며 말을 더듬기 시작했습니다. 마치 신경 쇠약을 앓고 있는 사람처럼 보였습니다. 그는 계속 자신의 귀를 당기고 손을 비틀었습니다. 그러더니 어느 순간 주먹으로 자신의 이마를 치면서 중얼거렸습니다. '세상에, 그만합시다.'"[23] 이 실험 참가자는 다른 이들과 마찬가지로 450볼트 충격을 가할 때까지 멈추지 않았다. 하지만 권위에 맹목적으로 순종하면서 기뻐하는 괴물은 아니었다.

밀그램의 실험에 참가한 사람들은 어렵고 특별한 딜레마에 직면했다. 과학적 목표를 위한 연구에 참가하기로 동의했고, 명령을 내리는 연구진을 신뢰했다. 하지만 갈수록 충격의 수준이 강해지고, '약한 처벌'이 아니라는 사실이 분명해지면서 고통을 가해야 하는 자신을 인정하지 못했다.

실험 참가자 대부분은 어느 순간 저항했다. 이들은 연구진을 바라보며 어떻게 해야 할지 물었다. 연구진에게 학습자를 확인하라고 재촉했고, 수없이 그만두겠다고 했다. 하지만 결과적으로 이들은 그만두지 않았다. 자신의 직감을 믿고 실험실을 박차고 나가지 못했다. 다시 말해, 이들은 옳은 일을 하고 싶어 했고, 계속 노력했다. 하지만 자신의 결정을 따르지는 못했다.

그렇다면 권위 있는 인물에 성공적으로 대응한 사람들은 누구였을까? 밀그램은 실험 참가자들을 간단하게 '복종'과 '불복종'으로 나누었다. 하지만 최근 연구에서는 당시 실험의 녹음 내용을 분석한 결과 더 많은 차이가 확인되었다.[24] 불복종한 실험 참가자뿐만 아니라 복종한 실험 참가자 다수가 어떤 형태로든 명령에 저항한 것이다. 일부는 충격을 계속 가하는 것을 주저했고, 다른 일부는 해를 끼칠 것에 대한 우려의 목소리를 냈으며, 어떤 이들은 실험을 중단하려고 했다. 최고 수준의 충격을 가하지 않겠다며 불복종한 실험 참가자 중 98%는 "더는 못 하겠다", "이제 하지 않겠다" 같은 말을 하며 조기에 실험을 끝내려 했다. 명령에 복종한 실험 참가자 중 19%는 어떤 형태로든 직접적인 거부 의사를 밝혔다.

실험을 궁극적으로 거부한 이들이 취한 방법은 다양했다. 여러 전략을 사용해 실험 진행을 최대한 미루고, 연구진에게 도전한 실험 참가자는 대항하는 노력을 그만둘 가능성이 더 높았다. 이는 옳은 일을 하고 싶더라도 기술과 전략이 부족해 실제 행동으로 옮기지 못할 수 있다는 것을 시사한다.

　　　나는 이 책을 통해 여러분에게 "더는 못 하겠다", "이제 하지 않겠다" 같은 말이 튀어나오려는 순간, 행동으로 옮길 수 있는 도구와 전략을 제공하려 한다.

점진적 악화

사람들은 틀렸다는 것을 알고 있는 무언가를 계속하도록 재촉받을 때 그릇된 행동을 지속하게 되는 또 다른 이유는 상황이 조금씩 극단적으로 변하기 때문이다. 작은 발걸음 하나하나가 잘못된 것처럼 느껴질 때가 있다. 하지만 이런 발걸음으로 인한 변화는 상대적으로 크지 않다. 따라서 심리적으로 하지 않겠다는 결정을 내리기 쉽지 않다. 이후 피해가 커지면 이전의 행동이 부적절했다는 사실을 인정하지 않고서는 경로를 바꾸기 어렵다. '점진적 악화'라고 부르는 이 현상은 문제를 인지하기 어렵게 만들고, 그 과정에서 빠져나오기 힘들게 된다. 거대한 폰지 사기로 수백만 달러를 편취한 금융업자 버나드 매도프가 좋은 사례이다. 매도프에게 어떻게 사기를 시작하게 되었는지 물었을 때 그는 "그냥 그렇게 됐습니다. 처음에는 몇십만 달러부터 시작했는데 곧 몇백만 달러로 불어났지요.

그러더니 깨닫기도 전에 익숙해졌습니다. 눈덩이처럼 불어났습니다"[25]라고 밝혔다. 학교에서의 부정행위부터 남학생 사교 모임 내에서의 그릇된 행동, 성희롱에 이르기까지 모든 그릇된 행동은 대부분 이 절차를 거친다.

경험적 연구는 사소한 위반에서 시작된 행동이 끔찍한 잘못으로 이어질 수 있다는 것을 보여준다. 사소한 거짓말로 위험을 피하면 이후에는 더 크고 심각한 잘못으로 이어질 수 있다. 작은 잘못에서 시작해 자신에 대해 긍정적 시각을 유지하면서 합리화하는 것이다(누구나 자신은 좋은 사람이기를 바라기 때문이다). 이 작은 걸음 하나는 그렇게 큰 문제가 아니라고 합리화할지도 모르지만, 더 심각한 잘못을 용인하기 쉽게 만든다.

연구진은 작은 부정이 이후 더 큰 부정으로 이어질 가능성이 있는지 확인하기 위해 대학생들에게 여러 개의 수학 문제를 제시하고 세 번의 기회를 주었다.[26] 연구진은 실험에 참가한 학생을 세 집단 중 하나에 무작위로 배정했다.

- **집단 1** 시도할 때마다 올바른 답을 하면 세 번 모두 2.50달러를 받는다.
- **집단 2** 처음 두 번의 시도에서는 돈을 받지 못한다. 하지만 세 번째 시도에서 올바른 답을 하면 2.50달러를

받는다.

- **집단 3** 첫 번째 시도에서 올바른 답을 하면 25센트, 두 번째 시도에서는 1달러, 세 번째 시도에서는 2.50달러를 받는다.

실험 참가자는 각 문제를 푼 직후 답안지를 받았고, 정답 여부를 확인한 뒤 자신이 총 얼마를 받아야 하는지 스스로 계산하도록 했다. 연구 참가자들은 연구진 역시 올바른 정답의 수를 확인한다는 사실은 알지 못했다.

과연 어떤 일이 일어났을까? 집단 3의 참가자들은 점차 보상을 늘려 갔고, 속임수를 가장 많이 썼다. 집단 1과 2에 비해 속임수는 2배나 높았다. 처음에는 작은 속임수로 시작되었다. 거짓말을 할 때마다 받은 돈은 25센트였고, 그다지 큰일은 아닌 것 같았다. 하지만 첫 번째 시도에서 거짓말을 시작하자 이후에는 거짓말이 늘었고, 보상도 더 커졌다.

기업 사기의 사례는 대개 비슷하게 시작되는데, 비윤리적인 작은 행동이 더 실질적인 범죄 행동으로 이어지기 때문이다. 분식 회계 혐의가 드러난 간부들은 큰 사기로 이어진 일련의 단계를 진술했지만, 그것이 언제 시작되었는지 정확히 기억하지 못하는 경우가 많았다.[27] 남학생 사교 모임에 입문하는 절차도 이렇게 시작하는 경우가 많다. 처음에는 차를 세차하는 것 같은 사소한 요구에서 시작하지만, 이후 술을 강요하거나 신체적 구타 같은 더 심한 요구를 받게 된다.

이처럼 작은 일탈 행위는 큰 일탈보다 쉽다. 자신의 행동을 정당화하기 쉽기 때문이다. 하지만 사람들이 나쁜 행동을 처음 시작할 때는 잘못되었다는 것을 알기 때문에 심리적으로 불쾌한 감정을 느끼지만, 이후 시간이 흐르면서 이러한 반응을 하지 않기 때문이기도 하다. 이론적으로 사람들이 부정적인 이미지(폭력, 죽음, 분노 등)를 반복적으로 보게 되면 감정을 멈추게 하는 뇌의 한 부분인 편도체의 활성화 정도가 낮아진다는 것이 입증되었다.[28]

유니버시티 칼리지 런던과 듀크 대학교의 연구진은 부정직한 작은 행동에 개입할 때 정말 뇌가 활성화되지 않는지 확인하기로 했다.[29] 연구진은 실험 참가자들이 파트너(실은 연구 협력자이다)와 함께 병에 1페니 동전이 얼마나 많이 들어 있는지 추측하는 동안 fMRI를 사용해 뇌 활동을 모니터했다. 가장 정확히 추측한 커플에게는 가장 큰 보상이 주어질 것이라고 했다. 다른 경우에는 실험 참가자들에게 일부러 숫자를 과대평가하거나 과소평가하면 가장 큰 보상을 받지만, 파트너는 돈을 덜 받게 된다고 했다. 연구진은 이 실험을 통해 사람들이 의도적으로 부정확한 추정치를 제공할 때 뇌가 어떻게 반응하는지 확인할 수 있었다.

　　실험 참가자들이 고의로 부정한 추측을 했던 초기에 편도체는 강한 반응을 보였는데, 거짓을 말하고 있음을 인지하고 있고, 기분이 좋지 않다는 뜻이었다. 하지만 시간이 흐르면서 거짓이 반복될수록 편도체의 활성화 정도는 상당히 낮아졌다. 즉, 신경 반응이 약해졌다는 뜻이다. 작은 거짓말은 뇌가 잘못이라고 인지하는 행동이 발생했을 때 느끼는 부정적 감정에 무감각해지게 만든다. 이 때문에 이후에는 나쁜 행동에 개입하기 쉬워진다. 같은 연구진은 다른 실험에서도 편도체의 활성화 정도가 크게 낮아질수록 거짓말을 할 가능성이 더 높다는 것을 확인했다.

　　이 연구는 반복되는 거짓말에 대한 뇌의 반응을 조사했을 뿐이지만, 반복된 부정에 신경 반응이 감소한다는 결과는 편도체가 처음에는 그릇된 행동에 강하게 반응하지만, 이후 반응이 약해진다는 사실을 시사한다. 이 연구 논문에서 저자는 "개인적 이익을 위해 거짓말을 할 때 편도체는 거짓말을 제한하는 부정적 감정을 만들어낸다. 거짓말을 계속하면 이 반응이 희미해지고 그럴수록 거짓말은 악화된다. 이렇게 되면 사소한 부정행위가 더 의미 있는 거짓말로 번지는 악순환으로 이어질 수도 있다"[30]라고 설명했다.

　　일반적으로 좋은 사람들이 나쁜 일에 개입하지 않는다는 사실은 모두 알고 있다. 그러나 이 연구는 그들도 만약 잘못된 방향으로 작은 발걸음을 내딛기 시작하면 같은 방향으로 점점 더 큰 걸음을 내딛게 될 수 있음을 보여준다. 이 발견은 밀그램의 연구에서 아주 작은 충격을 가하는 것으로 시작했지만, 결국 다수가 복종했던 것을 이해할 수 있도록 돕는다. 사람들은 대부분 처음에는 연구진의 요구에 복종하는 것이 나쁘지 않다고 판단했고 이후 충격이 심각해지기 전까지 계속 충격의 강도를 높였다.[31] 15볼트에서 다음에는 30볼트, 45볼트를 전달하는 것으로 시작했는데 이 정도 충격은 별것 아닌 것처럼 보였다. 실험 참가자들은 과학의 발전을 위해 매진하는 존경 받는 교수들이 처벌과 배움의 관계를 연구하는 데 도움이 되고 있다고 생각했다. 그러나 충격의 강도가 높아지면서 타인에게 가하는 충격을 중단하기 위한 결정을 정당화할 쉬운 방법을 찾을 수 없었다. 또한 타인에게 계속해서 충격을 가하면서 생리적, 신경학적 반응이 약해졌을 것이다. 비록 존중할 만한 권한을 가진 사람의 지시라고 할지라도 타인에게 450볼트의 충격을 가하라고 한다면 대부분 거부할 것이다. 하지만 100볼트 충격이 괜찮았다면, 115볼트의 충격도 괜찮지 않을 이유가 없다. 과연 언제 그만두어야 한다는 결정을 내릴 수 있을까?

여기 좋은 소식이 하나 있다. 일부 실험 참가자가 충격을 가하는 것을 중단하기로 결정한 것이다. 이들은 어떻게 명령에 저항할 수 있었는지 이해한다면 모든 종류의 사회적 압력에 대항하는 이들에게 도움이 될 통찰력을 얻을 수 있다.

실험 당시의 녹음 자료를 검토한 결과 일부 실험 참가자가 저항할 수 있었던 요소를 어느 정도 확인할 수 있었다. 연구진의 지시에 좀 더 일찍 목소리를 높여 의문을 제기하면 이후 복종하지 않을 가능성이 높았던 것이다.[32] 지시에 의문을 제기한 실험 참가자는 자신의 행동을 합리화하는 것을 더욱 어려워했다.

밀그램의 모든 실험에서 지시를 거부한 실험 참가자들은 150볼트에서 중단하기로 결정했다.[33] 150볼트가 다른 단계와 다른 점은 무엇이었을까? 바로 학습자 역할을 맡은 이들이 실험을 그만하겠다고 요구하기 시작한 때였다. 이들의 요구는 상호 작용의 역동을 변화시켰다. 연구진의 지시를 거부한 실험 참가자들은 지시보다 희생자의 요구를 우선했던 것으로 보인다. 밀그램의 연구에서 권위를 무시한 실험 참가자들은 어떤 행동을 해야 하는지 고심하는 것을 선택한 평범한 사람들이었다. 이러한 고민이 상황적 압력에 저항하고 거스를 수 있도록 했다. 그렇다면 그들은 다른 이들과 정확히 무엇을 다르게 행동했을까? 여기에서 우리는 무엇을 배울 수 있을까?

아직 방법을 모를 뿐이다

지금까지 선한 사람들이 나쁜 행동을 자행하는 것과 그러한 행동을 부추기는 상황적 요인에 주목했다. 이 요소를 이해하는 것은 중요하다. 우리가 언제 저항을 시작해야 할지 알려주기 때문이다. 예를 들어 연구진은 사람들이 권위 있는 사람의 지시에 의문을 제기하거나, 작은 부정적인 행동에 개입하라는 압력을 거부한다면 권력에 희생될 가능성을 줄일 수 있다는 사실을 확인했다.

이 장의 처음 부분에 한 성폭행 사건을 소개했다. 당시 두 명의 남학생이 유죄 판결을 받았다. 하지만 그날 옳지 않은 행동을 한 사람이 비단 두 사람뿐만이 아니었다. 유죄 판결을 받은 가해자 두 명은 완전히 의식을 잃은 여학생의 손과 발목을 잡고 다른 곳으로 옮겼고, 다른 학생들은 여학생이 무의식 상태에서 옷이 벗겨지는 상황에서도 사진을 찍었다. 이들은 이 사진을 다른 학생과 공유했고, 심지어 트위터, 페이스북, 유튜브에 게시했다. 어느 누구도 이를 말리거나 911에 신고하지 않았다.

가해자 두 명의 행위는 분명 끔찍했다. 그러나 그 외에 많은 사람들이 어떤 식으로든 사건을 막도록 개입할 수 있는 힘을 가지고 있었지만, 그렇게 하지 않기로 결정했다는 사실은 똑같이 분명하다. 이들이 행동하지 않았기 때문에 폭력이 어느 정도 허용되었다고 할 수 있다.

불행하게도 역사에 기록된 사례와 현재 사례 모두 행동을 억제하는 압력을 극복하는 사람은 극소수에 불과했다. 심지어 분명하게 나쁜 일이 발생하는 상황에서도 마찬가지이다. 린치의 여파에 관해 책을 저술한 셰릴린 이필은 미국 내에서 흑인을 상대로 한 린치가 수백, 때로는 수천 명이 지켜보는 가운데 광장에서 행해졌다는 사실을 일깨운다.[34] 분명 모든 사람이 린치 행위를 반긴 것은 아니었다. 일부는 경악했지만, 개입한 사람은 극소수였다.

소수의 나쁜 행위의 사례는 다수를 위해 무시되거나 간과되었다. 펜실베이니아 주립 대학교의 기숙사에서 19세 학생이 쓰러져 있을 때 왜 아무도 911에 전화를 걸지 않았을까? 공화당 지도부는 왜 멕시코 강간범, 멕시코 살인자 같은 트럼프 대통령의 공격적인 말을 무시했을까? 가톨릭 교회는 왜 신부들의 아동 성추행을 묵인했던 것일까? 미시간 주립 대학교의 코치와 행정 직원부터 미국 체조협회의 관리들까지 많은 사람은 왜 래리 나사르가 수년 동안 어린 체조 선수들을 성추행하고 있다는 정보를 무시한 것일까? 이 모든 사례에서 그릇된 행위를 저지른 사람은 소수에 불과했다. 하지만 나머지 다수는 이를 막지 못했다.

나쁜 행동을 허용하는 가장 중요한 요소는 개인의 나쁜 행동이 아니라, 선한 사람들이 나서서 올바른 행동을 하지 못하는 데 있다. 1959년, 마틴 루터 킹은 "이 사회적 전환기에 벌어진 가장 큰 비극은 악한 사람들의 격렬한 외침이 아니라 선한 사람들의 소름 끼치는 침묵이었음을 역사는 기록할 것"이라고 연설했다.[35]

그럼에도 반가운 소식이 있다. 우리 같은 좋은 사람들이 침묵하고 행동하지 못하도록 만드는 요소를 이해한다면 행동할 수 있는 용기를 얻게 할 수 있는 도구를 제공할 수 있다. 우리는 악한 행동을 인식할 수 있지만, 타인의 나쁜 행동에 책임을 지거나 무엇인가 행동하려 하지 않는다, 여기에 대해서는 다음 2장에서 설명하겠다. 어쩌면 모호함 때문에 그릇된 행동이라고 판단하지 못할 수도 있다. 여기에 대해서는 3장에서 설명하겠다. 어쩌면 개입함으로써 치르게 되는 대가가 물리적, 사회적으로 너무 크다고 판단할지도 모른다. 4장에는 이러한 내용이 설명되어 있다. 아마도 가장 중요한 것은 5장에서 설명할 것처럼 사회의 구성원으로서 개인, 직업, 사회적이 파장이 너무 크다고 생각할지도 모른다. 하지만 각 힘은 서로 균형을 맞추게 되어 있다. 우리는 그 방법을 아직 모를 뿐이다.

2. 이것은 누구의 책임인가

2017년 4월 9일, 69세의 의사 데이비드 다오는 예약을 과도하게 받았다면서 좌석을 포기하라는 항공사의 요구를 거절한 후 시카고 오헤어 국제공항에서 강제로 끌려나갔다. 시카고 공항 보안국의 보안 요원 세 명이 다오를 항공기 복도를 따라 질질 끌고 가는 과정에서 다오는 좌석 팔걸이에 머리를 부딪쳐 의식을 잃었다. 다오는 뇌진탕을 일으켰고, 코뼈와 치아 두 개가 부러졌다.

이 사건은 항공기 탑승 승객들이 당시 상황을 SNS에 게시하면서 상당한 주목을 받게 되었다.

이 사건에 대한 이야기를 듣거나 당시 상황을 촬영한 영상을 본 사람들 다수는 다오가 받은 부당한 대우에 집중했다. 그런데 이들이 간과한 사실이 있다. 바로 항공기에 탑승해 있던 침묵한 승객들이다. 다수가 휴대 전화를 꺼내 상황을 촬영했고, 나중에서야 SNS에 분노를 피력했다. 하지만 당시 사건이 벌어졌을 때 "지금 이게 무슨 짓이냐"라면서 화난 목소리로 불만을 제기한 사람은 여성 승객 한 명뿐이었다. 그 외 다른 어느 누구도 보안 요원에게 이의를 제기하지 않았고, 이들의 부적절한 행동을 막으려고 나서는 사람도 없었다.

어떻게 보면 전혀 놀라운 일이 아니다. 사람들은 타인과 함께 부정을 목격했을 때 개입하지 않으려는 성향을 보인다는 것이 여러 연구를 통해 이미 확인되었다. 우리는 '누군가 나서겠지'라고 생각하면서 굳이 자신이 개입할 필요는 없다고 생각한다. 정신 분석학자들은 이런 경향을 '책임 분산'이라고 부른다. 책임 분산이란 희생자가 도움을 받을 수 있는 확률은 함께 있는 사람의 숫자와 반비례한다는 것을 의미한다. 정신 분석학자들은 이러한 현상을 '방관자 효과'라고 부른다. 이장의 마지막 부분에서도 설명하겠지만, 그렇다고 이러한 현상을 전혀 바꿀 수 없는 것은 아니다. 군중에 속했더라도 방관자 효과를 벗어날 경우도 많기 때문이다.

그렇다면 방관자 효과를 일으키는 요소는 무엇인가? 응급 상황에서 다른 사람의 존재가 반응에 영향을 미치는 이유는 무엇인가? 적어도 일부 상황에서는 사람들이 다른 사람들의 존재에도 불구하고 행동에 나서는 차별화된 능력을 보이는 이유는 무엇일까?

방관자 효과

방관자의 침묵이라는 주제에 대한 연구는 1964년, 뉴욕 퀸스에서 발생한 유명한 사건 이후 시작되었다. 바로 키티 제노비스라는 젊은 여성이 아파트 밖에서 살해당한 사건이다. 《뉴욕 타임스》는 이 살해 사건을 조사해 도시의 삭막한 생활과 비인

간적으로 보이는 현대적 현상에 대한 기사를 실었다.[1] 이 기사
에서는 밤에 발생한 살인 사건을 설명하며 제노비스가 공격
을 당하는 모습을 38명이 목격하거나 공격을 당하는 소리를
들었지만, 어느 누구도 이 여성을 돕거나 경찰에 신고하지 않
았다고 설명했다. 하지만 최근 진행된 연구에서 이 기사의 문
제점이 밝혀졌고, 이러한 현상에 대해 상당한 연구도 진행되
었다. 연구 결과 이 현상을 방관자 효과라고 부르게 되었다.[2]

　　키티 제노비스 살해 사건으로 시작된 초기 연구 중 뉴
욕 대학교의 존 달리와 컬럼비아 대학교의 빕 라타네가 공동
으로 진행한 연구가 있다. 이 연구는 현실적인 응급 상황을 배
경으로 실험을 진행했다. 다른 사람이 있을 때 실험 참가자들
의 반응에 어떤 영향이 미치는지 확인하기 위해서였다.[3] 달리
와 라타네가 가진 의문은 타인이 동일한 정보를 가지고 도움
을 줄 수 있다고 믿을 때와 도움을 줄 수 있는 사람이 자신뿐
이라고 믿는 상황에서 이들의 행동이 달라지느냐는 것이었
다. 실험 참가자는 대학생들이었는데 이들에게는 학생들이
겪는 일반적이고 개인적 문제와 관련된 실험이라고 설명했
다. 또한 각 실험 참가자들은 개인적 공간에서 익명으로 실험
에 참가하고, 연구진은 이들의 대화를 듣지 않을 것이라고 설
명했다. 각 실험 참가자는 인터폰으로 연결된, 일렬로 배치된
작은 방에 들어갔다. 실험 참가자들에게는 다른 다섯 명의 실

험 참가자들과 인터폰으로 대화를 할 수 있다고 설명했다. 연구진은 우선 각 실험 참가자에게 자신을 소개해달라고 요청했다. 이들 중에서 존은 사실 연구진을 돕는 협력자였다. 그는 자신이 간질 발작을 앓고 있어 스트레스를 받으면 발작을 일으킨다고 말했다. 그는 다른 실험 참가자에게 자신의 발음이 불분명해지면 당장 외부에 도움을 요청할 것을 당부했다.

다음으로 연구진은 이 실험의 핵심 부분을 적용하기 시작했다. 실험 참가자 중 절반에게는 모든 실험 참가자가 인터폰을 통해서 다른 실험 참가자의 대화를 들을 수 있다고 말했고, 나머지 절반에게는 존이 있는 방의 인터폰에 문제가 있어 그의 말을 들을 수 있는 사람은 당신뿐이어서 다른 실험 참가자들에게 그가 하는 말을 전달해야 한다고 설명했다.

여러분도 짐작했겠지만, 실험 참가자들 간의 대화가 시작되고 몇 분이 지나 존의 발음이 불분명해졌고 그는 도움을 요청했다.

누가 그를 돕기 위해 나섰을까? 먼저 좋은 소식은 자신만 존의 목소리를 들을 수 있다고 알고 있던 실험 참가자 중 85%가 즉시 도움을 청하기 위해 방을 나섰다. (여러분은 나머지 15%가 무슨 생각을 했는지 궁금할 것이다.) 이들은 존이 발작을 일으키기 직전이라는 사실을 알고 있는 사람이 자신뿐이라고 생각해 책임감을 느껴 당장 행동해야 한다고 판단한 것이다.

나쁜 소식은 실험 참가자 모두가 존의 목소리를 듣고 있는 것으로 알고 있던 경우에는 도움을 청할 확률이 크게 낮았다는 사실이다. 이들 중에서 6분 내에 방을 나서 도움을 청한 사람은 전체의 31%였다. 이들은 누군가가 도움을 요청할 것이라고 판단해 행동해야 할 책임을 느끼지 않았다.

달리와 라타네의 실험은 어떤 사람이 응급 상황에 직면했을 때 자신 외 타인도 그 상황을 인지하고 있는, 현실에서 흔히 발생하는 상황을 모방한 것이었다. 이 연구에서는 사람들이 군중에 속해 있을 때는 다른 누군가가 나설 것을 기다릴 가능성이 높기 때문에 응급 상황을 목격한 사람이 단 한 명밖에 없을 때 (따라서 그가 스스로 행동할 책임을 느끼면) 도움을 받을 가능성이 높아진다는 사실을 보여주었다.

하지만 이 연구에서 확인된 더욱 중요한 사실은 도움을 청하러 나서지 않은 사람들이 응급 상황을 무시하는 무심하고 냉혹한 사람은 아니라는 점이다. 실험이 끝난 후 연구진이 각 방에 들어갔을 때 실험 참가자 대부분은 존이 괜찮은지, 제대로 치료를 받았는지 물었다. 또한 손을 떨거나 땀을 흘리는 등 신체적 반응을 보이기도 했다. 이처럼 걱정하고 스트레스를 받은 상황에서도 행동하지 않은 이유는 무엇일까?

달리와 라타네는 도움을 청하기 위해 방을 나서지 않은 실험 참가자들이 사실 아무 행동도 하지 않겠다고 분명하게 결정한 것은 아니라고 추정했다. 정확하게 말하자면, 어떤 결정도 내리지 않은 상태라고 할 수 있었다. 그들은 행동을 결정하기 전에 머릿속으로 다양한 가능성을 그려보았다. 굳이 자신이 나서지 않아도 된다는 것이 행동하지 않아도 되는 이유라고 생각했는지도 모른다. 누군가가 이미 행동에 나섰기에 자신도 도움을 청한다면 오히려 더욱 혼란스러워진다고 판단했을 수도 있다. 어쩌면 과잉 반응이라고 생각했을 수도 있고, 그런 상황을 부끄럽게 여겼을 수도 있다. 또는 방을 나서면 실험이 엉망이 된다고 판단했을 수도 있다. 하지만 혼자라면, 도움을 청할 다른 사람이 없다면 다른 변수를 생각하지 않는다. 책임이 더욱 분명하기 때문이다.

타인과 함께 집단을 이루고 있을 때 도움을 제공할 가능성이 훨씬 적다는 결과는 실제 응급 상황에서도 반복적으로 확인된다. 최근에도 이런 사례는 흔히 확인된다.

- 플로리다주 코코아에서 한 무리의 십 대가 어떤 사람이 연못에 빠지는 것을 목격했다. 하지만 그들 중 누구도 도우려 나서지 않았고, 외부에 도움을 청하지도 않았다.[4]
- 플로리다 주립 대학교에서 한 학생이 상당량의 버번을 마신 후 기절하자 기숙사 친구들은 그를 소파로 옮겼다. 이 학생은 계속 의식이 없었지만, 친구들은 주변에서

포켓볼을 치며 시간을 보냈다. 이튿날 이 학생은 사망한 채 발견되었다.[5]

· 런던의 붐비는 쇼핑 구역에서 한 남성이 어느 무슬림 여성이 착용한 히잡을 잡아채려고 했다. 상당수의 사람이 이 상황을 목격했지만, 누구도 도움을 주기 위해 나서지 않았다.[6]

· 중국에서 2세 여아가 차에 치여 7분 이상 방치되었다. 그동안 18명의 행인이 이 여아를 지나쳐갔다.[7]

· 인도에서 대낮에 한 여성이 성폭행을 당했다. 상당수의 사람이 그 옆을 지나쳤지만, 아무도 범행을 중단시키려 하지 않았다.[8]

이 모든 사례에서 주변 사람들은 도움을 줄 수 있었고, 누군가는 당연히 도와야 했다.

군중에 속했을 때 행동으로 옮기지 않는 것은 어린아이도 마찬가지이다. 막스 플랑크 진화 인류학 연구소의 마리아 플뢰트너와 동료들은 어린아이들도 방관자 효과에 영향을 받는지, 만약 그렇다면 그 원인은 무엇인지 연구했다.[9] 이 연구에 참가한 5세 아동들은 그림을 채색해달라는 요청을 받았다. 그 다음 연구진이 도움을 요구할 만한 상황이 제시되었다.

연구진은 아이들이 책임 분산에 의해 영향을 받는지

(다른 누군가가 나설 것이라는 생각에 도움을 줘야 한다는 압박을 덜 받음) 또는 사회적 요소의 영향을 받는지(도움이 필요한지 확실치 않거나 도움을 주기 위해 나서기 부끄러움) 확인하기 위해 다음과 같은 세 가지 조건을 준비했다. 첫 번째, 실험에 참가한 아동이 혼자 있다. 두 번째, 실험에 참가한 아동은 신체적 도움을 줄 수 있는 다른 두 명의 아이들과 함께 있다. 세 번째, 실험에 참가한 아동은 신체적 도움을 줄 수 없는 다른 두 명의 아이들과 함께 있다(홀로 있는 것과 마찬가지 상황이다). 실험에 참가한 아이는 모르고 있었지만, 사실 함께 있던 다른 아이들은 실험에 참가한 아이를 돕지 않도록 미리 준비된 협력자였다.

아이들이 그림을 그리기 시작하고 30초 정도 지났을 때, 연구진은 우연을 가장해 고의로 컵에 담긴 물을 바닥에 쏟았다. 연구진이 "이런!"이라고 소리치면서 한숨을 쉬어 자신의 고충을 분명하게 표현했고, 휴지로 바닥을 닦으려는 몸짓을 보였다. 아이들은 손이 닿지 않을 정도의 거리에 있었지만, 이 상황이 충분히 잘 보이는 곳에 있었다. 연구진은 얼마나 빨리 도와주러 오는지 평가했다.

다른 아이들 없이 연구진과 둘만 있었던 아동은 도움을 줄 수 있는 다른 아이들과 함께 있을 때보다 도움을 줄 확률이 높았고, 행동도 빨랐다. 이 결과는 성인을 대상으로 한 연구 결과와 일치했다. 그렇다면 신체적 도움을 줄 수 없는 상황의 아이들과 함께 있었던 세 번째 조건에서는 어떤 반응을 보였을까?

연구진은 여기에 작동하는 논리를 이해하기 위해 실험을 마친 후 실험에 참가한 아동과 짧게 면담을 했다. 연구진은 당시 정말 도움이 필요했는지, 그렇다면 누가 도와야 했는지, 왜 그렇게 생각했는지, 어떻게 도와야 할지 알고 있었는지 물었다.

실험에 참가한 아동 대부분은 세 조건 모두 도움이 필요했다고 답했다. 하지만 꼭 자신이 도와야 하는지에 대해서는 의견이 달랐다. 혼자 있었거나 도움을 줄 수 없는 아이들과 함께 있던 아동 중 53%는 자신이 도와야 했다고 답했다. 하지만 잠재적으로 도움을 줄 가능성이 있는 다른 아이들과 함께 있었던 아동 중에서는 단 12%만 자신이 도와야 했다고 답했다. 어떻게 도와야 하는지 알고 있었느냐는 질문에도 의견이 달랐다. 군중의 조건에 있었던 아이 중 약 절반(정확히 47%)이 어떻게 도와야 할지 몰랐다고 답한 반면, 도와줄 수 있는 타인이 없는 조건에 있었던 아동 중에서는 어떻게 도와야 할지 몰랐다고 답한 아동이 10%에 불과했다. 휴지를 실험자에게 건네주는 것처럼 도움의 방법이 꽤 명확했음을 고려하면 실험에 참가한 아동들은 행동하지 않은 이유를 연구진이나 자신에게 합리화했던 것 같다. 5세 아동도 자신이 도움을 주어야 한다고 판단했고, 자신의 행동을 정당화하기 위해 노력했던 것으로 보인다.

플뢰트너는 "연구에 참가한 아이들은 책임이 분명히 자신에게 있을 때 높은 수준의 도움을 제공했다. 이런 결과는 이 연령대의 아이들이 도움을 줄지 결정할 때 책임감을 고려한다는 것을 보여준다"라는 결론을 내렸다.[10] 하지만 도움을 줄 수 있는 타인이 있을 경우 기꺼이 물러나 타인이 도울 때를 기다렸다. 이 연구는 어린아이들이 책임감을 느낀다면 자연스럽게 도움을 제공한다는 것을 보여주었다.

아이를 여럿 키우는 부모는 잘 알겠지만, 아이들은 도움을 줄 가능성이 있다고 판단하는 타인이 있을 때 책임감을 덜 느낄 때가 많다. 아이들은 곁에 아무도 없을 때 타인을 훨씬 더 많이 돕는다. 다른 형제가 있다면 그들이 할 텐데 왜 굳이 자신이 나서서 깨진 컵의 유리 조각을 치워야 한단 말인가?

사회적 태만

아주 긴급한 상황에서도 군중에 속해 있을 때 행동하지 못하는 것은 자신의 행동(혹은 행동의 부족)이 드러나지 않을 때 노력을 줄이는 인간의 보편적 성향과 관련이 있다. 자신의 노력이

타인의 노력과 결합할 때 공헌을 최소화하는 성향을 '사회적 태만'이라고 부른다.[11]

사회적 태만은 교실, 일터, 정치 등 다양한 환경에서 나타난다. 대학생들이 팀 과제를 싫어하는 이유를 사회적 태만으로 설명할 수 있다. 팀 과제는 분명한 이익을 얻지 못하면서 잡일을 도맡아 하게 되고, 다른 누군가는 타인이 노력한 덕을 보기 때문이다. 많은 레스토랑이 여섯 명 이상의 단체 손님에게 의무적으로 팁을 부과하는 것도 같은 맥락이다. 단체 손님의 팁을 자율에 맡기면 팁을 준 손님은 자신의 행동이 잘 드러나지 않고, 타인이 팁을 더 낼 것이라는 기대 때문에 팁을 조금 주는 경향이 있다.[12] 한마디로 군중 속에 숨을 수 있고, 군중에 속하게 되면 노력해도 눈에 띄지 않는다는 생각에 조금이라도 사회적으로 의무를 게을리하게 된다.

사회적 태만은 특히 자신의 노력이 분명하지 않고 측정 불가능할 때 나타나는 경향이 있다. 퍼듀 대학교 연구진은 수영 계주 선수의 경우 각자의 기록을 발표하면 팀 전체 기록만 발표할 때보다 기록이 더 잘 나온다는 사실을 확인하기도 했다.[13] 마찬가지로 크게 박수를 치거나 노래를 요청할 때, 혼자일 때보다 무리 지어 있을 때, 즉 자신의 노력이 두드러지지 않을 때 노력을 덜 하게 된다.[14] 노력의 부족은 신체적인 것에만 국한되지 않는다. 군중과 함께하게 된다는 생각만으로도 자신만 있다고 생각할 때보다 자선 단체에 기부를 덜 하게 된다.[15] 사회적 태만은 분명한 정치적 신념을 가지고 있더라도 투표율이 저조해지는 이유도 설명해준다.

지금까지 내가 소개한 사례는 그다지 중요한 상황은 아니었지만, 타인이 나의 역할을 대신할 것이라는 믿음은 업무에서 중대한 결과를 불러올 수 있다. 베를린 공과 대학교의 연구진은 실험에 참가한 이들에게 화학 공장이 적절하게 운영되는지 확인하기 위해서 자동 시스템의 모니터링과 교차 확인이 이루어질 것이라고 설명했다.[16] 여러 사람이 한 기계를 모니터한다면 문제를 찾아낼 가능성이 더 높다고 생각할 것이다. 지켜보는 눈이 둘인 것보다 넷인 것이 더 낫지 않을까? 하지만 동일 작업에 더 많은 인력을 투입하면 결과가 나아질 것이라는 이 가정은 전체 작업에서 각 구성원이 노력을 덜 하는 경향이 있다는 연구 결과를 무시한 것이다.

모니터링에 대한 베를린 공과 대학교의 연구는 이 사실을 확인시켜준다. 파트너와 함께 작업하는 사람들은 혼자 작업할 때보다 훨씬 덜 확인하게 되고, 결국 자동화의 문제점을 더 적게 발견했다. 혼자 일할 경우 문제의 90%를 찾아내는 것으로 나타났지만, 파트너와 함께 일할 경우 문제의 66%를 찾아냈다. 팀을 이루어 작업할 때는 혼자 작업할 때보다 성과가 훨씬 더 나빴던 것이다.

사회적 태만에 대한 연구는 아직 중요한 문제를 검증하지 않았다. 왜 사람들은 집단에 속해 있을 때 노력을 덜 하기로 선택하는 것일까? 한 가지 가능성은 자신이 노력을 덜 하더라도 정당화할 수 있기 때문이다. 레스토랑에서 함께 식사를 하는 사람들은 누군가 자신보다 더 비싼 음식을 주문했기 때문에, 또는 자신보다 경제적으로 더 윤택한 사람이 있기 때문에 팁을 적게 내도 된다고 합리화할 수 있다. 또 다른 가능성은 집단에 속해 있을 때는 결과에 대한 통제력을 덜 갖게 되어 노력을 덜 하게 되는 것이다.

통제력 부족으로 노력을 덜 하게 된다는 가정을 확인하기 위해 유니버시티 칼리지 런던의 연구진은 실험 참가자들에게 다소 어려운 과제를 단독으로, 또는 파트너와 함께 수행하도록 요청했다.[17] 실험 참가자들은 각자 일정한 점수를 받아 과제를 시작했고, 과제를 마치면 최종 점수를 돈으로 환산하기로 했다. 연구진은 실험 참가자들에게 기울어진 막대기에서 대리석 구슬이 떨어져 바닥을 망가뜨리지 않도록 막는 과제라고 설명했다. (실험은 컴퓨터에서 가상으로 진행했다.) 기본적으로 구슬이 떨어지지 않고 멀리 굴러갈수록 점수가 적게 차감되고, 구슬이 바닥으로 떨어지면 점수가 많이 차감되도록 설계했다. 파트너(연구진이 준비한 컴퓨터 프로그램)와 함께 작업할 때는 구슬이 떨어지는 것을 막은 사람의 점수는 차감되지만,

그렇지 않고 지켜본 상대방은 점수를 잃지 않도록 설계했다. 이 실험은 단독으로 또는 파트너와 함께 과제를 수행하느냐에 따라 다양한 경우의 수를 계산할 수밖에 없었다. 단독으로 과제를 수행한 실험 참가자는 얼마나 큰 위험을 감당할지 결정해야 했고, 파트너와 함께 과제를 수행한 경우 파트너가 얼마나 많은 위험을 감당할 것인지 고려해야 했다.

　　　연구진은 행동의 세 가지 국면을 평가했다. 실험 참가자는 언제 떨어지려는 구슬을 막는지, 얼마나 큰 통제 권한을 갖고 있다고 느끼는지, 뇌는 어떤 반응을 보이는지이다. 연구진은 뇌파 검사를 활용해 앞에서도 소개했던 뇌파의 종류인 ERP를 측정했다. 연구진이 관심을 가진 ERP 요소는 피드백 관련 부정feedback-related negativity, FRN이었다. FRN 반응의 정도로 실험 참가자가 활동의 결과에 대해 얼마나 많은 통제력을 느끼는지 알 수 있다. FRN 반응은 실험 참가자가 단독으로 과제를 수행할 때보다 파트너와 함께 수행할 때 더 작은 반응을 보였다. 아마도 타인과 함께 일하면 결과에 대한 통제력을 덜 느끼기 때문인 것으로 추정된다.[18] 과제 수행 시 타인의 개입 정도가 클수록 FRN 반응 정도는 작게 나타났다. 이 실험에서 FRN 반응은 실험 참가자들이 얼마나 많은 점수를 잃는지 확인하고, 선택의 순간에 직면했을 때 측정했다.

　　　연구진이 결과를 분석한 결과, 실험 참가자가 단독으

로 과제를 수행할 때보다 파트너와 함께 과제를 수행할 때는 약간 늦게 반응한다는 것을 확인했다. 합리적인 결과였다. 만약 파트너가 구슬을 멈추면 실험 참가자는 점수를 잃지 않았다. 그래서 실험 참가자들은 파트너가 먼저 행동하는지 확인하기 위해 마지막 순간까지 기꺼이 기다렸다.

파트너와 함께 과제를 수행한 참가자는 결과에 대한 통제력을 훨씬 덜 느꼈다. 이 결과 역시 합리적이었다. 단독으로 과제를 수행한 참가자는 구슬을 멈출 순간을 결정하는 데 더 많은 통제력을 가졌고, 파트너와 함께 과제를 수행한 참가자는 파트너가 언제 구슬을 멈출지 생각했기 때문이다.

이러한 신경 활동의 분석은 집단에서 각 사람의 통제력이 줄어드는 것에 대한 추가 정보를 제공한다. 이전 연구와 마찬가지로 FRN 반응은 실험 참가자들이 혼자일 때보다 파트너와 함께 과제를 수행할 때 더 낮게 나타났다. 현실의 수많은 상황과 마찬가지로 이 실험에서도 참가자들은 언제든지 행동할 선택권을 가지고 있었지만, 파트너와 함께일 때는 통제력을 덜 갖고 있다고 인식했다.

이 연구는 책임 분산에 대한 이전 작업을 중요한 측면에서 확대했다. 이 연구를 통해 타인과 함께 작업하는 사람은 다른 방식으로 행동의 결과를 처리하고 경험한다는 것을 보여준다. 실험의 결과에서 확인되는 것처럼 이때 사람들은 감지된 대상을 자체적으로 보고하는 주관성과 EEG 데이터를 통한 객관성을 통해 감지하고 경험한다. 행동의 결정에 있어서 사람들은 혼자 일할 때보다 파트너와 함께 일할 때 결과에 대한 책임감을 덜 느낀다.

타인과 함께 일할 때는 행동과 결과에 대한 통제력이 줄고, 결국 행동해야 한다는 긴급함에 대한 감각도 줄어든다.

본성을 극복하기 위하여

지금까지 나는 사람들이 군중 속에 있을 때(특히 우리 주변의 사람들이 아무것도 하지 않을 때) 행동하지 않으려는 인간의 본질적 성향을 이해하는 데 도움이 되는 연구를 소개했다. 하지만 행동하지 않으려는 경향은 피할 수 있다. 좋은 소식은 우리가 이런 경향을 자주 극복한다는 것이다. 우리가 다음과 같은 요소를 인지하고 있다면 타인이 행동하지 않을 때, 특히 행동하기 어려울 때 행동하도록 만들어준다는 사실이 확인되었다.

문제에 대한 자각

사람들 대부분은 군중 속에 있을 때 사회적으로 빈둥거리게 되지만, 누군가 보고 있을 때는 달라진다. 사람들은 자신을 도덕적으로 올바르게 행동하는 좋은 사람이라고 생각하려 한다. 이처럼 좋은 사람으로 보이고 싶은 열망은 타인이 자신의 행동을 평가하고 있다는 사실을 알고 있을 때 더욱 강화된다. 암스테르담 대학교의 마르코 반 보멜의 연구는 아무리 작은 신호라도 대중적으로 알려지고 있다는 자각은 군중 속에 있을 때 노력을 줄이는 경향을 약화한다는 것을 보여주었다. 이러한 자각을 늘리는 방법은 몇 가지가 있다.

　　한 실험에서 연구진은 실험 참가자들에게 온라인 대화방에서의 대화를 연구한다고 설명했다.[19] 실험에 참가한 학생들이 대화방에 접속했을 때 다른 누군가가 먼저 작성한 것으로 보이는 메시지를 보게 되었다. 첫 번째 대화자는 자살하고 싶다고 했고, 두 번째 대화자는 거식증을 앓고 있다고 했고, 마지막 대화자는 연인이 암에 걸렸다고 했다. 연구진은 실험 참가자들에게 위로의 말을 남길 수 있지만, 그렇게 하거나 하지 않는 것은 전적으로 자신의 선택이라고 설명했다.

　　이 실험에서는 우선 말을 하는 사람을 포함해 대화방에 접속한 모든 사람의 이름을 모두 검은색으로 표시했다. 대화방에는 서른 명이 넘는 실험 참가자가 접속하기도 했고, 한 명만 접속할 때도 있었다. 다른 책임 분산 관련 연구에서 예측한 것처럼 실험 참가자는 혼자일 때보다 다수가 접속했을 때 위와 같은 메시지에 대응할 확률이 적었다.

연구진은 메시지를 작성 중인 대화자의 이름은 붉은 색으로, 다른 이들의 이름은 검은색으로 표시되도록 해 대중적 자각을 높이고자 했다. 이러한 단순한 변화는 기존의 연구 결과를 완전히 뒤집었다. 실험 참가자는 다수가 접속했을 때 위와 같은 메시지에 대응할 확률이 높아진 것이다.

대화방의 작은 변화가 어떻게 큰 차이를 끌어낸 것일까? 무엇보다 군중 속에서 자신의 정체성이 분명해지자 대응이 필요한 상황에서 침묵하는 바보처럼 보이기 싫었기 때문이다. 이것은 군중에 속해 있을 때 노력을 덜 하는 심리 효과와 동일하다. 사람들은 그룹 프로젝트에서 모든 일을 도맡아 하거나, 다른 사람들의 적은 노력을 메우는 바보처럼 보이지 않기를 바란다. 이러한 심리는 행동하지 않으면 나쁜 평판을 받게 된다는 판단을 하게 되면 도움을 주는 결과로 이어진다.

연구진은 조금씩 다른 방식으로 대중적 자각을 높이면서 실험을 반복했다. 이번에는 실험을 시작할 때 실험 참가자 절반에게 웹캠 불빛이 잘 작동하는지 확인했다. 하지만 웹캠은 실험의 후반부에만 사용할 계획이었다. 그리고 다른 실험 참가자에게는 웹캠에 대해 전혀 언급하지 않았다. 웹캠에 대해서 알지 못하는 실험 참가자는 대화방에 참가자가 많을 때 답변을 하는 확률이 낮았지만, 웹캠이 작동한다는 사실을 알고 있는 실험 참가자는 대화방 참가자가 많을수록 대화에 더 적극적으로 참가했다.

이 실험은 왜 방관자 효과가 발생하고 이 영향을 극복하기 위해 어떻게 해야 하는지에 대한 중요한 정보를 제공한다. 사람들은 거대한 군중에 속해 있을 때 매몰되는 감정을 느끼곤 한다. 행동하지 않더라도 아무도 그 사실을 모르기 때문에 굳이 나서려고 노력하지 않아도 된다. 하지만 타인이 자신의 행동을 감지하고 있어서 행동하지 않는 것도 드러난다면 좋은 인상을 남기기 위해 타인을 돕게 된다. 실제 응급 상황에서 소수의 친구와 함께 있을 때보다 많은 친구에 둘러싸여 있을 때 타인을 도울 확률이 더 높다.[20] 왜일까? 친구들 앞에서 좋은 사람으로 보이고 싶기 때문이다.

그렇다고 군중에 속해 있을 때 무조건 타인을 돕지 않는 것은 아니다. 다만 군중 때문에 익명성을 얻게 될 때 행동을 하지 않는 것이다. 우리는 사회적 평판에 신경을 쓰기 때문에 자신의 정체성이 알려져 있는 집단이라면 적은 사람이 있을 때보다 많은 사람이 있을 때 도움을 주려고 한다.

이러한 통찰은 친구나 동료에 둘러싸인 대학이나 직장에서의 집단행동을 분석할 때 특히 유용하다. 적어도 집단의 구성원과 충돌이 일어나지 않는 상황에서 친구나 동료는 집단행동을 하기 쉽다. (이것에 대해서는 5장에서 다시 다루겠다.)

책임감

사회적 태만에 영향을 미치는 또 다른 요소는 노력이 차이를 만들어낸다는 믿음 여부이다.[21] 이때는 자신의 행동이 가치가 있는지가 중요하다. 자신이 다른 사람보다 잘할 수 있다고 믿는 힘든 업무를 이행하도록 요청받은 사람은 결과를 평가하지 않더라도 노력을 중단하지 않는다. 이 경우에는 집단의 성공에 특별하고 중요한 공헌을 할 수 있다. 또한 연구진은 사람들이 어른보다는 아이들과 함께일 때(아이들은 도움을 줄 능력이 없다고 판단된다) 응급 상황에서 도움을 주는 것으로 확인되었다.[22] 모르는 아이들이어서 이들에게 좋은 예를 보여줄 부담을 느끼지 않더라도 마찬가지였다.

이러한 현상은 왜 특별한 훈련을 받은 사람들이 응급 상황을 마주하면 나서서 도움을 주는지 이해하게 해준다. 이들은 일반적인 책임의 분산에 굴복하지 않기 때문이다. 실제로 의사, 간호사, 군인, 소방관처럼 특별한 훈련을 받은 이들은 일반인보다 타인을 도와야 한다는 책임감이 크다.

한 연구에서는 단순 여론 조사라고 설명하며 간호학과 학생들과 간호학 외 타 전공 학생들을 모집했다.[23] 이들 중 절반은 한 사람씩 방에 들어갔고, 나머지 절반은 실험 참가자로 가장한 실험 협력자들과 함께 방에 들어가 여론 조사에 응답하도록 했다. 한창 여론 조사가 진행 중일 때, 한 남성이 사다리에서 떨어져 고통스러운 비명을 질렀다.

방에 혼자 있었던 실험 참가자는 그렇지 않은 참가자 보다 도움을 주기 위해 방을 나오는 비율이 훨씬 높았다. 이는 군중에 속한 환경에서 책임이 확산됨을 확인한 타 연구의 결과와 정확히 일치하는 결과였다. 그러나 간호학과 학생들은 혼자 있든, 그렇지 않든 도움을 주기 위해 방을 나오는 비율이 같았다. 이 결과만으로 간호학과 학생들이 더 좋은 사람이라는 것을 증명하지 않는다. 물론 그럴 수도 있지만, 더 정확한 이유는 이들이 그러한 상황에서 무엇을 해야 할지 알고 있었고, 행동해야 한다는 책임감을 더 크게 느꼈기 때문이다.

또한 특별한 기술을 가지고 있지 않더라도 권한이 있는 위치에 있다면 더 큰 책임감을 느낀다. 한 심리학 연구에서는 무작위로 실험 참가자를 선정해 집단의 지도자 역할을 맡기는 실험을 진행했다. 실험 도중 음식 때문에 기도가 막힌 상황을 연기한 실험 협력자를 투입하자 지도자 역할을 맡은 실험 참가자는 그렇지 않은 참가자보다 도움을 줄 가능성이 더 높았다.[24] 무작위라도 지도자를 배정할 경우 집단에서 흔히 발생하는 일반적인 책임 분산이 줄어든 것이다.

어떤 경우에는 전문 지식을 가진 사람이 권한을 갖지 못할 수도 있다. 하지만 권한이 없어도 책임을 지기도 한다. 내가 대학교 3학년일 때, 4층에 있는 교실에서 수업을 듣던 중

갑자기 건물이 앞뒤로 흔들리기 시작했다. 1989년, 캘리포니아 북부를 강타한 로마프리타 지진이었다. 학생들은 모두 어쩔 줄 몰라 교수만 바라보았다. 하지만 교수의 반응은 학생들의 예상을 완전히 벗어났다. "난 뉴욕 출신이라고요!" 이 반응은 자신도 어떻게 해야 할지 전혀 모른다는 뜻이었다.

이 와중에 한 학생이 "난 캘리포니아 출신이에요!"라고 말하며 응급 상황에서 사람들의 신뢰를 얻은 후 책상 밑으로 들어가라고 조언했다.

서로 간의 연결성

2019년 1월, 13세의 흑인 아이스하키 선수 디바인 아폴론은 메릴랜드주에서 열린 경기에서 뛰고 있었다. 경기 중 상대 팀이 인종 차별적 말을 내뱉기 시작했다. 어떤 선수는 원숭이 소리를 냈고, 다른 선수는 그에게 아이스하키 경기장에서 나가 농구나 하러 가라고 말했다. 몇몇은 깜둥이라는 표현을 사용하기도 했다. 하지만 코치, 심판, 관중석에 있었던 부모들을 포함해 어떤 어른도 그 상황에 개입하지 않았다. 그때 디바인의 팀 동료들이 개입했다. 3피리어드가 끝날 때 디바인의 팀 동료들은 상대 팀 선수들에게 고함을 치기 시작했고 결국 싸움이 벌어졌다. 디바인의 팀 동료들은 모두 백인이었고 개인적으로 인종 차별적 비방과 조롱을 당하지 않았다. 동료들은 경기를 위해 그 자리에 있었을 뿐이지만, 이들의 연결성은 방관자 효과를 넘어섰다.

　　도움이 필요한 사람과 연결된 느낌이 침묵을 지키고자 하는 방관자 효과를 극복하는 데 어떻게 도움이 되었을까? 자기 범주화 이론에 따르면 정체성은 성별, 인종, 국적, 학교, 스포츠팀, 직종 등 자신이 속한 집단과 연결되어 있다.[25] 이러한 정체성의 공유는 물러설 수 있는 군중 속에서도 타인에게 도움을 주도록 한다. 집단의 구성원과 연관성을 느끼는 경우 행동하지 않는 것이 옳지 않다고 판단하기 때문이다.

　　마크 레빈과 동료들은 아주 간단한 정체성의 공유, 즉 동일한 스포츠팀을 응원한다는 공동체 의식이 타인에게 도움을 주려는 의지를 강화할 수 있다는 가설을 입증했다.[26] 연구진은 잉글랜드 프리미어리그의 맨체스터 유나이티드 팬을 모집했다(모두 남성이었다). 실험 참가자들에게 응원하는 팀에 대한 간단한 설문지를 작성하게 한 후, 영상을 보기 위해 다른 건물로 이동할 것을 요청했다. 이들이 밖으로 나가 다른 건물로 걸어가는 동안 한 남성이 미끄러져 풀밭에 넘어진 채 발목을 잡고 고통스럽게 울부짖는 응급 상황을 목격하도록 했다. 이때 맨체스터 유나이티드 유니폼, 라이벌인 리버풀 유니폼, 팀 정체성이 표시되지 않은 평범한 셔츠를 입고 있는 세 경우로 실험을 진행했다. 맨체스터 유나이티드 팬들은 어떤 옷을 입은 남성을 더 적극적으로 도왔을까?

실험 결과 맨체스터 유나이티드 유니폼을 입었을 때 도움을 받을 가능성이 훨씬 높았다. 실험 참가자 중 90% 이상이 맨체스터 유나이티드 유니폼을 입은 남성을 도왔다. 리버풀 유니폼을 입은 남성은 30%가 도움을 주었고, 평범한 셔츠를 입은 사람은 33%가 도움을 주었다. 이 연구와 다른 연구를 통해서 같은 대학에 다니거나 특정 팀을 응원하는 등 피상적으로 보이는 형태의 정체성을 공유하는 것이 행동에 큰 차이를 만든다는 것을 확인할 수 있었다.[27]

정체성 공유로 시작된 연결은 상당한 대가를 치르게 되는 폭력적 상황에도 개입하도록 유도할 수 있다. 윤리적 이유로 위험한 상황에서 방관자 효과를 연구할 수 있는 유일한 방법인 몰입적 가상 환경을 활용했을 때 도움이 필요한 타인이 자신이 응원하는 팀의 팬일 경우 폭력적 사고를 막기 위해 개입할 가능성이 더 높다는 것을 확인할 수 있었다.[28]

우리가 도움이 필요한 타인과 연결성을 느낀다면 집단 환경에서 행동하지 않는 인간의 본성을 극복하기 쉬워진다. 이는 앞서 소개한 아이스하키 선수들이 동료를 향한 인종차별적 공격에 침묵하지 않고 반응한 이유를 이해하도록 돕는다. 그들의 공통된 정체성은 무언가 행동해야 함을 느끼게 했다. (이들의 행동은 후에 스포츠 분야에서 인종 차별을 없애기 위한 지역 운동으로 이어졌다.)

　　이는 키티 제노비스의 사망 사건을 이해하는 데도 도움이 된다. 《뉴욕타임스》는 증인이 수십 명에 달했지만, 모두 아무런 조치도 취하지 않았다고 했다. 하지만 이후 이뤄진 조사에 따르면 적어도 두 명 이상 경찰에 신고했고, 한 여성은 제노비스를 돕기 위해 상당한 노력을 기울였다. 제노비스의 친구였던 소피 파라는 이웃을 통해 제노비스가 공격을 받고 있음을 알게 되자 즉시 경찰에 전화해 그 사실을 알렸다. 그러고는 제노비스에게 달려갔다. 당시는 한밤중이었고 어쩌면 자신의 목숨도 위험에 빠질 수 있었던 상황이었다.[29] 하지만 파라는 구급차가 도착했을 때 제노비스를 품에 안고 있었다.

　　파라 역시 자신도 목숨을 잃을까 두려워했지만, 제노비스에게 도움이 필요하다는 사실에는 의심의 여지가 없었다. 이보다 상황이 분명하지 않은 경우는 개입 여부를 결정하기가 더욱 어렵다. 다음 장에서 설명하겠지만, 무슨 일이 일어나고 있는지 확실하지 않을 때 행동으로 옮기는 것이 특히 힘들기 때문이다.

3. 침묵을 부르는 불확실성

1993년 2월, 10세 소년 두 명이 잉글랜드 리버풀에 의 한 쇼핑몰에서 이제 막 걷기 시작한 제이미 벌거를 유괴했다. 두 소년과 아이는 2.5마일을 함께 걸어갔다. 당시 벌거는 이마에 혹이 생겨 계속 울고 있었다. 36명의 사람들이 이들을 목격했지만, 대부분 개입하지 않았다. 두 명은 소년들에게 다가갔지만, 소년들은 벌거가 동생이라고 변명하거나 아이가 길을 잃어 경찰서로 데려간다고 말했다. 결국 이들을 목격한 어른들은 아무도 경찰을 부르지 않았다.

소년들은 벌거를 철로 옆에 있는 외딴곳으로 데려갔고 구타해 죽음에 이르게 했다. 그로부터 이틀 후, 벌거의 시신이 발견되었다.

제이미 벌거의 비극적인 이야기는 우리 모두 삶의 어느 시점에서 직면했던 근본적인 어려움을 보여준다. 우리는 가끔 무언가 잘못되었다는 것을 알아차리지만, 보고 듣는 것이 정확히 무엇인지 확신하지 못한다. 사무실에서 오가는 말은 무해한 농담인가, 아니면 인종 차별적이고 모욕적인 말인가? 지금 보고 있는 것이 사소한 다툼인가, 아니면 가정 폭력인가? 수영장에서 허우적대는 저 사람은 정말 위험에 처한 것일까, 아니면 그냥 장난일까? 이러한 애매한 상황은 사람들이 나서서 행동하는 것을 더 어렵게 만든다.

이번 장에서는 정확히 무슨 일이 일어나고 있는지 불

확실한 상황을 해석하기 위해 다른 사람에게 의존하는 경향, 특히 군중 속에 있을 때 타인의 행동에 의존하는 경향 때문에 행동하지 않아 끔찍한 결과로 이어지는 경우를 살펴보려 한다. 또한 이 같은 종류의 무반응이 뇌 활성 패턴에서도 감지될 수 있다는 것을 암시하는 최근 신경 과학 연구 결과에 대해서도 설명할 것이다.

판단 보류

대학 시절 어느 여름, 나는 애틀랜타 시내에서 일하게 되었다. 어느 날, 퇴근 후 룸메이트와 함께 집으로 걸어가던 중에 아파트 앞 계단에서 한 남성이 기절해 있는 모습을 보았다. 당연히 그가 괜찮은지 걱정되어 911에 전화했다. 몇 분 후 구급차가 도착했다. 차에서 내린 구급대원은 그 남성을 보고 자지러지게 웃기 시작했다. 알고 보니 그는 유명한 술꾼이었고, 곯아떨어진 것뿐이었다. 당시 우리 기분이 어땠을까? 부끄럽고 바보 같았다. 우리가 너무 순진했다는 생각도 들었다.

　　이 경험은 판단하기 애매한 상황에서 극복해야 하는 심리적 어려움을 잘 보여준다. 올바른 일을 하려는 시도는 무슨 일이 일어나고 있는지 정확히 이해하지 못할 때 더욱 복잡해진다. 타인들이 자신을 어리석거나 지나치게 예민하다고 판단하지 않을까 걱정하기 때문에 행동에 나서지 못하는 것이다. 심리학자들은 이것을 '평가에 대한 우려'라고 부른다. 우리는 혹시라도 어리석은 모습으로 비춰질 경우 속해 있는 군중의 규모가 커질수록 더 많은 이들이 목격하게 되기 때문에 나쁜 평판을 받지 않을까 두려워하게 된다. 이러한 반응을 '관객 억제'라고 한다.

공공장소에서 큰 소리로 다투는 남녀가 있다고 가정해보자. 이들의 말싸움은 금방이라도 육탄전으로 바뀔 것 같이 보인다. 무언가 조치를 취해야 한다고 생각할지도 모른다. 하지만 개인적 다툼에 끼어들지 말자고 판단할 수도 있다. 펜실베이니아 주립 대학의 R. 랜스 숏랜드와 마가렛 K. 스트로우의 연구는 이 역동성을 정확하게 보여주었다.[1] 두 연구자가 주도한 실험의 참가자들이 대기실에서 설문지 작성을 완료할 즈음, 한 남성과 여성의 싸움이 시작되었다(사실 이 둘은 학교 연극부의 배우였다). 닫혀 있던 대기실 문 너머에서 남성은 자신이 떨어뜨린 1달러를 여성이 주웠다며 싸우고 있었다. 이후 두 사람은 방으로 들어왔고, 남성은 여성을 심하게 흔들기 시작했다. 여성은 몸을 움츠리며 "내게서 떨어져!"라고 소리를 질렀다. 다른 경우에는 "나는 당신을 몰라!"라고 소리쳤고, 또 다른 경우에는 "왜 내가 당신과 결혼했는지 모르겠다!"라고 소리쳤다. 둘이 45초 정도 싸운 뒤 연구진이 와서 실험 참가자들의 반응을 확인했다. 연구진은 경찰에 신고하거나, 남성에게 멈추라고 소리치거나, 직접 두 사람 사이에 신체적으로 개입하는 등 실험 참가자가 어떤 대응을 하는지 확인하고 조치를 취했다.

이 실험에서는 실험 참가자가 유일한 목격자였기 때문에 도움을 줄 책임이 누구에게 있는지는 의문의 여지가 없었다. 하지만 싸움을 벌인 두 사람의 관계에 따라 개입하는 비율은 상당히 달랐다. 두 사람이 낯선 사람이라고 판단했을 경우 실험 참가자의 65%가 남성이 여성을 폭행하는 것을 막기 위해 적극적으로 개입했다. 그러나 두 사람이 부부라고 판단했을 경우는 실험 참가자의 19%만 개입했다.

이 차이는 무엇을 설명하는가? 많은 사람은 낯선 이들 사이에서 폭력적인 충돌이 잠재되어 있는 상황에 개입하는 것은 옳은 일로 판단한다. 그러나 부부 싸움에 개입하는 것은 다툼의 당사자와 개입하는 사람 모두에게 어색함과 당혹감을 안겨줄 가능성이 있다.

심리학자 어빈 스타웁의 연구는 연령에 따라 걱정의 효과가 달라질 수 있다는 사실을 보여준다. 스타웁의 연구를 살펴보면 곤경에 처한 아이의 소리를 들은 유치원생에서부터 초등학교 2학년 아이들은 홀로 있을 때보다 또래와 함께 있을

때 도움을 줄 가능성이 높았다.[2] 그러나 나이가 더 많은 4학년
에서 6학년 어린이들에게서는 이 상황이 역전되었다. 이 어린
이들은 홀로 있을 때보다 또래와 함께 있을 때 곤경에 처한 아
이에게 도움을 줄 가능성이 낮았다. 스타웁은 어린아이의 경
우 또래와 함께 있을 때 편하게 행동한 반면, 좀 더 나이가 많
은 어린이는 또래에게 평가받는 것에 더 많이 신경을 써서 과
잉 반응으로 창피를 당할까 두려워할 가능성이 있다고 판단
했다. 스타웁은 "어린아이보다 나이가 많은 어린이는 고통이
대수롭지 않을 것이라고 서로 이야기하며 반응을 자제하는
것으로 보인다"라고 해석했다. 즉, 또래 앞에서 속마음을 감춘
다는 뜻이다.

　　사회 심리학자들은 판단하는 것을 두려워하지 않을
때 더 기꺼이 행동하기 때문에 판단하기 애매한 상황보다 좀
더 분명한 응급 상황에서 행동을 취할 가능성이 훨씬 더 크다
는 것을 발견했다.[3] 연구진들은 이를 바탕으로 애매한 상황(다
른 방에서 무언가가 충돌하는 소음을 듣게 되는 경우)과 애매하지 않은
응급 상황(충돌 소음에 이어 신음 소리를 듣게 되는 경우)을 만들어냈
다.[4] 충돌 소음과 신음 소리를 들은 실험 참가자는 홀로 있든
타인과 함께 있든 상관없이 도움을 주었다. 충돌 소음만 들었
을 때는 도움을 주는 실험 참가자가 적었지만, 타인과 함께 있
을 때보다는 도움을 주는 경우가 더 많았다.

이 결과는 현실에서 이해하기 어려운 대응을 보이는 사람들에 대한 통찰력을 제공한다. 사람들은 종종 듣게 되는 소음과 달리 응급 상황에서는 도움을 주기 위해 나서는 상반된 반응을 보인다. 우리는 2장에서 군중에 속해 있더라도 더 많은 책임감을 느끼게 되면 도움을 주는 상황에 대해 살펴보았다. 이처럼 도움을 주기 위해 나서는 또 다른 상황은 실질적이고 분명한 응급 상황일 경우이다.

2005년 7월 7일 아침, 자살 폭탄 테러범들이 러시아워 시간대에 런던 대중교통을 대상으로 벌인 연쇄 공격으로 52명이 사망하고 수백 명이 부상을 입었다. 당시는 도움을 주기 위해 나선 이들도 부상을 입을 수 있는 심각한 비상사태였다. 하지만 많은 사람들이 낯선 이들을 위해 응급 처치를 하고, 위로하는 모습을 수없이 많은 이들이 목격했다.[5] 당시의 한 생존자는 지하철역에서 자신이 경험한 것을 이렇게 설명했다. "사람들은 내가 플랫폼에 올라올 수 있도록 도왔습니다. 어떤 여성은 내게 와서 괜찮은지 물어보며 손을 잡아 주었어요. 그는 정말 좋은 사람이었습니다. 지하철역까지 태워다주고는 한참이나 함께 있어 주었습니다. 자신의 코트를 내 몸에 둘러주고, 나를 돌봐주었어요."[6]

2013년 보스턴 마라톤 폭탄 테러, 2013년 케냐 나이로비 웨스트게이트 쇼핑몰에서의 총기 난사, 2017년 바르셀

로나 차량 테러 사건에서도 낯선 이들의 자발적 도움에 대한 비슷한 증언을 확인할 수 있다.

인간의 본성인 행동하지 않는 경향과 낯선 이를 돕기 위해 자신의 생명을 위험에 빠뜨린 이 사례들 사이의 불일치는 어떻게 이해해야 할까? 폭발과 총격처럼 당시 조건이 분명한 응급 상황이었다는 것이 답을 제시한다. 이러한 상황은 판단하기 애매하지 않아서 사람들은 혹시라도 멍청하게 보일까 또는 과잉 반응으로 보일까 두려워하지 않는다. 실제로 경험적 연구를 통해 사람들은 잠재적 위험이 높은 상황에서 홀로 있든지, 군중 속에 있든지 도움을 줄 가능성이 높다는 사실이 확인되었다.[7]

최근의 비교 문화적 연구에서 이러한 종류의 도움과 관련한 결과가 도출되었다. 한 연구진은 네덜란드 암스테르담, 영국 랭커스터, 남아프리카 공화국 케이프타운에서 발생한 219건의 말다툼과 폭행 등이 기록된 CCTV 영상을 조사했다.[8] 연구진은 이러한 장면을 검토하고 목격자의 증언을 녹취했다. 모든 사례의 91%에서는 공격을 가한 이에게 한 명 이상 개입해 진정하라고 손짓하거나, 물리적 폭력을 막았고, 피해자를 위로하거나, 도움을 주었다. (세 도시 모두 사건에 타인이 개입한 비율에 통계적으로 유의미한 차이는 없었다.) 목격한 사람이 많을수록 피해자가 도움을 받을 가능성도 높아졌다. 이 같은 응급 상황에서는 사람들이 도움을 주기 위해 나섰다. 다만, 목격한 모든 사람이 도움을 제공하지는 않았다.

심리학, 사회학, 인류학, 범죄학 분야 전문가로 구성된 이 연구진은 방관자 효과는 존재하지 않는다는 것이 증명되었다고 자랑스럽게 선언했다. 이들은 군중 속에서 발생하는 무관심에 대한 심리학계의 주장은 자신들의 검증으로 반박되었다고 주장했다. 하지만 이 연구진은 공개적인 분쟁을 중단시키기 위해 사람들이 개입하는 매우 특정한 상황만 조사했다는 사실을 기억해야 한다. 앞에서 설명한 것처럼 응급 상황은 더 많은 도움을 끌어내는 경향이 있다. 또한 메타 분석 결과 사람들은 사회적 위험보다 신체적 위험 가능성이 있는 상황에서 행동하는 경향이 있다는 사실도 확인되었다.[9]

불행하게도 즉시 개입하는 것이 필요한지 분명히 판단할 수 없는 상황은 너무 많이 존재한다. 술에 취한 저 여학생은 스스로 남자 기숙사에 들어가는 것인가, 아니면 성폭행 피해를 당할 가능성이 있는 것인가? 저 부모는 아이를 훈육하는 것인가, 아니면 아동 학대인가? 마찬가지로 어떤 말이 단순한 농담인지, 모욕적인 표현인지 판단하기 어려울 수도 있다. "역시 아시아인은 수학을 잘하게 타고나나 봐"라거나, "당신의 드레스가 다리를 더 돋보이게 하는걸" 같은 말을 들으면 불쾌함을 느끼지만, 대응을 해야 할 정도인지 의심하게 된다.[10] 사람들은 직장, 학교, 공공장소에서 모욕적인 말을 듣게 되면 그저 어떻게 대응해야 할지 모르기 때문에 침묵하는 경우가 많다.

눈치 게임

사람들은 애매한 상황에 직면하면 자연스럽게 타인의 반응을 살핀다. 주변 사람들의 행동을 통해 그들이 어떻게 생각하고 느끼는지 정보를 얻을 수 있고, 이를 바탕으로 적절히 대응할 수 있으리라 기대하는 것이다. 하지만 여기에는 문제가 있다. 모든 이들이 타인을 보고 판단하려 한다면 실제로 무슨 일이 일어나고 있는지 확인하기 힘들어진다.

1968년, 뉴욕 대학교의 존 달리와 컬럼비아 대학교의 빕 라타네가 진행한 유명한 연구에서는 어떤 상황을 해석할 때 타인의 반응이 어떻게 영향을 미치는지 살펴보았다. 연구진은 실험에 참가한 학생들에게 간단한 설문지 작성을 요청했다.[11] 어떤 학생은 방에서 홀로 설문지를 작성하도록 했고, 어떤 학생은 다른 두 명과 함께 한 방에 배치되었다. (실험 참가자와 함께 배치된 두 명은 사실 연구진의 협력자로, 응급 상황이 발생해도 어떤 식으로든 반응하지 않을 것을 지시받았다.) 학생들이 설문지 작성을 시작하고 몇 분 후, 방 안으로 연기가 쏟아져 들어오기 시작했다. 연구진은 겉으로 보기에 분명한 응급 상황에 직면했을 때 실험 참가자가 보일 행동에 집중했다.

홀로 있던 실험 참가자 중 75%는 연기의 원인을 알아내기 위해 일어난 후 연구진에게 이 사실을 알리고자 방을 나섰다. 하지만 혼자가 아닐 때는 6분이 되기 전에(아무런 반응 없이 6분이 경과하면 연구진이 실험을 중단했다) 도움을 요청하기 위해 자리에서 일어난 실험 참가자는 단 10%에 불과했다. 당시 쏟아져 들어온 연기는 결코 옅지 않았고, 6분이 될 무렵에는 연기가 너무 자욱해져서 손으로 헤치며 설문지를 읽어야만 했다. 그럼에도 불구하고 실험 참가자들은 여전히 자리에 앉아 있었다. 왜일까?

연구진이 자리를 지킨 실험 참가자에게 연기에 대해 묻자 그들은 연기가 유입되고 있다는 사실을 알고 있었다고 답했다. 하지만 자리를 지킨 이유는 각자 달랐다. 한 명은 에어컨 바람인 줄 알았다고 했고, 다른 한 명은 단순히 증기가 뿜어져 나온 줄 알았다고 했으며, 두 명은 가스가 유입되고 있음을 알고 있었다고 말했다. 하지만 그들은 모두 방에 함께 있던 이들은 심각하게 여기는 것 같지 않았다고 답했다. 이 연구는 홀로 있는 이들은 응급 상황임을 쉽게 인식하고 적절히 반응하지만, 아무런 행동을 하지 않는 군중 속에 있을 때는 적절히 반응하지 못한다는 사회 심리학의 고전적 이론을 확립했다. 대응하지 않는 군중에 속해 있을 때 다수는 행동하지 않는다.

이와 반대로 누군가 먼저 반응을 보이면 다른 이들도 따를 가능성이 있다. 한 연구에서는 실험에 참가한 남학생에게 방에 들어가 홀로 설문지를 작성하도록 요청했다. 이들은 유리로 된 칸막이를 통해 다른 방에 있는 사람, 즉 연구진의 협력자들을 볼 수 있도록 했다.[12] 실험 참가자가 설문지를 작성하는 중에 어떤 여자의 비명 소리가 들렸고, 곧이어 무언가 떨어지는 소리가 났다. 실험 참가자는 다른 방의 사람들이 아무런 반응을 보이지 않을 때보다 동요하고 염려하는 것 같았을 때 무슨 일이 벌어졌는지 알아내려고 하는 경향을 강하게 보였다. 어빈 스타웁이 진행한 유사한 연구에서도 연구진의 협력자가 처음에 들린 애매한 소리를 응급 상황으로 인식하고 연구진에게 도움을 요청하면 실험 참가자들은 모두 그를 따랐다.[13] 두 연구 모두에서 사람들이 모호한 상황에서 어떤 일이 일어나고 있는지 평가하기 위해 타인의 반응에 의존한다는 증거를 확인할 수 있다.

무리 속에서 어떻게 행동해야 하는지 결정하기 위해 타인의 행동을 관찰한다는 사실은 모호한 상황에서 제대로 행동하지 못하는 인간의 본성을 악화시킨다. 모두가 어떻게 할지 판단하기 위해 서로 타인의 눈치만 보고, 과잉 반응을 보이거나 바보 같은 행동을 해서 어리숙하게 보일까 걱정한다면 위험에 처한 사람은 도움을 받지 못할 수 있다. 이들은 모두 군중에 속한 다른 사람들이 반응하지 않기 때문에 응급 상황이 아니라고 추정할 수도 있다. 즉 아무도 행동하지 않기 때문에 누구도 행동하지 않게 된다. 홀로 있을 때는 긴급한 상황이라고 판단할지 모르지만, 함께 있을 때는 아무런 관심도 보이지 않는다.

이처럼 집단의 구성원들이 개인적으로는 동일한 믿음을 가지고 있지만, 자신 외 타인은 다른 믿음을 가지고 있다고 잘못 판단하는 상태를 '다원적 무지'라고 한다. 다원적 무지는 화재경보기가 울리고 있는, 생명을 위협하는 응급 상황에 직면했을 때조차 타인이 어떤 행동도 취하지 않아 아무런 반응을 취하지 않게 만들기도 한다. 사실 다원적 무지는 일상에서 흔히 볼 수 있다. 학교나 직장에서 성차별, 인종 차별, 동성애 혐오 등의 발언을 듣게 될 때 타인의 반응을 살펴 반응 여부를 결정하려 한다. 만약 누구도 불편한 기색을 보이지 않으면 문제가 되는 말에 동의한다고 추측한다. 하지만 사실 그 말을 들은 모두 불쾌하게 생각하고 있을 가능성이 있다.

다원적 무지는 왜 우리가 실제와 달리 타인과 더 맞지 않는다고 느끼는지 설명해준다. 한 연구에서는 실험에 참가한 남성 대학생들에게 성희롱적인 발언을 제시하고 얼마나 불쾌하게 느끼는지, 다른 남성들은 같은 발언에 대해 얼마나 불쾌하게 느낄지 추측하는 설문 조사를 실시했다.[14] 다음은 실험 참가자들에게 제시한 시나리오 중 하나이다. "당신은 동성 친구들과 캠퍼스 산책로를 걷고 있습니다. 이때, 이전에 한 번도 보지 못했던 여성이 지나갑니다. 친구 중 한 명이 '당장 저 여자를 굴복시켜서 내 것으로 만들겠어!'라고 말합니다." 실험 참가자들은 이런 발언에 대해 다른 남성들이 느낄 것이라고 예측한 수준보다 자신은 훨씬 더 불편하게 느낀다고 답했다. 또한 실험 참가자들이 몇몇 친구들과 함께 모여 있는 자리에서 실험 참가자와 친구들이 느낄 불쾌함을 일반적인 남성이 느낄 불쾌함의 정도와 비교해달라고 요청한 경우에도 마찬가지의 결과가 도출되었다. 이를 통해 연구진은 "친분이 있더라도 상대적으로 낯선 이의 태도를 예측할 때보다 더 정확하게 판단한다고 볼 수 없었다"라고 결론을 내렸다.

보이는 것이 전부는 아니다

왜 사람들은 매번 타인의 생각과 감정을 잘못 해석하는 것일까? 한 가지 이유는 특정 행동이 다른 행동보다 더 눈에 띄기 때문이다. 예를 들어 한 친구가 괴롭힘을 당할 때 당혹해하며 침묵 속에서 이를 지켜보는 다수보다 피해자를 보며 웃는 사람의 행동에 더 눈길이 가게 된다.

조너선 할베스레벤은 성차별적인 농담을 듣고도 웃는 등 동조하듯 반응하는 사람을 보게 되면 그 사람 또한 같은 생각을 가지고 있을 것이라고 판단하게 되는지 확인하기 위해 연구를 진행했다.[15] 할베스레벤은 실험에 참가한 대학생들에게 성차별적인 농담을 제시한 뒤 ① 자신이 느끼는 편안함과 재미의 정도, ② 또래들이 이 농담을 접했을 때 느낄 것이라고 예상하는 편안함과 재미의 정도를 물었다.

할베슬레벤의 예측대로 역시 실험 참가자들은 성차별적 농담에 대해 자신이 느끼는 정도보다 다른 사람들이 더 편안하고 재미있게 느낄 것이라고 답했다. 실험 참가자들이 설문지를 작성하는 동안 산발적인 웃음소리가 들렸을 때 이 차이는 더욱 커졌다. 분명 행동은 행동하지 않는 것보다 눈에 띄고, 웃음은 침묵보다 더 강한 인상을 남긴다.

우리는 타인을 볼 때 그의 행동이 진정한 생각과 감정을 반영한다고 믿는 경향이 있다. 자신은 생각과 감정을 반영하지 않고 다르게 행동하더라도 그렇게 생각한다. 그래서 타인이 응급 상황에서도 태연하게 행동하면 그들은 위험하지 않다고 판단했을 것이라고 짐작한다.

아마도 여러분 모두 〈벌거벗은 임금님〉 이야기를 들

어보았을 것이다. 이 이야기에 등장하는 두 명의 직조공은 임금에게 멍청한 사람들은 볼 수 없는 멋진 옷을 만들어주겠다고 약속한다. 임금은 속아 넘어가 이들이 만들었다는 옷을 입고 행진한다. 사람들은 모두 벌거벗은 모습을 보지만, 아무도 이 사실을 지적하지 않는다. 멍청한 사람이 되고 싶지 않아서이다. 타인에게 보여질 자신의 모습을 신경 쓰지 않는 어린 소년만 "임금임이 벌거벗었어!"라고 소리칠 수 있었다.

　　이 이야기는 사람들이 자신의 언행과 생각이 일치하지 않는다는 것을 알면서도 타인은 생각한 대로 행동하고 있을 것이라고 믿는다는 사실을 보여준다. 학교에서 강의를 듣거나 직장에서 회의를 할 때 교수나 발표자가 질문이 있는지 물었을 때를 생각해보자. 여러분은 궁금한 부분이 있었을지도 모른다. 어쩌면 수많은 질문거리가 있었을 수도 있다. 그렇지만 손을 들지 않는 쪽을 택했다. 주변을 둘러보고 아무도 손을 들지 않았다는 것을 확인했기 때문이다. 왜 손을 들지 않았는지 물으면 사람들 앞에서 바보처럼 보이고 싶지 않다고 답할 것이다. 그렇다면 다른 사람들은 왜 질문하지 않았을지 이유를 짐작해보라고 하면 그들은 모두 잘 이해해서 질문거리가 없었을 것이라고 답할지도 모른다. 이는 다원적 무지를 행동으로 보여주는 전형적인 사례이다. 사실 부끄러워서 손을 들지 않은 것인데, 질문할 내용이 없어서 손을 들지 않는다고 생각한다.

프린스턴 대학교의 데일 밀러와 사이먼 프레이저 대학교의 캐시 맥팔랜드는 다원적 무지와 관련한 연구를 진행했다.[16] 연구진은 실험 참가자들에게 토론 준비를 위해 필요하다고 설명하며 3~8명으로 조를 구성해 논문을 읽도록 요청했다. 연구진이 제공한 논문은 의도적으로 혼란스럽게 작성한 것이어서 사실상 내용을 이해할 수 없었다. 연구진은 논문의 내용을 이해할 수 없다면 사무실로 알려달라고 요청했다. 논문을 다 읽은 실험 참가자들은 논문을 얼마나 잘 이해하고 있는지, 다른 실험 참가자들은 얼마나 이해하고 있다고 생각하는지 묻는 설문지를 작성했다. 이 실험에 참가한 학생 중 그누구도 연구진에게 논문에 대해 질문하지 않았고, 다른 실험 참가자들이 자신보다 논문을 더 잘 이해했을 것이라고 답했다. 실험 참가자들은 타인의 시선 때문에 질문을 하지 않으면서도 자신 외에 다른 실험 참가자들은 논문을 잘 이해했기 때문이라고 판단한 것이다.

자신과 타인이 동일한 행동을 했더라도 그 원인은 다를 것이라는 잘못된 인식은 다양한 환경에서 확인할 수 있다. 사람들이 현재보다 관계가 진전될 가능성이 있는 이성을 향한 관심의 표현을 주저하게 만드는 가장 큰 이유는 거절에 대한 두려움 때문이지만, 상대방이 주저하는 모습을 보며 그 이유는 자신에 대한 낮은 호감도라고 판단할 수도 있다.[17] 마찬가지로 백인과 흑인 모두 다른 인종의 사람들과 더 많이 교류하기 원한다는 조사 결과가 존재함에도 자신과 다른 인종의 사람들은 그다지 원치 않는다고 믿는다.[18] 정리하면, 각 집단의 구성원은 거부당할 수도 있다는 두려움 때문에 행동하지 않지만, 다른 집단의 구성원이 행동하지 않는 이유는 자신이 속한 집단과 자신에 대한 관심 부족 때문이라고 판단한다. (함께할만한 가치가 있다고 보는 사회적 집단에 속하고자 할 때 다원적 무지가 얼마나 흔하게 나타나는지 5장에서 살펴보겠다.)

사회적 어색함과 거절에 대한 두려움이 행동을 위한 능력을 방해한다는 사실은 이런 억제 요소가 줄어들면 응급 상황에 대응하려는 의지가 증가한다는 사실을 이해하는데 도움이 된다. 뒤에서는 타인에 대한 적응을 덜 염려하는 사람들이 상황에 더 많이 개입한다는 것을 확인하고, 이러한 경향을 늘리기 위해 무엇을 할 수 있는지를 살펴볼 것이다. 다만 여기에서는 사회적 어색함이 우리의 행동에 어떤 영향을 미칠 수 있는지에 대해서만 생각해보겠다.

네덜란드의 연구진은 사람들이 알코올을 섭취하면 사회적 억제 수준이 낮아져서 더 빨리 도움을 제공하는지 확인하기 위한 연구를 설계했다.[19] 그들은 암스테르담의 한 술집에서 술을 마시고 있는 사람들을 간단한 연구에 참가시켰다. 연구 참가자들에게 술집의 한쪽 끝에서 함께 술을 마시자고 청한 후 연구진 중 한 명이 바닥에 몇 가지 물건을 떨어뜨렸다. 이후 연구진과 단둘이 있을 때와 다른 두 명의 협력자가 있을 때 연구진이 떨어진 물건을 집도록 도울 때까지 걸리는 시간을 측정했다.

예상했던 대로 상대적으로 술에 취하지 않은 사람은 도움을 줄 수 있는 다른 사람이 있을 때 더 오랜 시간이 더 걸렸다. 그러나 상당한 양의 술을 마신 사람들은 혼자 있을 때보다 다른 사람과 함께 있을 때 더 빨리 도움을 제공했다. 연구진은 술이 억제를 감소시키고, 타인 앞에서 도움을 줄 때 발생할 수 있는 잠재적인 사회적 위험에 대한 불안감도 완화시켰다고 추측했다.

군중 속 행동의 비밀

방관자 효과에 대한 설명은 대개 집단 환경에서 응급 상황이 발생했을 때 사람들을 주저하게 만드는 인지적 과정에 집중되었다. 어쩌면 우리는 책임감을 느끼지 못하기 때문에 응급 상황이 아닌 것으로 밝혀졌을 때 부끄럽지는 않을까, 혹은 다른 사람들이 사건을 응급 상황으로 판단하지 않는다고 생각하기 때문에 도움을 제공하지 않는지도 모른다. 이 모든 설명은 사람들의 생각과 감정, 상황의 본질에 대한 해석을 포함한다.

그러나 일부에서는 어려움에 처한 타인을 보게 되면 그 사람을 도우려는 자동적인 욕구가 생겨야 한다고 제안한다. 스테파니 프레스턴과 프란스 드 발이 개발한 '인식-행동 모델'에 따르면 도움이 필요한 사람을 보면 행동을 담당하는 뇌의 부분이 활성화된다.[20] 이 이론을 뒷받침하는 연구는 운동 피질 등 행동에 대비하는 뇌의 한 부분이 고통을 유발하는 감정적인 장면에 대응해 활성화된다는 것을 보여준다.[21] 응급 상황을 목격했을 때 주변 다른 사람의 존재만으로 이러한 자동적인 신경 반응을 감소시킬 수 있을까? 네덜란드 틸뷔르흐 대학교 인지 및 영향 신경 과학 연구소의 베아트리체 드 겔더 소장은 이 의문을 해결하기 위해서 응급 상황을 목격한 사람의 수가 뇌 활동의 패턴에 어떻게 영향을 미치는지 조사했다. 드 겔더와 연구진은 실험 참가자들에게 현실적인 응급 상황을 묘사하는 영상을 보여주고 뇌 활동을 fMRI로 측정했다.[22] 일상 생활에서 위기가 발생할 때 사람들은 보통 다른 일에 몰두하고 있을 경우가 많다. 그래서 연구진은 실험 참가자들에게 fMRI 안에 있는 동안 세 개의 점을 보고 그것들이 같은 색인지 아니면 다른 색인지 판단해달라고 요청했다. 그런 다음 실험 참가자에게 알리지 않고 배경으로 영상을 보여주었다. 영상에는 한 여성이 넘어지는 모습이 담겼다. 어떤 경우에는 주변에 아무도 없었다. 또 어떤 경우에는 여성이 넘어진 후 최대 네 명의 행인이 지나갔다.

이 연구는 두 가지 주요 결과를 밝혀냈다. 첫째, 응급 상황을 관찰하는 사람들의 수가 많을수록 시각적 인식과 집중을 처리하는 뇌의 부분(상위 후두회, 설회, 설상엽, 중간 측두회)의 활동이 활발해졌다. 실험 참가자들이 다른 목격자의 행동에 주의를 기울이고 있다는 뜻이다. 이는 아마도 다른 사람들의 행동이나 반응이 상황을 해석하는 데 도움이 되었기 때문일 것이다. 여자가 기절했나, 아니면 미끄러진 것인지, 정말 다친 것인지를 판단해야 한다.

그러나 목격자의 수가 증가함에 따라 행동을 취할 준비를 담당하는 뇌의 부분, 즉 운동 피질과 체세포 감소성 피질은 활동성이 떨어졌다. 다른 사람의 존재가 어려운 사람을 도우려는 우리의 자발적인 성향(신경적 수준)을 약화시키는 것으로 추정된다. 혼자일 때, 우리의 뇌는 자동적으로 개입을 준비한다. 이때 뇌에서 처리하는 논리는 간단하다. 누군가 도움을 필요로 하고, 내가 도움을 제공해야 한다. 하지만 타인과 함께일 때 우리의 뇌는 옆에 있는 타인이 무엇을 하고 있는지에 집중한다. 이들의 행동을 해석하는 데는 시간이 소요된다. 이는 왜 다른 사람들이 주변에 있을 때 사람들이 더 느리게 도움을 제공하는지(또한 도움을 주지 않을 확률이 더 높아지는지)를 설명한다.

함께 고민할 친구

지금까지 우리는 모호한 상황이 그릇된 행동에 개입하지 못하도록 얼마나 억제하는지를 살펴보았다. 나는 모호한 상황속에서도 행동할 수 있는 일부 사례를 설명하는 것으로 이 장을 마치고 싶다.

　　심리학 연구에 따르면 사람들이 혼자 싸울 필요가 없다면 그릇된 행동에 맞서고 피해를 감수할 가능성이 더 높은 것으로 나타났다. 장 립만 블루멘이 《부도덕한 카리스마의 매혹》에서 설명한 것처럼 "같은 상황에서 다른 사람들과 결합하면 신뢰, 힘, 협력적 관행을 만들어 낼 수 있으며 이는 조직된 구성원으로서 도움이 될 것이다."[23] 한마디로 같이 행동할 친구를 찾도록 한다.

　　한 여성이 넘어져 고통스러워하는 것과 같은 모호한 상황에서 혼자 있을 때는 누군가와 함께 있을 때보다 도움을 줄 가능성이 적지만, 모르는 사람과 함께일 때보다는 친구와 함께일 때 더 빨리 도움을 주는 것으로 밝혀졌다.[24] 아마도 친구들 앞에서는 창피를 당할 확률이 낮아서 행동이 덜 억제되

는 것으로 추정된다. 또한 친구들은 상황에 대해 기꺼이 이야
기할 수 있고, 따라서 생각과 감정을 잘못 해석할 가능성이 적
을 수도 있다.

이것은 앞에서 소개한 제이미 벌거의 비극적인 사건
과는 다른 결과를 가져온 최근의 여러 사건을 설명하는 데 도
움이 된다.

2003년 3월 12일, 앨빈과 애니타 디커슨 부부는 유타
주 샌디에서 잡일을 하던 중 한 남성이 두 여성과 함께 길을
걷고 있는 것을 목격했다. 앨빈은 남성의 얼굴이 낯이 익다고
생각했고, 아내인 애니타는 1년 전에 집에서 납치된 십 대인
엘리자베스 스마트 실종 용의자로 의심을 받는 거리의 전도
사를 닮았다고 말했다. 부부는 경찰에 신고하기로 결정했다.
이들은 경찰이 도착하기를 기다렸다가 집으로 돌아왔다. 그
날 밤, 부부는 자신들의 행동이 스마트를 구출하는 데 도움이
되었다는 사실을 알리는 전화를 받았다.

디커슨 부부는 자신들의 행동이 영웅적이거나 특별
하다고 생각하지 않았다. 애니타 디커슨은 기자회견에서 "우
리의 전화 덕에 그가 가족들과 만날 수 있게 되어 기쁩니다"라
고 말했을 뿐이다.[25]

디커슨 부부가 경찰에 고발하기로 선택한 구체적인
요소는 분명치 않다. 다만 확실한 것은, 두 사람이 함께 있었

고, 자신들이 목격한 것을 논의할 수 있었다는 것이다. 부부였기 때문에 생각을 공유하는 행동을 부끄러워하지 않았다. 우리가 신뢰하는 누군가와 함께 목격한 장면을 솔직하게 표현할 수 있다면 모호한 상황을 이해하는 데 도움을 얻을 수 있다.

또 어떤 요소가 도움이 될까? 다른 사람에게 의도적으로 모호함을 없애도 어떻게 해야 하는지에 대한 명확한 지침을 제공하는 것이다.

9/11 테러 직후, 비행기가 더 납치될지 모른다는 우려가 높았다. 이때 유나이티드 항공의 한 기장은 승객들에게 특별한 방송을 전했다.[26] 비행기가 게이트에서 출발하자 기장은 확성기를 통해 다음과 같은 지침을 전달했다.

> 먼저 오늘 용감하게 비행을 결정해주셔서 고맙습니다. 이제
> 문은 닫혔습니다. 지금부터는 비행기 안에서 일어나는
> 문제에 대해서 외부의 도움을 받을 수 없습니다. 탑승
> 수속 때 들으셨겠지만, 정부는 공항의 보안을 강화하기
> 위해 정책을 변경했습니다. 하지만 항공기 문이 닫힌 후에
> 무슨 일이 일어나는지에 대해서는 어떤 규칙도 세우지
> 않았습니다. 이런 문제가 해결될 때까지는 우리가 나름의
> 규칙을 세워야 하고, 이를 여러분과 공유하고 싶습니다.
> 일단 문이 닫히면 우리는 비행기 안에는 우리밖에

없습니다. 보안을 강화해 총과 같은 위협은
처리되었습니다. 하지만 폭탄이 있을 수도 있습니다.
폭탄이 있다면 이런 말을 할 필요도 없을 것입니다. 이미
누군가 비행기를 통제하고 있을 것입니다. 그러니까 지금
비행기에 폭탄은 없습니다. 이제 남은 위협은 플라스틱,
나무, 칼 등 무기로 만들 수 있는 재료나 무기로 사용할 수
있는 물건입니다.

여기 우리의 계획과 규칙이 있습니다. 만약 누군가 혹은
여러 사람이 일어나서 이 비행기를 납치한다고 말한다면,
여러분 모두 함께 일어나기를 바랍니다. 그리고 가능한
모든 것을 그 사람의 얼굴과 머리로 던지길 바랍니다.
그러면 납치범은 자신을 보호하기 위해서 손을 들어 가릴
것입니다.

칼로부터 보호받을 수 있는 최선은 베개와 담요입니다.
근처에 앉은 사람이 담요를 머리끝까지 덮어씌우십시오.
그러면 이 사람들은 앞을 볼 수 없을 것입니다.

이 공격이 끝나면 바로 제압하십시오. 도망치게
놔두어서는 안 됩니다. 그러면 저는 가장 가까운 장소에
착륙할 것이고, 납치범을 처리하게 될 것입니다. 납치범은
기껏해야 몇 명이고, 우리는 200명 이상이니 수적으로
우세합니다. 비행기 납치는 절대 허락하지 않을 것입니다.

이 기장이 사회 심리학 수업을 들은 적이 있는지 모르겠다. 어쨌거나 그의 메시지는 응급 상황에서 사람들의 행동이 도움이 된다는 사실을 분명하게 전달했다. 그는 승객들에게 납치 사건이 발생하면 행동하는 것이 그들의 책임이라고 알리고, 그들이 무엇을 해야 하는지 정확히 말했으며, 공유된 정체성을 만들어냈다. 비록 이 비행기에 탑승한 승객들이 위급한 상황에 직면하지는 않았지만, 누군가가 그의 비행기를 납치하려고 할 정도로 어리석었더라면 기장의 방송은 분명 도움이 되었을 것이다.

불행하게도 대부분의 현실적인 상황에서 무슨 일이 일어나고 있는지 우리를 이해시키고 우리가 대응할 수 있도록 도움을 줄 수 있는 지침은 없다. 행동으로 초래되는 피해와 행동하지 않을 때의 비용을 비교하는 것은 우리의 몫이다.

4. 침묵과 행동의 저울질

2017년 5월 26일, 릭 베스트는 오리건주 포틀랜드에서 출근을 위해 열차에 올랐다. 열차 안에서 한 남성이 흑인 소녀와 히잡을 쓴 소녀 두 명에게 인종 차별적이고 반이슬람적 발언을 외치기 시작했다. 베스트와 다른 두 명의 남성이 그를 막아서자, 그는 칼을 뽑아 세 명을 모두 찔렀다. 이 공격으로 베스트와 또 다른 한 명이 사망했다.

앞에서 심리적 요인들이 응급 상황의 발생과 우리의 책임감을 복잡하게 만드는지 살펴보았다. 분명한 응급 상황이더라도 그릇된 행동을 제지하는 행동이 매우 위험하거나, 심지어 생명을 위협할 수 있다면 개입하기 어려울 수 있다. 또한 경력에 방해가 되거나 사회적인 어색함을 초래하는 등의 덜 가시적인 비용도 개입을 어렵게 만든다. 불행히도 이러한 공포와 불안은 실질적인 결과를 초래할 수 있다. 누군가가 성차별적인 농담이나 괴롭힘을 듣고 보더라도 웃거나 개입하지 않고 보고만 있을 때 이런 결과를 걱정하게 된다.

이 장에서는 이러한 억제가 어떻게 그릇된 행동에 맞서지 못하도록 막고, 행동을 결정하기 전에 상대적인 비용과 보상을 따져보도록 만드는지 살펴보겠다.

마음 속 계산기

중요한 약속 장소로 서둘러 가고 있는데, 도움을 필요로 하는 누군가를 우연히 발견했다고 상상해보자. 약속 시간에 늦더라도 그를 도울 것인가?

응급 상황에서 도움을 제공하려는 사람들의 의지를 테스트하기 위한 초기 연구는 이런 상황을 정확하게 설정했다. 존 댈리와 대니얼 뱃슨은 목사 지망생들인 프린스턴 신학교 학생들에게 착한 사마리아인의 성경 구절(누가복음 10장 25절~37절)에 대한 짧은 설교를 준비해달라고 요청했다.[1] 이 내용은 길가에 누워 있는 부상자를 돕고 어려움에 처한 이방인을 돕는 도덕적 가치를 보여준 사람을 묘사하고 있다.

학생들에게 설교를 준비할 시간을 제공한 후 연구진은 다음과 같은 태도를 취하며 설교를 위해 옆 건물로 이동할 것을 요청했다.

- 그다지 급하지 않은 모습으로 설교를 할 수 있도록 준비하는 과정이 몇 분 정도 더 걸릴 예정이며, 이제 옆 건물로 출발해달라고 요청한다.
- 약간 급한 모습으로 설교를 할 수 있도록 이미 준비를 마쳤으니 바로 출발해달라고 요청한다.

• 아주 급한 모습으로 다들 설교를 기다리고 있으니 어서 와달라고 한다.

학생이 옆 건물로 이동하는 중에 문간에 고개를 숙이고 눈을 감은 채 기침을 하며 신음 소리를 내는 사람을 지나치게 된다(실은 연구진의 협력자였다). 이 연구의 핵심은 실험 참가자가 길을 멈추고 이 사람을 도와줄지 여부이다.

실험 참가자가 모두 신학생이라는 사실을 기억하길 바란다. 이들은 또한 남을 도와야 하는 이유에 대한 설교도 준비했다. 하지만 급한 상황에서도 할 일을 멈추고 남을 도울지는 알 수 없었다. 여유가 있는 조건의 학생 중에서는 63%가 길을 멈추고 도움을 주었다. 중간 정도의 급한 조건에서는 약 절반 정도가 도움을 주었다. 아주 급한 조건의 학생은 단 10%만 도움을 주었다.

결과가 매우 놀라울 수도 있다. 목사를 꿈꾸는 학생들은 시간적 압박에도 불구하고 남을 도와야 하지 않을까? 사회 심리학자들 역시 이를 예측했었다. '각성/비용-보상' 모델에 따르면 사람들은 고통을 겪고 있는 타인을 볼 때 불편한 심리적인 각성을 경험한다.[2] 즉, 음식을 살 돈을 요구하는 노숙자나 타이어가 펑크가 난 차 옆에 서 있는 사람을 보면 기분이 불편해진다. 이런 불편한 감정을 해결하고 목적을 달성하는 방법은 그 사람을 돕는 것이다.

남에게 도움을 제공하면 분명한 이득을 얻을 수 있다. 스스로에 대해 기분이 좋아지고, 사람들로부터 자신의 미덕을 인정받을 수도 있다. 하지만 대다수의 경우에는 시간의 손실, 당혹감, 신변 안전 등 비용을 수반한다. 그래서 행동하기로 결정하기 전에 마음속으로 비용 편익 분석을 수행한다. 만약 이익이 비용을 초과한다면 돕는다. 하지만 그 비용이 이익보다 더 크다면 돕지 않게 된다. 그 결과 가장 도움이 필요한 사람들이 도움을 받을 가능성이 가장 적어지기도 한다. 1990년대의 르완다 대학살이나 대량 총기 난사 같은 극한 갈등에서처럼 도움을 위한 최선의 방법은 알고 있지만, 비용이 상당할 때 이런 상황을 목격할 수 있다. 2018년 2월, 미국 플로리다주 파크랜드의 마조리 스톤먼 더글러스 고등학교 총기 난사 사건 당시 무장한 학교의 보안 장교는 총소리를 들었지만, 건물 안으로 들어가지 않았다. 또한 총격이 진행되는 동안 후퇴했다. 그의 행동은 각성/비용-보상 모델에 따르면 합리적이다. 소총으로 공격을 막는데 들어가는 잠재적 비용은 매우 높은 반면, 이득은 불확실하다.

위스콘신 대학교 매디슨 캠퍼스의 연구진은 필라델피아의 열차에서 흥미로운 연구를 진행해 잠재적 비용이 높을 때 타인을 도울 가능성이 낮아지는지 직접적으로 확인했다.[3] 실험에서는 협력자가 지팡이를 짚고 열차 끝까지 걸어갔다가 넘어졌다. 어떤 경우에는 바닥에 가만히 누워 있었고, 어떤 경우에는 가만히 누워 있다가 입에서 피가 나기 시작하는 것처럼 보였다. (실제로 피는 빨간 염료 봉투를 깨문 것이었다.) 그후 다른 실험 협력자가 누군가가 그를 돕는 데 얼마나 오랜 시간이 걸리는지 시간을 측정했다.

어떤 일이 발생했을까? 피는 분명 심각한 문제의 징후였다. 피를 흘리는 사람이 그렇지 않은 사람보다 더 도움이 필요하다는 사실에는 누구나 동의할 것이다. 피를 본 행인은 모호한 상황에서처럼 응급 상황인지 여부를 우려할 필요가 없으며, 따라서 과잉 반응으로 인한 사회적인 어색함을 걱정하지 않아도 된다. 하지만 피는 도움을 주는 사람에게 더 큰 비용을 초래한다. 일단 더 많은 시간이 소요되며, 간염이나 에이즈를 비롯한 심각한 질병에 감염될 위험도 있다.

예상한 대로, 피를 흘리는 사람에게 도움을 줄 가능성이 현저히 낮았다. 도움을 준다고 하더라도, 이때까지 걸리는 시간이 더 길었다.

사람들은 자신이 어려움에 처한 누군가를 도울 수 있는 도덕적이고 좋은 사람이라고 생각하려고 한다. 이런 메시지는 대부분의 종교를 지탱하는 버팀목이다. 하지만 신앙심이 깊은 사람들도 그릇된 행동에 개입하지 않을 가능성은 비슷하다. (나중에 설명하겠지만, 심지어 무관심을 종교가 부추길 수도 있다.) 상황적 요소들은 우리가 인정하고 싶은 것보다 행동을 결정하는데 훨씬 더 많은 영향을 미친다.

도움의 비용과 편익에 대한 사람들의 계산은 응급 상황의 심각성 외에도 다양한 요소의 영향을 받는다. 행인의 심폐 소생술 시행 의지에 관련된 자료에 따르면 지리적인 요소도 영향을 미치는 것으로 확인되었다. 미국 심장 협회는 누군가 심장 마비로 쓰러지면 행인이 사용할 수 있는 심폐 소생술 훈련 프로그램을 실행하고 있다. 심장 마비에서 빠른 조치는 매우 중요하다. 하지만 협회 자료에 따르면 행인이 심폐 소생술을 실시하는 경우는 약 40%에 불과하며, 이 비율도 지역마다 상당히 다른 것으로 확인되었다. 2010년, 29개 도시에서 심장 마비를 경험한 1만 4000명 이상의 사람들을 대상으로 진행된 한 연구에서는 저소득 흑인 거주 지역보다 부유한 백인 지역에서 심폐 소생술 실시가 2배 더 높은 것으로 나타났다.[4] 또 다른 연구에서는 인종에 관계없이 저소득 지역(실제로 심장 마비가 더 빈번한 지역)에서 행인의 심폐 소생술 비율이 더 낮다는 사실을 확인했다.[5]

심폐 소생술 데이터는 부유한 지역의 사람들이 심폐 소생술 훈련을 더 많이 받기 때문에 도움을 줄 확률이 높다는 뜻일 수도 있다. 코넬 대학교의 에린 콘웰과 알렉스 커릿은 훈련의 긍정적인 효과를 시험하기 위해 미국에서 발생한 2만 2000가지 이상의 의료 응급 상황에 대한 모든 종류의 행인 도움을 조사했다.[6] 여기에는 물, 담요, 냉찜질을 제공하는 등의 특별한 기술이 필요하지 않은 조치도 포함되었다. 연구진은 각 동네의 사회 경제적 지위(중위 주택 보유 소득, 교육 수준, 빈곤율 기준)와 밀도(평방 마일 내에 거주하는 인구 수 기준)에 주목했다. 또한 도움을 필요로 하는 사람이 백인인지 흑인인지에 대해서도 언급했다. (측정을 위한 데이터에 다른 인종은 너무 적게 포함되어 유의미한 결과를 얻지 못했다.)

콘웰과 커릿은 이웃과 인종 모두 도움을 제공하는 행동에 영향을 미친다는 사실을 발견했다. 인구 밀도가 높은 지역에 거주하는 사람들은 낮은 지역에 거주하는 사람들보다 도움을 받을 가능성이 낮았다. 역시 응급 상황에서 사람이 많다고 좋은 것은 아니라는 사실을 시사한다. 하지만 경제적인 풍요는 인구 밀도보다 훨씬 더 큰 영향을 미쳤다.

가난한 지역에 사는 사람들은 도움을 받을 가능성이 현저히 낮았다. 그리고 흑인 피해자들은 모든 동네에서 백인 피해자보다 도움을 받지 못했고, 명시적이든 암시적이든 편견도 어느 정도 작동했다. 이웃의 효과는 불신의 수준과 관련이 있을 수 있다. 사회학자들은 자원이 적고 무질서와 범죄 수준이 높은 동네에서 사람들은 남을 불신하고, 타인이 도움이 되기보다는 피해를 준다고 믿는 경향이 있었다.[7] 불신이 크면 도움을 주면서 초래되는 비용이 더 커 보인다. 따라서 행인이 응급 상황에 기꺼이 나설 확률이 낮았다.

　　이 연구는 도시보다 외곽에서 다양한 도움(1달러 거슬러주기, 떨어뜨린 물건을 집어주기, 길 알려주기)을 제공할 가능성이 더 높다는 데이터와 일치한다.[8] 혼잡한 도시 환경에서는 도움이 필요한 사람을 알기 어렵고, 외곽에서는 상대적으로 익명성이 부족하며 사회적 결속력이 더 크기 때문일 수 있다. 하지만 비용 편익 분석도 한 가지 요소일 수 있다.

이상과 현실의 간극

몇 년 동안 나는 정기적으로 남자 동료와 점심을 먹었다. 우리는 많은 관심사를 공유했다. 같은 소설을 좋아하고 비슷한 관점과 교육 철학을 가지고 있었다. 나는 그와 함께 보내는 시간이 즐거웠다. 하지만 그는 다소 부적절하다고 느껴지는 발언을 할 때가 있었다. 내가 살이 빠지면 "예뻐 보인다"고 했다. 혹시 출장에서 외롭다는 생각이 들면 같이 갈 테니 알려달라고 했다. 나는 이런 발언이 불편했지만, 그에게 그만하라고 말할 용기를 내지는 않았다.

당시 나는 종신 교수였기 때문에 그가 내 경력에 영향력을 발휘할 수 없었다. 하지만 나는 아무 말도 하지 않았다. 불쾌한 발언을 대충 웃으면서 무마한 후 함께 식사하는 일을 그만두었다. 사이를 어색하게 만들거나, 내가 과민 반응을 보인다고 생각하는 게 싫었다. 내게는 아무 말도 하지 않는 쪽이 더 쉬웠다.

불편한 상황에 처했을 때 대부분의 사람들은 나처럼 침묵한다. 그릇된 행동을 지적하면서 초래되는 대인관계의 피해가 걱정되어 아무 행동도 취하지 않는다. 이런 걱정은 자신이 피해자가 아니라 목격자일 때 증폭될 수 있다. 주변의 다른 사람들의 반응이 걱정되기 때문이다.

모욕적인 발언이나, 쓸데없는 경멸 또는 인종 차별이나 성차별적 발언 등 불쾌한 언급을 들었을 때를 생각해보자. 당신은 어떻게 대응했는가? 너무 예민하게 보이거나 사회적으로 어색해질 수 있는 대응을 한 적이 있는가? 아니면 혼자만 생각하고 넘기지는 않았는가? 대응을 해야 한다고 생각하더라도, 하지 않는 편이 훨씬 쉽다.

리얼리티 쇼가 TV에 처음 소개된 1990년대 후반, 펜실베이니아 주립 대학교의 연구진은 30명 중 무인도에서 생존할 가능성이 가장 높다고 생각되는 12명을 추려내는 연구에 참가할 여성들을 모집했다.[9] 사실 선정 결과는 중요치 않았다. 다만 여성들이 성차별적 발언에 어떻게 반응할지를 시험하기 위한 것이었다. 연구진은 남성 여러 명을 모집해(여성들은 이들을 연구진으로 알고 있었다) "몸매가 예쁜 여자는 데리고 가자"라거나, "요리를 잘하는 여자를 한 명 정도 데리고 있어야 한다" 등의 성차별적인 발언을 하도록 훈련시켰다. 연구 막바지에 실험 참가자에게 다른 참가자들의 인상에 대해 물었다. 91%인 대부분의 여성들은 성차별적인 발언을 한 남성에 대해 부정적인 생각을 갖고 있다고 답했다. 그러나 당시 "어떻게 그런 말을 할 수 있죠?"라고 대응한 여성은 16%에 불과했다.

　　　　아마도 여성들은 주장이 너무 분명해 보이거나, 정치적인 옳음을 주장하는 것처럼 보이기 싫어 불쾌한 발언에 대해 아무런 언급도 하지 않았을 수 있다. 이들의 판단은 틀리지 않았다. 한 연구에서는 남성들은 성차별을 지적하는 여성보다 침묵을 지키는 여성을 더 선호하는 것으로 나타났다.[10] 따라서 실제로 불쾌한 발언에 대응하고 싶지만, 부정적인 반향을 불러일으킬 수 있다는 두려움 때문에(실질적으로도 그렇다) 아무 말도 하지 않을 수 있다.

　　　　모욕적인 언어를 사용하거나 경멸적인 행동을 하는 누군가와 마주하면 인지적인 에너지와 감정적인 에너지를 소모하게 된다. 하지만 대부분은 더 끔찍한 경우에도 침묵을 지킨다. 한 연구에서는 학생들이 두 명의 실험 협력자와 함께 작업하는 환경에서 연구를 진행했다. 두 협력자 중 한 명은 백인이고, 한 명은 흑인이었다.[11] 이후 실험에 참가한 학생들(흑인은 없었다)을 약한 정도와 강한 정도의 인종 차별적 발언에 노출시켰다. 약한 정도의 발언은 흑인이 방을 나서면서 우연히 백인의 무릎에 부딪친 후, 백인이 "저런 흑인은 싫더라고요"라고 말했다. 강한 인종 차별 발언 상황에서는 "멍청한 깜둥이"라고 욕을 했다. 세 번째의 대조군에서는 백인이 아무 말도 하지 않았다.

흑인이 방으로 돌아온 후 연구진은 학생들에게 흑인과 백인 중 어느 사람과 함께 일하고 싶은지를 선택하라고 했다. 통제군에서는 53%가 백인을 선택했지만, 인종 차별적 발언이 이루어진 두 개의 그룹에서는 63%가 백인을 함께 일할 사람으로 선택했다. 불쾌한 발언 후에 백인을 파트너로 선택하는 것은 예상치 못한 일이었고 직관에 반하는 것으로 보인다. 왜 실험 참가자들은 인종 차별주의자로 보이는 누군가와 일하고 싶어 했을까?

연구진은 사람들이 실제 인종 차별에 어떻게 대응하는지가 아니라, 이들이 어떻게 반응할 것으로 생각되는지에 대한 비교 연구를 진행했다. 이들은 실험 참가자들에게 방금 설명한 것과 같은 상황에 대해 읽거나 상황을 재연하는 영상을 본 후에 어떤 반응을 보일지 예측해달라고 요청했다. 예측에서는 비슷한 상황에 대한 시나리오를 읽은 사람 중 25%, 영상을 본 사람 중 17%만이 인종 차별적인 언급을 한 백인과 함께 일하겠다고 선택했다. 이들이 겪게 될 감정적 고통의 수준도 실제 시나리오를 경험한 사람들이 보고한 것보다 컸다.

이러한 불일치는 비록 사람들이 인종 차별적인 발언에 직면하게 되면 매우 화가 날 것이라고 생각하지만, 실제 상황에서는 그렇지 않을 수 있다는 사실을 시사한다. 사람들은 무의식적으로 스스로 인정하는 것보다 더 많은 인종 차별적 생각을 가지고 있을 수도 있는 것으로 보인다. 그렇지 않다면 왜 이 연구의 많은 참가자들이 흑인을 모욕한 사람과 함께 일하고 싶어 하겠는가? 연구진은 인종 차별적 발언을 목격한 사람들이 이를 그저 농담으로 치부했고, 그 결과 문제의 발언을 한 사람에 대한 부정적인 평가를 줄였을 수 있다는 결론을 내렸다.

이 연구의 주 저자인 케리 가와카미 교수는 "사람들은 자신이 편견을 가지고 있다고 생각하지 않습니다. 이들은 인종 차별적인 행동에 매우 화가 나 조치를 취할 것이라고 예측합니다. 하지만 실제로 명백한 인종 차별주의적인 언급을 목격했을 때 자신의 기대보다 훨씬 더 조용하다는 것을 발견했습니다"라고 설명했다.[12]

이러한 연구 결과는 면접관이 부적절한 질문을 할 때

목소리를 높여 맞서고 인종 차별적인 언급을 지적하는 등 자신이 옳은 일을 할 것이라고 생각하지만, 실제 우리의 모습은 이보다 덜 인상적이라는 사실을 시사한다.

　　많은 사람들이 침묵하려는 우리의 본성이 그릇된 행동을 부추긴다는 사실을 이해하지 못한다. 침묵은 문제 행동을 전혀 우려하지 않는 무언의 용인이라고 생각되어 이를 지속시킬 가능성이 높아진다.

죽음 같은 거절의 고통

나쁜 행동을 지적하지 않으려는 욕구는 사회적인 비용을 초래하게 되지만, 모든 종류의 고통을 예방하려는 인간의 근본적인 욕구를 반영하는 것으로 보인다. 신경 과학자들은 최근 발목이 비틀리거나 손가락이 잘리는 등 신체적 고통과 마찬가지로 사회적 고통(누구와 헤어지거나 사회적으로 거부당함)에도 뇌가 정확하게 같은 방식으로 반응한다는 사실을 확인했다.[13]

　　사회적 고통의 신경학적 유사성을 입증한 첫 연구 중 하나에서 UCLA의 나오미 에이젠버거와 호주 맥쿼리 대학교의 매튜 리버먼과 키플링 윌리엄스는 사이버 볼이라는 가상 공 던지기 게임을 활용했다.[14] 실험 참가자들이 게임을 하는 동안 fMRI로 모니터링을 진행했고, 두 명의 상대가 함께 게임을 하고 있다는 설명을 들었다. (이 게임의 상대는 사전에 설정된 컴퓨터 프로그램이었다.) 1라운드에서는 참가자와 다른 두 명(컴퓨터)이 똑같은 비율로 공을 던지고 받았다. 2라운드에서 다른 두 명은 처음에는 참가자를 포함시켰지만(공을 7회 던질 때까지였다), 이후 45회에 걸쳐서 참가자를 빼놓고 자기들끼리만 공을 주고받았다. 연구가 끝나고 진행된 설문지에서 당연히 참가자들은 무시당한 기분이라고 답했다.

이후 연구진은 사회적 배척 행위가 어떻게 받아들여지고 있는지 알아보기 위해 뇌의 활동 패턴을 조사했다. 실험 참가자가 공 던지기에서 배제되었을 때 뇌의 두 부분인 등전방정맥피질과 전측내선엽의 활동량이 증가하는 것으로 나타났다. 이 패턴은 육체적 고통을 겪고 있는 사람들에게서 확인되는 것과 매우 유사하다. 등전방정맥피질은 기본적으로 '무언가 잘못되었다'는 것을 나타내는 뇌의 경보 시스템으로 작동한다. 전측내선엽은 고통과 부정적인 감정을 조절하는 데 관여한다. 사회적 배척으로 인한 감정과 육체적 고통 사이의 신경학적 연관성을 더 탐구하기 위해 연구진은 실험 참가자들에게 사이버 볼 게임 동안 보이지 않고 거부감을 느끼는 사회적 고통을 얼마나 예리하게 경험했는지 알려달라고 요청했다. 소외감과 불편함을 더 많이 느낀다고 보고한 사람들은 정확히 신체적인 고통을 처리하는 뇌의 그 부분에서 더 큰 활동을 보였다. 이 획기적인 연구는 사회적 배제에 대한 경험이 육체적 고통에 반응하는 뇌의 부분을 활성화시킨다는 사실을 처음으로 증명했다. 이후 9장에서 소개할 연구는 해당 연구의 결과를 더욱 지지하고 확장시킨다.

네이선 드월과 연구진은 학부생 62명에게 그들이 얼마나 자주 감정적인 상처를 받는지 3주 동안 매일 기록하도록 했다.[15] 모든 실험 참가자들은 매일 복용할 약을 받았다. 절반에게는 진통제인 타이레놀이나 아세트아미노펜을 주었고, 나머지 반은 위약을 받았다. (실험 참가자들은 자신에게 어떤 약이 주어졌는지 몰랐다.) 3주 동안의 연구 결과 진통제를 받은 사람들은 정신적인 고통이 덜하다고 보고했다. 육체적 고통을 줄여주는 간단한 약이 사회적 고통도 줄여줄 수 있다는 사실을 시사한다. (하지만 사회적으로 불안해하는 십 대에게는 매일 아세트아미노펜을 먹으라고 권하기 전에 부작용을 고려해야 한다.)

좀 더 최근의 연구는 흔히 사용되는 이들 진통제가 다른 사람들의 고통에 대한 우리의 공감 능력을 감소시킨다는 것을 보여주었다.[16] 오하이오 주립 대학교와 국립 보건원의 심리학자들은 대학생들에게 두 가지 음료 중 하나를 주었다. 하나에는 아세트아미노펜 1000mg이 들어 있었고, 다른 하나는 위약이었다. 한 시간 후 약이 효과를 보일 때 즈음에 학생들에게 사회적 또는 육체적 고통의 경험에 대한 여덟 가지 이야기를 읽게 했다. 어떤 이야기에서는 아버지가 죽었고, 또 다른 이야기에서는 누군가가 칼에 찔렸다. 학생들은 각각의 이야기에 나오는 사람이 얼마나 상처를 받았는지 또는 고통을 느꼈는지 평가했다. 진통제를 복용한 학생들은 위약을 먹은 학생들보다 주인공의 고통을 덜 심하게 평가했다.

두 번째 연구에서는 다른 학생들에게 아세트아미노펜과 위약을 주었다. 이후 참가자들에게 다른 학생들이 두 가지 종류의 고통을 경험한다고 상상하도록 요청했다. 하나는 큰 소리의 백색 소음을 경험하는 것이고, 다른 하나는 온라인 게임에서 제외되는 사회적인 고통이었다. 이번에도 진통제를 복용한 학생들 사이에서 타인의 고통에 대한 평가가 낮았다.

수석 연구원인 도미닉 미치코우스키는 "이 결과는 아세타미노펜을 복용했을 때 다른 사람들의 고통이 당신에게 큰 문제가 되지 않는다는 사실을 시사합니다"라고 말한다. "만약 방금 아세타미노펜을 복용한 후 배우자와 말싸움을 했다면 당신의 어떤 행동이 배우자의 감정을 상하게 만들었는지 이해하지 못할 수 있다는 뜻입니다."[17]

이처럼 보통의 진통제는 심리 사회적 부작용을 가지고 있어서 다른 사람들의 고통스러운 경험들과 공감할 수 있는 우리의 능력을 방해하는 것으로 보인다. 말 그대로, 아세트아미노펜은 다른 사람의 고통을 느낄 수 있는 능력을 감소시킨다.

우리는 그릇된 행동을 지적한 후의 사회적 결과 즉 거절이나 조롱이 진심으로 감정을 상하게 한다는 것을 알고 있다. 이 연구는 사람들이 발목의 뒤틀리거나 심한 두통으로 인한 고통을 무시할 수 없는 것만큼이나 사회적 고통 또는 사회적 고통에 대한 두려움도 무시할 수 없다는 사실을 알려준다. 5장에서 설명하겠지만 모르는 낯선 사람에 의해서가 아니라 우리 자신 속한 사회적 그룹의 구성원들, 즉 반 친구들, 동료들, 종교 공동체 구성원, 정치적인 정당 구성원들의 그릇된 행동을 지적한 대가로 겪는 사회적인 배척은 훨씬 더 무시하기 어렵다.

행동하게 만드는 비밀

각성/비용-보상 모델은 대부분의 사람들이 행동할지를 결정할 때 사용하는 합리적인 계산이다. 의식적이든 무의식적이든 행동의 위험이 너무 높다는 결론에 도달하면 사람들은 행동하지 않기로 결정한다. 하지만 어떤 사람들은 예상 비용이 상당함에도 개입할 때가 있다. 이들은 왜 그랬을까?

테드 허드슨과 펜스테이트 대학교의 연구진은 절도, 강도, 은행 강도 등 위험한 상황에 개입한 사람과 개입하지 않은 사람들 30명을 대상으로 인터뷰를 진행했다.[18] 비교 결과 힘든 상황에 개입한 사람들은 응급 처치를 비롯해 일종의 인명 구조 훈련을 받았을 가능성이 훨씬 높다는 것을 발견했다. 실제 개입자의 63%가 이런 훈련을 받은 경험이 있는 것으로 나타났다. 이들의 성격이 아니라 기술이 달랐던 것이다.

비교적 낮은 수준의 훈련도 사람들에게 응급 상황에서 행동할 수 있는 용기를 줄 수 있다. 2013년 5월, 잉그리드 로야우 케넷은 런던의 버스에서 뛰어내려 피를 흘리며 쓰러져 있는 어떤 남자를 구조했고, 경찰이 도착할 때까지 10분 동안 가해자들과의 협상을 끌어냈다.[19] 케넷은 보이스카우트 지도자로서 받은 응급 처치 훈련 덕분에 용감하게 행동할 수 있었다고 설명했다. 스튜어트 그레이엄은 2017년 3월, 메인주의 YMCA 근처에서 운동을 하던 중 자전거에서 넘어져 쓰러진 남성에게 심폐 소생술을 시행했다.[20] 그레이엄은 3년 전에 들었던 심폐 소생술 강의 덕분에 빠르게 행동할 수 있었고 사람의 생명을 구할 수 있었다고 답했다.

이러한 사례는 목숨이 달린 응급 상황에서 훈련이 의지를 다져준다는 사실을 입증한다. 또한 훈련은 사람들에게 좀 더 평범한 일상 생활에서도 용기를 낼 때도 필요한 기술이다. 고등학생들이 괴롭히는 사람에게 멈추라고 말하는 것에서부터, 모호한 공약에 대한 압력에 저항하는 남자 사교 모임 학생들, 내부자 거래를 처벌하는 헤지펀드 종사자에 이르기까지 일상에서 이 기술은 도움이 된다. 이런 훈련에는 무엇이 수반될까? 책의 뒷부분에서 효과가 입증된 몇 가지 구체적인 접근법을 설명할 것이다. 하지만 우선 사람들이 순응해야 한다는 압박감을 느낄 때 어떤 일이 일어나는지 살펴보겠다.

5. 우리는 미움받을 용기가 없다

2017년 2월 4일, 펜실베이니아 주립 대학교 2학년인 19살 티머시 피아자는 남학생 사교 모임의 위험한 통과의례의 일부로 82분 만에 18잔의 술을 마셔야 했다. 밤 11시쯤, 그는 계단에서 쓰러졌고 의식을 잃었다. 복부에 큰 멍이 드는 등 중상을 입기도 했다. 모임에 참석한 학생 대부분이 피아자의 상태가 매우 좋지 않다는 것을 알고 있었다. 그러나 누군가 911에 전화를 건 것은 피자아가 쓰러지고 12시간이 지난 뒤였다. 병원에 도착했을 때 피아자는 비장 열상, 심한 복부 출혈, 뇌손상을 입은 것으로 밝혀졌다. 그는 다음 날 사망했다.

티머시 피아자의 죽음은 비극이었지만, 이례적인 사고는 아니었다. 매년 남학생 사교 모임의 가입 파티에서 학생들이 죽는다. 남학생 사교 모임의 가입 의식은 평범하다 못해 훌륭한 젊은 남성들에 의해 수행된다. 피아자는 모임의 회원들이 공학과 생물학을 전공하는 진지한 학생이 다수였기 때문에 가입을 희망했다. 이 모임은 지역 공동체에서 봉사 활동도 하고 있었다. 이들이 의리를 중요시하는 냉담한 사이코패스들로 가득한 것은 아니었다. 그런데 사교 모임 입단식에서 발생하는 사망 사고의 경위는 동일하다. 누군가 술을 먹고 힘들어하고, 의료진의 치료가 필요하지만 아무도 조치를 취하지 못한 것이다.

4장에서는 그릇된 행동에 맞서는 데 따르는 비용을

살펴보았다. 만약 우리가 속한 사회의 구성원이 이런 그릇된 행동을 자행할 경우, 여기에 맞선 사회적 비용은 훨씬 더 클 수 있다. 사회적인 비용은 과도한 신입생 환영회부터 불쾌한 언급에 대한 웃음까지 우리가 속한 집단의 구성원에 맞서지 못하게 한다. 비용이 너무 막대하기 때문에 도움이 필요한 다른 누군가를 외면하게 된다. 같은 공동체 구성원들에게 맞서는 것은 왜 어려울까? 최근 신경 과학 연구는 사회 집단의 기준에 부합하려는 우리의 경향이 뇌에 직결되어 있다는 것을 보여주었다. 누구나 눈에 거슬리는 것보다는 어울리는 편이 훨씬 쉽다.

튀지 않기 위하여

1950년대, 사회적 압력이 순응에 미치는 영향과 관련한 연구의 선구자로 잘 알려진 심리학자 솔로몬 애쉬는 '시각적 차별'이라는 명목의 연구에 참가할 사람들을 모집했다.[1] 그 이후로 유명해진 실험의 설계는 단순했다. 참가자들은 목표로 직선을 하나 정한 다음 나머지 세 개의 직선을 관찰했다. 비교 대상인 세 개의 직선 중 어느 선이 목표인 직선과 일치하는지 판단하는 작업이었다. 쉬운 작업이었고, 참가자들은 혼자 비교

할 때 거의 실수를 하지 않았다.

애쉬는 사람들이 타인과 어울리기 위해 자신이 알고 있는 답을 틀리게 답할지 여부를 판단하려고 했다. 그래서 여덟 명이 한 조로 작업할 남성 대학생을 모집했다. 하지만 실제 참가자는 한 명이었고, 나머지 일곱 명은 연구진의 협력자였다. 협력자들은 먼저 답했고, 참가자가 마지막으로 답하도록 연구를 설계했다.

대부분의 질문에서 사람들은 모두 정답을 말했다. 하지만 일부에서는 협력자들이 모두 똑같은 오답을 답하도록 했다. 첫 번째 사람이 오답을 말하면 실험 참가자는 너무나 당연한 답을 잘못 말했다는 생각에 웃음이 날 뻔한다. 하지만 다음 사람도 같은 대답을 하고, 다음 사람도 같은 대답을 한다면 어떨까? 당신은 어떤 답을 하겠는가?

실험 참가자는 자신이 속한 집단에 순응하기 위해서 오답을 택한 횟수가 1/3(37%)이 넘었다. 오답을 택한 횟수가 반 이상 되는 사람도 절반이 넘었다.

이 결과는 실험 참가자들이 자신이 속한 집단의 구성원과 어울릴 필요가 전혀 없다는 사실에 더욱 주목해야 한다. 이들은 친구 사이가 아니었고, 같은 사교 모임의 구성원도 아니었다. 하지만 실험 참가자들은 낯선 무리 속에서도 집단에 적응하려고 오답을 말했다. 애쉬는 연구 결과에 놀라면서 "사회에서 순응하는 경향이 너무 강해서 합리적으로 지능이 높고 의도가 높은 젊은이들도 틀린 답을 말했습니다. 정말 걱정되는 문제였습니다"라고 평가했다.

비록 애쉬의 연구와 이를 반복하려는 후속 연구에서 사람들은 집단에 섞이기 위해서 오답을 제공했다. 하지만 이러한 실험의 체계는 매우 인위적이며, 오답에 대한 결과는 심각하지 않다. 만약 실험자가 선의 길이를 잘 비교하지 못하는 사람이라고 판단해도 별로 개의치 않다.

그렇다면 위험이 높아진다면 순응의 가능성은 더 낮아질까? 평가의 대상이 더욱 중요하고 우리의 자아 감각에 더 가까우면 어떨까? 간단히 말하면 '아니다'였다. 후속 연구에서 사람들은 좋아하는 노래에서부터 먹는 음식에 이르기까지 모든 종류의 태도에 대해 사회적 단체가 영향을 미친다는 사실을 확인할 수 있었다.

컬럼비아 대학교의 사회학자들은 사회적 기준이 십대 청소년들의 음악 취향에 어떻게 영향을 미치는지를 연구했다.[2] 인터넷에서 1만 4000명 이상의 청소년을 모집해 음악 선호도 연구에 참가하도록 요청했다. 그들 중 절반은 알려지지 않은 록 음악을 듣고, 그중 마음에 드는 곡을 내려받도록 했다. 이들에게 노래에 관한 정보는 제공하지 않았다. 유명하지 않은 밴드가 음원을 공개하는 웹 사이트에서 가져온 것이다. 나머지 절반은 유명한 노래는 아니었지만, 얼마나 많은 사람들이 내려받았는지(인기를 확신할 수 있는 정도)를 보여주었다. 많은 사람들이 내려받은 노래는 실험 참가자들이 선택할 비율을 크게 증가시켰다. 이는 십 대 청소년들이 어떤 노래를 내려받을지 결정할 때 다른 사람들의 평점에 의존했다는 사실을 분명하게 반영한다.

이처럼 우리는 타인의 시선에 신경을 쓴다. 그러나 모두의 의견을 동등하게 평가하지는 않는다. 수년간 수많은 연구들이 보여주었듯이 사람들은 특히 자신이 속한 집단 구성원의 의견에 영향을 받는다. 버밍엄 대학교의 수잔 힉스와 리버풀 대학교의 에릭 로빈슨은 남학생들이 다른 대학교 여학생들이 오렌지 주스를 싫어한다는 것을 알게 되면 자신도 오렌지 주스를 덜 좋아한다고 말한다는 사실을 확인했다.[3] 그러나 대학생들이 오렌지 주스를 싫어한다는 지식이 이들의 성적에 영향을 미치거나 하는 것은 아니다. 사람들은 자신이 속한 집단의 구성원, 즉 이 경우 다른 대학 여학생들과 어울리는 데 신경을 쓰고 있으며, 이를 위해 기꺼이 자신의 관점을 바꾸려고 한 것이다.

순응하라는 압력은 매우 강력할 수 있다. 기준에서 벗어나는 사람들은 당황, 어색함, 적대감과 같은 부정적인 결과를 경험한다.[4] 타인이 거부당하는 모습을 목격하고 불쾌한 기분을 기억하는 것만으로도 더 큰 순응으로 이어질 수도 있다.

거절에 대한 두려움이 얼마나 순응을 끌어낼 수 있는지 강하게 보여주는 연구가 있다. 이 연구에서 연구진은 대학생들에게 재미있는 동영상 세 개를 무작위로 할당했다.[5] 첫 번째 영상은 다른 사람들의 비웃음에 관한 것이었다. 누군가 다른 사람의 외모를 두고 "걔 여드름이 너무 심했었어. 십 대 때는 '곰보 얼굴'이라고 불렸었다니까"라고 말한다. 두 번째 영상은 자조적인 영상이다. 자신의 외모를 보고 "나는 십 대에 여드름이 너무 심해서 '곰보 얼굴'이라고 불렸어"라고 말한다. 세 번째 영상은 대조군의 역할을 하는 영상으로 코미디언이 나와 농담을 하지만, 누군가를 대상으로 하는 농담은 아니다.

이후 모든 실험 참가자들에게 만화를 보여주었고, 각 만화의 재미를 평가해달라고 요청했다. 이들보다 먼저 만화를 본 다른 학생이 매우 웃기다거나, 전혀 웃기지 않다고 평가했다. 실험 참가자들은 자신이 만화를 평가하기 전에 다른 학생들의 평가를 먼저 들은 것이다. 다만, 결과를 반대로 알려주었다. 이들의 평가는 어땠을까?

다른 사람을 비웃는 영상을 본 사람들은 자조적인 영상이나 대조군의 영상을 본 사람보다 만화를 자신만의 기준으로 평가할 가능성이 훨씬 높았다. 자조적인 영상이나 대조군의 영상을 본 사람들은 그 반대였다. 누군가의 조롱, 즉 사회적인 거부를 목격하면 순응을 하는 비율이 높아졌다. 이 연구에서 따돌림의 조롱이 상당한 순응을 끌어내는 이유를 이해할 수 있다.

사람들은 자신이 속한 단체의 기준을 배우고 지키려는 적극적인 동기 부여를 받는다. 또한 그릇된 행동을 지목하고, 특히 자신이 속한 사회 집단의 구성원들의 그릇된 행동에 맞서는 데 따르는 결과를 두려워하는 경향이 있다. 이런 두려움은 남학생들 사이에서 여학생들의 몸매를 평가한 목록이 오가거나, 친척이 추수감사절 저녁 식탁에서 동성애를 혐오하는 언급을 할 때, 동료가 회의 중에 불쾌한 발언을 할 때 등 모든 상황에서 목소리를 내지 못하게 저지한다. 또한 종교와 정치 단체의 구성원들이 이들 단체의 구성원이 아니라면 용인할 수 없을 행동을 참아내는 이유를 설명해준다.

순응하는 이유

신경 과학자들은 사람들이 신경학적 요소 때문에 군중을 따른다는 설득력 있는 증거를 발견했다. 유니버시티 칼리지 런던의 연구진은 실험 참가자들이 그들 자신의 음악 선호가 전문가의 선호와 일치하거나 그렇지 않다고 믿었을 때의 두뇌 활동을 분석했다. 연구진은 실험 참가자들에게 그들이 좋아하지만 소유하지 않은 노래 20곡을 나열하도록 요청했다.[6] 이들에게 fMRI 기계를 연결하고 이들이 목록에 포함한 노래 한 곡과 그렇지 않고 유명하지도 않은 노래 한 곡을 들려주었다. 연구진은 실험 참가자에게 두 곡 중 어떤 곡을 선호하는지 물어보았고, '음악 전문가'로 추정되는 사람이 어느 곡을 더 높게 평가했는지 알려주었다.

　　연구 결과에서 타인이 자신의 견해를 공유한다는 사실을 알았을 때 기분이 좋아진다는 사실을 확인할 수 있었다. 음악적으로 박식한 전문가와 의견을 공유할 때 기분이 특히 좋았다. 음악 전문가와 특정한 노래에 대한 선호를 공유했다는 사실을 알게 된 실험 참가자들은 전문가가 다른 노래를 선호했을 때보다 경험에 대한 보상을 담당하는 복측 선조체가 활성화되는 현상을 확인할 수 있었다. (이는 우리가 돈을 벌 때나 초콜릿을 먹을 때 활성화되는 부분이다.) 두 전문가 모두 자신이 선택한 노래를 선호하면 활성화 정도는 더욱 강해졌다. 이 연구는 신경 체계가 사회적 순응을 만드는 데 필수적인 역할을 한다는 것을 밝혀낸 첫 번째 연구 중 하나이다.

　　또 다른 연구는 자신의 의견이 동료들에 의해 입증될 때 뇌도 뚜렷한 방식으로 반응한다는 것을 밝혀냈다. 러시아 상트페테르부르크 주립 대학교의 안나 셰스타코바와 연구진은 여성들에게 얼굴 사진 그래프를 바탕으로 200명이 넘는 여성들의 매력을 평가해 줄 것을 요청했다.[7] 실험 참가자들은 자신이 매긴 등급을 전달한 다음에 다른 여성들이 부여한 것으로 추정되는 평균 등급을 받았다. 일부 실험 참가자들은 자신의 등급과 다른 사람들의 등급이 비슷하다고 들었다. 또 어떤 경우에는 등급이 아주 다르다고 들었다. 연구진은 타인이 자신의 등급을 공유하였거나 공유하지 않았다는 것을 알게 된 참가자들의 ERP를 평가하기 위해서 뇌파 검사를 실시했다. 앞에서 설명했듯, ERP는 다양한 자극에 반응해 뇌에서 생성하는 소량의 전략이다. 이후 참가자들은 ERP를 측정하는 동안 이미지를 재평가할 수 있는 기회가 주어졌다.

예상대로 다른 사람들의 평가와 자신의 평가가 다르다는 사실을 알게 된 참가자들은 평가를 수정했다. 하지만 더욱 놀라운 것은 이들의 신경 반응이었다. 자신의 평가가 다른 평가와 상충된다는 말을 들은 여성의 ERP는 다른 사람의 평가와 일치한다는 사실을 확인했을 때보다 훨씬 더 부정적이었다. 그들의 관점이 그룹의 관점과 상충되었을 때, 수정해야 할 오류가 발생했음을 나타내는 신경 반응이 촉발되었다.

표면에서의 전기적 활동뿐만 아니라 뇌의 다른 부분들의 활성화를 조사하는 fMRI 데이터를 활용한 연구는 비교 가능한 연구 결과를 확인할 수 있었다. 앞에서 설명한 것과 비숫한 절차에 따라 진행된 연구에서 연구진은 연구에 참가한 여성들에게 다른 여성의 얼굴 매력을 평가해줄 것을 요청한 다음 다른 사람들이 같은 여성들을 어떻게 평가했는지를 알려주었다.[8] fMRI 데이터는 실험 참가자가 자신의 평가가 다른 사람들의 평가와 다르다는 것을 발견했을 때 의미 해독, 사회적인 학습, 보상의 결과를 처리하는 문측대상영역과 복측 선조체가 활성화되었음을 보여주었다. 이 연구에서 확인된 신경 활성화 패턴은 학습 중에 누군가가 실수를 할 때 나타나는 패턴과 유사했다. 이런 활동 패턴은 기본적으로 '네가 실수를 했으니 수정해라'라는 뜻이다.

이 실험의 참가자들은 자신의 평가와 타인의 평가가 다르다는 사실을 알게 된 후 자신의 평가를 조정하려는 경향이 있었다. '오류'를 나타내는 신경 신호가 클수록 등급의 변화도 커진다. 이 연구의 주 저자인 바실리 클러차리의 말처럼 이 결과는 "가장 근본적인 사회적 실수라고 할 수 있는 자신과 다른 이들의 차이에 대해서 뇌가 보내는 신호"를 보여준다.[9] 이는 우리가 집단에 순응하는 이유를 이해하는 데 도움이 된다. 순응은 기분을 좋게 하고, 집단에서 벗어나면 그 반대의 기분을 느끼게 된다.

인정 욕구

십 대들은 집단에 순응하려는 욕구가 특히 강하다는 말을 듣고 크게 놀라는 독자는 없을 것이다. 그런데 왜 그런 것일까? 한 가지 확실한 이유는 충동 조절과 판단을 담당하는 뇌의 부분인 전두엽이 성인이 될 때까지 완전히 발달하지 못한다는 사실이다.[10] 전두엽의 미성숙은 십 대들이 충동적인 결정을 더 많이 하고 위험한 일을 저지르는 이유가 된다. 또한 자신이 선택한 결과를 신중하게 평가하지 않고 또래의 행동을 채택하는 경향을 보인다. 그러나 전두엽의 미성숙함이 모든 이유는 아니다. 십 대 청소년들은 단체에 대한 소속감에 크게 집중한다. 십 대는 또래의 옷, 태도, 행동을 쉽게 받아들인다. 집단의 기준에 대한 이러한 집착은 심리학자들이 말하는 '기준 규제'에서 다른 집단의 구성원과 구별되는 정체성을 형성하는 데 도움을 준다. 청소년들은 성인보다 배척을 피하기 위해 사회적인 집단에 순응하려고 한다. 연구에 따르면 청소년은 어른에 비해서 집단에서의 배척에 더 기분이 나빠하고, 사회적으로 받아들여질 때 더 좋은 기분을 느낀다.[11]

십 대는 모호한 상황을 해석하기 위해 또래에 의존할 가능성이 더욱 높다. 한 연구에서는 런던 과학 박물관을 방문하는 방문객에게 빨간 신호등에서 무단 횡단을 하거나, 어두운 지름길을 택하는 등 일상 생활에서 감수하는 위험을 평가해달라고 요청했다.[12] 이들에게 어른과 십 대 청소년의 평균 위험 정도를 알려준 뒤, 각 상황을 재평가하도록 요청했다. 사실 성인과 십 대 청소년의 위험 정도를 무작위로 할당했다.

앞에서 살펴본 집단에 대한 순응 연구와 마찬가지로 모든 연령의 사람들이 다른 사람들의 평가에 대한 정보를 접한 후 자신의 평가를 집단 전체에 맞게 재조정했다. 그러나 십 대 청소년들은 성인들보다 등급을 조정할 확률이 높았고, 조정 폭도 컸다. 대부분의 사람은 성인 전체의 등급에 맞게 자신의 등급을 조정했다. 하지만 유일하게 12~14세 사이의 청소년들은 이런 경향을 벗어나 성인이 아닌 청소년의 평균 등급에 맞게 자신의 등급을 조정할 가능성이 훨씬 더 높았다. 그들 자신의 정체성을 형성하고 정의하려는 십 대에게 또래에 대한 순응은 다른 어떤 것보다도 더 중요했다.

불행하게도 이러한 적응 욕구는 심각한 위협을 초래할 수 있고 심지어 생명을 위협하기도 한다. 템플 대학교의 연구진은 청소년(13~16세), 청년(19~22세), 성인(24세 이상)에게 '치킨'이라는 비디오 게임을 하도록 했다.[13] 이 게임은 신호등이 녹색에서 노란색으로 바뀌면 언제 차를 멈출지 결정하도록 요구한다. 만약 신호등이 빨간색으로 바뀌었는데 교차로에서 다른 차가 움직인다면 충돌 위험이 있다. 각 연령대의 사람

중 절반은 혼자 게임을 했고, 나머지 절반은 멈출 시기를 알려주는 다른 두 명의 참가자와 함께 게임을 했다. 일반적으로 사람들이 혼자 있을 때보다 다른 참가자와 함께 게임을 할 때 더 위험한 선택을 했다. 그런데 이런 효과는 청소년과 청년 사이에서 두드려졌다.

청소년들의 위험 감수 성향을 고려할 때 집단에 적응해야 한다는 압박은 혼자일 때보다 또래와 함께 있을 때 더욱 위험해진다. 예를 들어, 차에 승객이 타고 있는 십 대 소년들은 혼자 운전하는 소년들보다 정지 신호를 무시하거나 불법 유턴을 하는 등 불법 운전을 할 가능성이 약 6배, 과속이나 꼬리물기 등 공격적으로 운전할 가능성이 2배 더 높았다.[14] 이런 종류의 위험은 동승자가 다른 남성일 경우에 더욱 높았다.[15]

십 대가 사회적 영향력에 특히 취약한 이유는 무엇일까? 신경 과학자들은 청소년기의 뇌가 또래들의 태도에 세심하게 주의를 기울이도록 구성되어있다는 사실을 발견했다.[16] 사춘기에 발생되는 호르몬 변화가 십 대 청소년들의 사회 정보에 대한 집중력을 증가시키는 뇌의 생리학적 변화로 이어진다. 어떤 연구에서는 십 대에게 다양한 사진을 보여주면서 fMRI로 이들의 변화를 기록했다.[17] 어떤 사진은 음식이나 사람과 같은 중립적인 이미지였다. 하지만 어떤 사진은 담배와 술처럼 위험과 관련이 있었다. 각 사진에는 다른 십 대 청소년이 평가한 것으로 보이는 '좋아요'의 수가 기록되어 있었다. 사진의 절반은 '좋아요' 수가 많았고, 나머지 절반은 적었다. (실제로 '좋아요'의 수는 무작위로 할당되었다.) 연구진은 두 그룹의 십 대에게 같은 사진을 보여주고 사진이 마음에 들면 '좋아요'를, 그렇지 않으면 '다음'을 클릭하도록 요청했다. 십 대들의 평가는 또래들의 평가에 큰 영향을 받았다. 두 그룹 모두에서 사진 옆에 '좋아요' 수가 많으면 '좋아요'를 클릭하고, 그렇지 않으면 '다음'을 클릭할 가능성이 높았다. 이러한 순응의 욕구는 뇌 활동에서도 뚜렷하게 나타났다. 십 대 다수가 호감이 있는 사진을 보았을 때 사회적 인식, 사회적 기억, 모방을 담당하는 부분(배기앞소엽, 내전두피질, 해마, 하전두회)을 포함한 뇌의 특정 부위가 밝아졌다. 또한 뇌의 보상 회로인 선조체도 활동적이었다. 이는 아이들이 스냅챗이나 인스타그램을 볼 때 이들의 뇌에서 무슨 일이 일어나고 있는지를 알려준다. 십 대 청소년들은 또래 아이들이 좋아한다고 믿는 사진을 보았을 때 뇌에서는 "집중하고 기억하라. 다시 집중하고 기억하라"라는 메시지를 전달하고 기분이 좋아진다고 알려준다. 그런데 아이들의 신경 반응 역시 이들이 보고 있는 이미지의 종류에 따라 달라졌다. 인지 조절과 관련된 뇌의 영역은 중립적인 이미지보다 위험한 이미지를 볼 때 덜 활동적이었다. 연구진들은 인지 통제의 감소는 십 대들이 위험을 감수할 수 있는 가능성을 증가시킬 수 있다고 추정한다.

또래와 어울리고, 이들에게 인정받으려는 요구는 특히 여학생들 사이에서 강할 수 있다는 증거가 있다. 사춘기 여학생들은 남학생들보다 사회적 신호에 더 민감하고, 사회적 상호 작용의 역학관계에 더 집중하기 때문이다.[18] 남학생들은 더 큰 집단 관계와 그들의 상대적 우위에 더 잘 적응한다. 여학생들이 또래의 평가와 사회적 승인, 대인관계로 인한 스트레스의 전반적인 수준에 대해 더 걱정이 크기 때문에 우울증과 불안감이 증가할 수 있다.[19]

미국 국립 보건원과 조지아 주립 대학교의 연구진은 또래 집단에의 인정에 대한 민감도에서 나타나는 성별 차이를 유발하는 신경적인 처리 절차를 연구하기 위해서 십 대가 되기 전의 참가자와 십 대의 참가자(9~17세)를 모집하고 청소년들의 인터넷 채팅방 사용에 대한 연구를 실시했다.[20] 실험 참가자들에게 대화를 위한 잠재적인 파트너들의 사진 40장을 보여주고 각 파트너와 상호 작용하는 것에 대한 관심도를 평가해달라고 요청했다. 다음으로는 이들을 '관심 그룹'과 '비 관심 그룹'으로 나누도록 했다. 그 다음으로는 참가자들의 뇌를 스캔하면서 40장의 사진을 다시 보여주었고, 상대가 자신과의 상호 작용을 얼마나 원할지를 평가하도록 했다.

실험 결과 여학생들이 상대에게 보이는 자신의 모습

을 더 의식한다는 것을 알 수 있었다. 나이가 많은 여학생은 또래가 그들을 어떻게 평가할 것인가를 생각할 때 감정, 보상, 기억, 동기 부여의 사회적 중단과 관련된 뇌 영역인 선조체, 뇌섬엽, 시상하부, 해마, 편도체가 활성화되었다. 나이가 많은 여학생들의 활성화 수준은 모든 남학생의 활성화 수준보다 커서, 여학생들이 나이가 들수록 남들에게 어떻게 보이는지에 집중한다는 사실을 시사했다. 청소년기 동안 복잡하게 얽힌 사회적 역학 관계에 대한 여학생들의 관심은 뇌의 활동에서 분명하게 확인되었다. 이들이 또래에 집중하고, 또래의 평가를 걱정한다는 증거이다.

평균에 대한 오해

인간은 본성적으로 사회적 무리에 속하길 바란다. 하지만 남들에게 모가 나 보이지 않도록 침묵하는 경향은 집단 내 구성원 대부분이 반대하는 행동을 찬성하고 있다는 잘못된 허상으로 이어지기도 한다. 3장에서 설명한 것처럼 사람은 개인적으로 친구나 동료의 행동에 동의하지 않더라도 타인의 인정이나 대응을 보고 있는 그대로 받아들인다. 생각과 행동의 괴리는 실질적으로 존재하지 않는 기준에 순응하게 만든다. 존재하지 않는 기준을 받아들이면서 발생하는 부작용의 생생하면서도 불행한 예를 대학 캠퍼스에서 찾아볼 수 있다.

　　많은 대학생들이 캠퍼스 내에서 과도한 알코올 섭취에 대해 개인적으로 불편함을 느끼지만, 친구를 포함한 다른 학생들은 그렇지 않다고 믿는 경향이 있다.[21] 불행하게도 자신과 다른 사람의 기준이 다르다고 믿는 이런 다원적 무지 상태는 해로울 수 있다. 다른 이들이 과음을 지지한다고 믿는 대학생들은 공공연하게 과음을 지지하고 파티에서 술에 취했던 경험을 말한다. 하지만 술을 많이 마시지 않았을 때는 언급하지 않는다. 이런 경향은 실제보다 더 과음이 일반화되고 수용되고 있다는 잘못된 오해를 불러일으킨다.

　　나는 학생들에게서 이런 현상을 확인했고, 이들이 실은 좋아하지 않으면서도 공공연하게 지지 의사를 표명하는 심리적인 요소를 조사하기 위한 연구를 이행했다. 이 주제에 대한 연구를 시작하면서 여성들의 신체 이미지와 몸무게에 대한 생각을 확인하고, 대학 내 폭넓은 기준과 이를 비교하기로 했다. 프린스턴 대학교의 동료들과 함께 수행한 연구에서는 대학생들에게 운동 빈도, 운동의 동기, 현재 키와 몸무게를 포함한 신체 이미지와 몸무게와 관련된 다양한 질문을 했다.[22] 우리는 또한 몸매에 대한 아홉 가지의 다른 이미지를 보여주면서(매우 마른 이미지부터 아주 비만인 이미지까지) 자신의 이상적인 신체와 가장 잘 어울리는 몸매를 선택하도록 부탁했다. 그런 다음 학교의 다른 여학생들이 자신의 선택을 어떻게 받아들일지 예측하도록 했다.

연구 결과 여학생들의 태도와 또래가 생각하는 태도가 상당히 다르다는 사실을 확인할 수 있었다. 일단 이들은 일주일 평균 4시간 정도 운동을 한다고 답했고, 다른 또래 여성들은 일주일에 5시간 반 정도 운동을 한다고 믿었다. 또한 다른 여성들의 운동이 스트레스에 대처하거나, 건강을 증진시키거나, 체력을 향상시키는 등 내부적인 이유에 의해 동기를 부여받는다고 보고한 반면, 자신들은 몸매를 매력적으로 만들고, 살을 빼고, 분위기를 변화시키는 것과 같은 외부적인 이유로 더 많은 동기 부여가 된다고 답했다.

이 연구에서 가장 주목할 만한 사실은 여학생들이 가진 타인의 태도와 동기에 대한 오해가 아니라 신체의 사이즈에 대한 오해이다. 우리는 여학생들에게 캠퍼스에서 자신의 키와 몸무게와 또래들의 평균 키와 몸무게를 알려주도록 요구했다. 그런 다음 이 두 가지의 비율인 BMI를 계산했다. 여학생들의 평균 BMI는 22였지만, 다른 여학생의 BMI는 20.5밖에 되지 않는다고 믿었다. 이런 BMI의 괴리는 고학년보다 1학년 사이에서 적었다. 이런 격차는 사진으로 여성의 이상적인 신체 사이즈를 평가하기 위한 데이터에서도 확인되었다. 1학년 여성은 자신의 이상적 신체 사이즈와 다른 여성의 이상적 신체 사이즈의 격차를 각 3.1과 2.7로 평가했다. 고학년 여학생은 3.0과 2.3으로 격차가 더 컸다.

학교 생활을 오래 한 여학생들이 몸매와 사이즈에 대해 더 타격을 받는다는 사실이 선뜻 이해되지 않았다. 본 연구를 진행한 프린스턴 대학교에서는 사실 캠퍼스의 모든 학생들이 교실, 식당, 체육관, 기숙사 등에서 정기적으로 다른 학생과 교류한다. 따라서 다른 여성들의 실제 몸매와 사이즈에 상당히 노출되어 있었다. 다른 사람과 시간을 보낼수록 평가가 정확해질 것으로 추정된다. 그런데 왜 여학생들은 다른 학생들이 자신뿐 아니라 실제 이들의 사이즈나 몸매보다 더 마른 것으로 생각하고 있을까? 왜 이런 격차가 시간이 갈수록 커질까?

그 이유는 마른 몸매에 집착하는 우리 사회와 관련이 있다. 그 결과 여성들은 자신은 그렇지 않더라도 이 사회적 기준에 적응하는 태도를 보인다. 예를 들어, 친구들에게 얼마나 적게 먹었는지("오늘 너무 바빠서 사과 한 알밖에 먹지 못했어") 또는 얼마나 운동을 많이 했는지("러닝머신에서 45분을 달렸어")를 이야기한다. 오레오 과자를 먹으며 운동은 못 했거나, 엔칠라다를 건강하게 먹고 잠깐 자전거를 탔다는 말은 하지 않는다. 특정한 종류의 행동만 공개적으로 공유하는 경향 때문에 실제 기준의 잘못된 인상만 남겨진다. SNS가 유행한 이후 이런 오류는 더욱 악화되고 있다.

여성들이 단순히 날씬한 기준에 맞춰 자신의 태도를 표현하는 데서 그치지 않고, 남들 앞에서 이 기준을 수용했다는 방식으로 행동한다. 기숙사 생활을 하는 여학생들은 서로 남의 식판을 쳐다보기 때문에 공공장소에서의 식사를 의식한다. 이들은 타인이 자신의 식판을 쳐다본다는 사실을 인식하거나 또는 이를 상상하면서 샐러드와 무지방 요구르트, 다이어트 콜라를 쌓아 놓는다.

마른 몸매에 대한 대중적인 기준이 가지고 있는 모순은 다른 여학생도 자신과 같은 처지라는 사실을 알지 못한다는 것이다. 식당이나 공공장소에서 이야기하고 행동하지만, 나중에 혼자 기숙사 방에 있을 때 과자 한 봉지나 아이스크림을 한두 스푼 몰래 먹는다. 그러면서 다른 사람도 똑같이 행동한다는 사실을 모른 채 부끄러워하고 소외감을 느낀다. 샐러드, 무지방 요구르트, 다이어트 콜라만 먹으면 나중에 배가 고플 수밖에 없기 때문이다.

이러한 오해는 대학 환경에 둘러싸여 있을 때, 그게 아니더라도 기숙사에 살면서 다른 여학생들의 겉으로 보이는 식습관과 운동 습관에 둘러싸여 있을 때 특히 심해진다. 이러한 경향이 대학교의 전유물인지를 확인하기 위해서 나는 제

자와 함께 고등학교에서 거의 동일한 연구를 진행했다.[23] 우리
는 미국과 영국의 사립 여자 고등학교 세 곳의 학생들을 대상
으로 동일한 자료를 수집했다. 그 결과 대학교에서 진행된 연
구와 동일한 결과를 얻을 수 있었다. 여학생들은 또래의 BMI
와 신체 사이즈를 실제보다 적게 추정했고, 운동의 동기를 오
해했다.

자신이 속한 집단의 기준에 맞지 않는다고 느낀다면
이런 격차가 현실과 다르더라도 상당한 부정적인 결과를 초
래할 수 있다. 사회적으로 날씬한 몸매의 기준에 부합하지 않
는다고 느끼는 여성들은 이상을 충족시키기 위해 건강하지
못한 과도한 위험을 감당할 수도 있다. 프린스턴 대학교와 고
등학교에서 진행된 연구에서 여성의 실제 몸매와 자신이 생
각하는 여성들의 몸매의 차이가 큰 학생일수록 마른 몸에 대
한 과도한 집착부터 폭식, 구토 등 식이 장애를 보고할 가능성
이 큰 것으로 확인되었다.[24]

이 연구 결과는 건강과 관련된 다른 종류의 연구 결과
와 일치한다. 다른 학생들이 술을 더 많이 마신다는 잘못된 믿
음을 가진 학생들은 알코올 섭취를 늘리는 경향이 있다.[25] 이
들은 또한 학교생활에서 고립되고, 이후 학교의 활동에 동참
하려는 관심이 줄어드는 것으로 확인되었다. 7장에서도 설명
하겠지만, 성폭행과 관련된 오해를 수용하는 학생들은 성폭

력을 자행할 가능성이 높다.[26] 이처럼 사람들은 사회적인 기준에 맞게 자신의 행동을 수정한다. 문제는 이들이 사회적인 기준을 오해할 때가 많다.

오해를 이해로

사람들이 우세한 기준에 포함되고 싶어 한다는 사실을 함께 살펴보았다. 하지만 여기에서 희망을 발견할 수 있다. 남들에게 순응하길 바라는 마음은 사람들에게 특정한 기준이 옳지 않다는 사실을 알려주면 긍정적인 방식으로 행동에 영향을 미치기 위해 활용될 수 있다. 이런 접근 방식은 고등학교와 대학교에서 학생들에게 알코올과 신체 이미지에 대한 정확한 정보를 제공하면서 건강을 개선하는 데 반복적으로 활용되어왔다.[27] 이런 접근 방식은 성폭력 발생을 줄이는 데 활용되었다. 여기에 대해서는 7장에서 자세하게 설명하게 될 것이다.

지금부터 잘못된 기준의 수정에서 얻을 수 있는 이점의 사례를 한 가지 설명하려고 한다. 프린스턴 대학교의 크리스틴 슈뢰더와 데보라 프렌티스는 신입생 143명에게 무작위로 알코올과 관련된 사회적인 장면이 담긴 7분짜리 동영상을 무작위로 할당했고, 이들을 대상으로 음주에 대한 토론을 실시했다.[28] 일부 학생들에게는 일반적인 알코올 기준의 잘못된 개념에 대한 정보를 제공하고, 캠퍼스 내에서 알코올 남용이 실제보다 더 만연한 것으로 알려져 있는 이유와 이런 잘못된 이해가 캠퍼스 음주 문화에 대해 어떤 영향을 미치는지에 대해 설명했다. 다른 학생들에게는 과도한 알코올 소비로 인한 위험과 책임 있는 음주 전략에 대한 정보를 제공했다. 슈뢰더와 프렌티스가 6개월 후 여론 조사를 실시했을 때, 기준의 오해에 대한 정보를 제공받았던 학생들이 단순하게 건강한 음주 습관을 권고받은 학생들보다 매주 소비하는 알코올의 양이 훨씬 적은 것으로 나타났다.

나의 연구에서는 일상적인 표준에 대한 잘못된 오해를 수정하면 식이 장애의 비율을 낮출 수 있는 것으로 나타났다. 내 학생 중 제니 뮤터펄이라는 학생이 있었다. 나는 1학년 여학생들의 식이 장애 비율을 조사하고, 두 가지 종류의 브로슈어를 무작위로 나눠주었다.[29] 첫 번째 브로슈어는 건강한 식사와 운동 습관을 유지하는 방법에 대해 설명되어 있었다. 두 번째 브로슈어는 일반적인 대학교 여성들이 다른 여학생의 식사와 운동을 얼마나 잘못 오해하고 있는지 설명한 것이었다. 흔히 여학생들은 다른 여학생들이 더 날씬해 보이기를 바라서 덜 먹고, 운동을 실제보다 더 많이 하는 것으로 인식하고 있었다. 또한 이런 잘못된 오해가 왜 생겨나는지에 대해서도 설명했다. 3개월 후 우리는 당시 참가자들을 접촉해 브로슈어 때문에 행동에 변화가 있는지를 확인했다.

다른 여학생들의 다이어트에 관한 잘못된 오해를 수정하는 정보를 받았던 학생들은 분명하게 도움을 받은 것으로 보였다. (전부는 아니더라도 일부는 분명 영향을 받은 것으로 보인다.) 처음 잡지와 TV에서 일상적으로 그려지는 날씬한 일반적인 몸매를 얻는 것에 상당한 집중을 하지 않았던 여학생들은 잘못된 오해에 대한 브로슈어를 받은 후 실질적이면서 이상적인 몸무게를 더 높게 판단하게 되었고, 식이 장애 비율도 낮아졌다. 이들은 캠퍼스의 다른 여성들보다 체중에 대해 정확하게 이해하고, 체중 감량 압박을 덜 받는 것으로 보인다. 불행하게도 이런 이득은 연구가 시작될 당시에 유명 미디어에서 보여주는 이상적인 신체 이미지를 얻으려고 이미 노력하고 있었던 여성들에게는 전해지지 않았다. 우리는 이런 여성들이 자신의 신체 이미지와 다른 여학생들의 신체 이미지를 제대로 비교하기보다 잡지와 TV에 비친 신체 이미지를 비교하는 데 더 집중한 것으로 추정했다. 따라서 캠퍼스의 일반적인 상황에 대한 정확한 정보를 제공하더라도, 행동에 영향이 적은 것으로 보인다.

내 최근 연구에서는 정신 건강에 대한 대학교 학생들의 오해를 연구했다. 특히 대학생들이 정신적인 문제를 앓고 있는 다른 대학생의 수를 과소평가하고, 정신과 치료에 대한 사회적인 낙인을 과대평가하는 성향에 대해 연구했다.[30] 케이트 투렉스키라는 학생과 나는 무작위로 대학교 학생들에게 15분 분량의 워크숍 중 하나에 참석하도록 했다. 첫 번째 워크숍은 캠퍼스 내 정신 건강에 대한 오해를 수정하고 이런 오해가 어떻게 도움을 요청할 가능성을 줄이는지를 설명하는 데 집중되어 있었다. 두 번째 워크숍은 정신 건강의 장애와 잘못된 생각에 대한 전반적인 정보를 제공했다. 마지막 워크숍은 스트레스 관리를 통해서 정신 건강을 개선하는 데 집중되었다. 두 달 후, 우리는 이 세 가지 워크숍이 학생들의 태도에 어떤 영향을 미쳤는지를 측정했다.

캠퍼스 내 정신 건강에 대한 정확한 정보를 전달받은 학생들은 확실하게 도움을 받았다. 이 워크숍은 정신 건강에 대한 전문적인 도움을 요청하는 것과 관련해 태도를 개선하는 데 있어서 전반적인 교육 워크숍만큼 효율적이었고, 스트레스 관리에 대한 워크숍보다는 효과가 덜했다. 우리 연구에서 정신 건강에 대한 정확한 정보를 받았을 경우 실질적으로 도움을 요청하는 경우가 늘어나는지를 보여주는 증거는 수집하지 않았고, 두 달 후에 있었던 후속 연구는 효과를 확인하기에 시간이 너무 짧았다. 행동에 대한 예측에 있어서 태도의 역할을 보여주는 이전의 연구는 이들 학생들이 앞으로 정신적인 문제를 겪게 되면 치료를 받으려는 의지를 보일 가능성이 더 높다는 것을 보여주었다. 대학생들이 겪는 자살 충동의 경우 이런 행동의 변화는 생명을 구할 수 있다.

객관적인 시각의 중요성

앞에서 설명한 것처럼 사회적으로 순응해야 한다는 압박은 매우 강하고, 뇌 활동의 패턴에 분명한 영향을 미친다. 나쁜 행동에 직면했을 때 침묵하려는 충동은 특히 교회, 동일 집단, 정치적 정당 등 자신이 가치를 두는 기관이 침묵이 대의를 위한 것으로 설득될 경우 특히 강하다. 우리는 밀그램의 다양화된 연구에서 사람들이 연구진들의 목적에 부합한다고 판단했을 때 상대방에게 더욱 심한 고통을 주며, 이런 경향은 사람들의 선악에 대한 판단 대신 경찰부터 교회까지 존중하는 기관을 지원하는 방향으로 쏠린다는 것을 확인했다.

불행하게도 단체의 그릇된 행동을 무시하거나, 활발하게 감추려는 결정은 상당히 일반적이다. 가톨릭 성당의 성추행 스캔들도 여기에 속한다. 대법원은 펜실베이니아의 성당 내 300명 이상의 신부가 7년 동안 1000명이 넘는 아이들을 성추행했다는 사실이 드러났을 때 성당 지도자들의 태도에 대해서 이렇게 말했다. "신부들은 소년, 소녀들을 성폭행했다. 신의 사도들은 이런 범죄에 대해 아무것도 하지 않았을 뿐 아니라 수십 년 동안 이 사실을 은폐해왔다. 성당의 지도자들은 성폭행을 자행한 범죄자들과 성당을 보호하는 쪽을 선택했다."[31] 미국 체조 국가 대표팀 주치의로 일했던 래리 나사르의 사례에서도 이런 현상을 확인할 수 있다. 나사르는 어린 체조 선수 수백 명을 성폭행했다. 처음으로 나사르의 성폭행 사실을 폭로한 체조 선수 레이첼 덴홀랜더는《뉴욕타임스》와의 인터뷰에서 "포식자들은 공동체를 보호하겠다는 명목으로 희생자를 침묵하도록 만들어 계속 이들을 제압합니다. 정당, 종교 단체, 스포츠, 대학교, 공동체의 유명 회원들에 대한 헌신 때문에 고의로 희생자를 믿지 않고, 이들을 저버리는 일이 너무 자주 일어납니다"라고 말했다.[32]

단체 내에서 구성원들에 반하는 목소리를 내려 하지 않기 때문에, 외부인들이 실질적으로 행동에 나설 때가 많다. 스탠퍼드 대학교의 학생이던 브록 터너가 술에 취해 정신을 잃은 여학생을 성폭행하려 했을 때 우연히 자전거를 타고 지나치다가 파티에 참석했던 스웨덴 대학원생 두 명이 이를 저지한 사건은 바로 이런 현상에 대한 반증일 것이다.

나는 티머시 피아자가 기숙사 환영회에서 술을 마시다가 정신을 잃었고, 다른 동료 기숙사 학생들이 피아자를 제대로 보살피지 못했던 사건으로 이번 장을 시작했다. 하지만 그날 밤에 일어난 일이 사건의 전말은 아니다.

피아자가 죽음에 이르기까지의 상황을 녹화한 동영상에서 코델 데이비스라는 학생이 다른 학생들에게 도움을 요청해야 한다고 설득하고 있었다. 데이비스는 ABC뉴스와의 인터뷰에서 "겁이 나기 시작했어요. 팀이 쓰러지더니 소파에 그대로 누워 있더라고요. 만약 팀이 기절한 것이라면 소파에 누워 있도록 둘 게 아니라 병원에 데려갔어야 해요. 911에 전화를 했어야 합니다."[33] 하지만 데이비스는 이제 갓 입학한 신입생이었고, 그의 호소는 무시되었다. 다른 상급생들은 데이비스가 과잉 반응을 보이고 있고, 상황은 안정적이라면서 그를 궁지로 몰았다.

성과는 없었지만, 데이비스가 당일 밤에 다른 학생들에게 긴급한 상황이라면서 도움을 요청해야 한다고 목소리를 높이게 된 계기는 무엇이었을까? 분명한 한 가지 이유는 데이비스가 1년 전에 기숙사 환영회에서 쓰려져 심각한 부상을 입었기 때문이다. 데이비스가 쓰러져 심각한 부상을 당해 상당한 피를 흘렸지만, 당시 누구도 911에 연락하지 않았다. 데이비스는 기숙사 환영회라는 동일한 사교 활동에서 부상을 입었던 경험이 있었기 때문에 피아자에게 공감했었던 것 같다.

그런데 어쩌면 또 영향을 미친 중요한 사실 한 가지가

있었다. 데이비스는 기숙사에서 유일한 흑인이었다. 그래서 어쩌면 남들과 다른 외부인의 기분을 느꼈는지도 모른다. 다시 말해서 다른 이들에게 순응해야 한다는 압박이 덜했을지 모른다는 것이다. 피아자를 구하려는 데이비스의 노력은 성과가 없었지만, 당시 사건은 사람들이 단체의 압박을 이겨내도록 만드는 특정한 요소가 있다는 증거를 제공한다. 이 책의 마지막 두 장에서는 사람들이 행동을 하도록 만드는 문제에 대해 다시 설명하게 될 것이다. 하지만 먼저 침묵과 방관이 가장 흔하게 일어나는 장소라고 할 수 있는 학교, 대학, 직장을 살펴보고, 이곳에서 사람들이 목소리를 높이지 못하도록 막는 것은 무엇이며 변화를 위해서는 무엇이 달라져야 하고, 어떤 훈련이 필요한지를 알아보겠다.

PART 2. 주변에서

일어나는   방관

6. 따돌림이라는 사회적 무기

2017년 6월 14일, 뉴저지주의 코플랜드 중학교의 6학년 학생인 멜로리 로즈 그로스만은 부모님과 세 명의 형제까지 대가족을 남기고 자살로 세상을 등졌다.[1] 자살의 이유는 다양했지만, 그로스만이 학교에 다니는 내내 겪었던 사이버 폭력이 가장 중요한 이유였다. 그로스만의 같은 반 학생들은 몇 개월 동안이나 그로스만이 실패자이며 친구도 없다는 문자를 보내고, 인스타그램과 스냅챗으로 메시지를 남겼다. 개중에는 차라리 죽어버리라는 내용도 있었다.

얼마나 고통이 심각했을지 쉽게 짐작이 가는 사건이다. 하지만 그로스만의 경험은 이례적인 일이 아니다. 정신 병력으로 병원에 입원한 십 대에 대한 연구는 따돌림을 당한 경험이 자살 충동과 강한 연관 관계가 있다는 것을 보여주었다. 언어폭력으로 따돌림을 겪은 십 대는 자살을 생각할 가능성이 8.4배 높았으며, 온라인 괴롭힘 경험은 자살 충동을 11.5배나 높이는 것으로 확인되었다.[2]

따돌림은 학교생활에서 불가피한 부분인 것처럼 보인다. 하지만 꼭 그런 것만은 아니다. 이번 장에서는 따돌림을 유발하는 정신적인 요소와 아이들이 따돌림에 맞설 수 있도록 돕는 요소에 대해 설명할 것이다. 다음으로는 부모와 학교가 그로스만이 자살에 이르도록 만들었던 학교 문화와 행동을 바꾸기 위한 전략을 검토하려고 한다.

누구나 가해자가 될 수 있다

내 아들 앤드류가 열 살인가, 열한 살 무렵이었을 때의 일이다. 어느 날 앤드류는 하키 연습에서 돌아와 하키팀의 선수 중하나가 또 다른 선수를 계속해서 사물함에 밀어 넣으며 괴롭혔다고 했다. 나는 앤드류에게 친구를 괴롭히는 행동은 그만하라고 말했는지 물었다. 앤드류는 내 질문에 당혹해하며 끼어들고 싶지 않았다고 답했다. 왜일까? 문제의 아이가 자신도 괴롭히지는 않을까 겁이 났기 때문이었다.

　　이러한 일은 우리 아이들의 사물함에서, 운동장에서, 통학 버스에서 흔히 일어난다. 앤드류는 같은 팀 선수의 괴롭힘이 잘못이라는 것을 알았지만 자신이 감당해야 할 결과가 두려워 문제의 아이에게 대응하지 못했다. 따돌림 문제에 관한 연구에 따르면 따돌림 현장에 있는 학생들 대부분은 수동적 방관자이며, 개입하려는 학생보다 오히려 따돌림에 동참하려는 학생이 더 많다고 한다.[3]

　　요크 대학교의 연구진은 토론토에 있는 초등학교 여러 곳의 운동장에서 5~12세 아이들 사이에서 벌어지는 일을 촬영했다.[4] 연구진은 53건의 따돌림 사례를 확인하고, 다른 아이들이 어떻게 반응하는지 연구했다. 이들의 연구에서 대부분의 따돌림 사례는 다른 아이들이 있는 곳에서 발생했다.

80%의 사건에서 한 명 이상의 아이가 목격자가 되었고, 평균 다섯 명 정도의 목격자가 있었다. 절반이 넘는 54%의 사례에서 다른 아이들은 수동적으로 따돌림 현장을 방관했다. 21%의 사례에서 아이들은 심지어 따돌림에 합류해 일종의 신체 및 언어적 폭력에 가담했다. 연령이 높은 4학년부터 6학년 사이의 아이들은 어린 소년을 대상으로 가해지는 따돌림에 합류할 가능성이 높았고, 소녀들이 희생자일 때는 연령을 가리지 않았다.

옆에서 보고 있던 아이들이 따돌림에 개입해서 그만두게 하거나, 따돌림를 단념시키려는 노력은 25% 정도에 불과했다. 1~3학년의 어린 소년이나 소녀가 연령이 높은 아이들보다 개입 가능성이 높았다. 이 연구는 개입 비율에 있어서 연령과 성별의 차이로 이어지는 요소를 직접적으로 조사하지 않았지만, 다른 연구는 따돌림 피해자에 대한 아이들의 공감이 연령이 높아질수록 줄어들며, 여자아이들이 남자아이들보다 따돌림을 인지하고, 응급 상황으로 해석하며, 개입할 가능성이 높은 것으로 나타났다.[5]

따돌림의 희생자를 돕지 않거나 맞서지 않으려는 경향은 놀랍지 않다. 따돌림을 자행하는 가해자가 사회적 서열의 가장 상단에 있기 때문이다. 로스앤젤레스의 한 중학교에서 진행된 연구에 따르면 따돌림은 아이들의 지위나 인기와 함께 증가하며, 같은 학생들 사이에서 가장 멋있다고 생각되는 아이들이 공격적으로 행동할 가능성이 가장 높은 것으로 확인되었다. UCLA의 심리학 교수인 자나 주보넨은 이런 상황을 두고 "멋있다고 평가를 받는 아이들이 남을 괴롭히며, 괴롭힐수록 멋있다고 생각한다"고 설명했다.[6]

　　따돌림은 학생들이 이런 행동을 편안하게 생각한다고 믿기 때문에 계속된다. 남이 괴롭힘을 당할 때 아이들은 침묵하는 것과 동시에 경악한다. 하지만 따돌림을 자행하는 가해자들은 이런 침묵을 두고 주변 사람들이 피해자를 걱정하지 않기 때문이라고 판단하거나, 침묵이 오히려 괴롭힘을 용인하는 것이라고 해석한다. 이는 2장에서 설명한 잘못된 논리와 맥을 같이 한다. 말렌 샌드스트롬과 그의 동료인 윌리엄 콜리지는 4학년과 8학년 아이들 446명에게 따돌림에 대한 자신의 태도와 다른 학생들의 생각을 설명해달라고 요청했다.[7] 그런 뒤 따돌림을 당하는 모습을 목격한다면 어떻게 행동할지 물었다. 여러분도 짐작했겠지만, 아이들은 균일하게 다른 아이들의 따돌림에 대한 반대 의견을 과소평가했고, 개인적으로 자신들이 다른 아이들보다 따돌림을 더 나쁘게 생각하고 맞서는 아이들을 존중한다고 판단했다.

　　이처럼 자신과 상대방에 대한 인식의 격차는 4학년보다 8학년에서 더욱 강해서 십 대 시절에 따돌림에 대한 반대를 과소평가하는 경향이 계속 증가하는 것과 연결된다. 남들이 자신보다 따돌림을 더욱 용인한다고 생각하는 아이들은 희생자를 방어하지 않고, 스스로 따돌림에 합류할 가능성이 높았다. 나이가 들수록 수동적으로 따돌림에 대응하는 경향은 증가했는데, 그 이유 중 하나는 다른 사람과 다르게 행동할 경우의 사회적인 결과를 더욱 우려하기 때문이었다.[8]

　　연구에서는 다른 학생들이 따돌림을 저지하기 위해서 개입할 것이라고 믿는 학생들이 개입할 확률이 높은 것으로 확인되었다.[9] 실제 500명 이상의 중고등학생을 대상으로 진행한 연구에서는 사회적인 규칙에 대한 인식이 학생들이 생각하는 자체적인 믿음보다 개입의 의도 가능성을 보여주는 더 강력한 추정치이다.[10] 그룹의 가치에 순응하는 행동에 개입하는 것이 그룹에 반해 부정적인 사회적 결과를 끌어내는 것보다 더 쉽다.

　　따돌림과 사회적인 통념에 대한 연구는 따돌림을 줄이기 위한 더욱 효율적인 전략이 따돌림의 부정적인 결과를 강조하는 것이 아니라, 학생들의 기준을 공략해 다른 학생들이 따돌림에 대해 어떻게 생각하는지에 대한 정확한 정보를 제공하는 것이라는 사실을 알려준다. 상당수의 학생은 괴롭힘을 자행하는 가해자에 맞선다면 사회적인 거부를 당하지 않을까 우려한다. 자신이 보고 들은 것을 알리면 변절자로 낙인 찍

히지 않을지 두려워하는 것이다. 왜 다른 학생들이 실제보다 더 따돌림에 무감각한 것처럼 보이는지를 이해하도록 돕는다면(또는 어째서 사람들이 실제적인 느낌과 맞지 않는 방식으로 행동하는지를 설명한다면) 가장 우세한 기준에 대한 정확한 믿음을 형성하도록 도울 수 있을 것이다. 또한 다른 학생들도 따돌림에 반대하고, 따돌림에 맞서는 학생을 존중한다는 사실을 알게 된다면 실제로도 따돌림에 맞설 수 있는 힘을 얻게 될 것이다.

맞서는 사람들

2007년 가을, 노바 스코티아의 작은 시골 마을에 있는 센트럴 킹스 루럴 고등학교에서 한 9학년 소년은 첫 등교 날 분홍색 셔츠를 입었다. 이 선택의 결과는 좋지 않았다. 한 무리의 학생들이 이 소년을 동성애자라고 부르면서 때려주겠다고 협박했다. 12학년의 데이비스 쉐퍼드와 트래비스 프라이스가 이 소리를 듣고 괴롭힘을 막으려고 했다. 쉐퍼드는 "놀리는 것도 정도가 있죠"라고 당시를 설명했다.[11] 두 사람은 '분홍의 물결'이라는 행사를 조직했다. 지역 할인점에서 분홍색 셔츠 50벌을 구입하고, 자신들이 따돌림 반대 캠페인을 벌일 것이라는 이메일을 동급생들에게 보냈다. 다음 날 아침, 등교 시간에 맞춰 동급생들에게 셔츠를 보냈다. 괴롭힘을 당했던 학생이 학교에 도착했을 때, 200명이 넘는 분홍색 셔츠를 입은 학생들이 그를 맞았다. 프라이스는 괴롭힘을 당했던 학생의 반응을 설명하면서 "드디어 고통 받은 아이를 위해 사람들이 나선 것이었어요. 아이를 짓누르고 있던 거대한 억압감이 사라진 듯 보였습니다"라고 설명했다. 쉐퍼드와 프라이스의 개입은 확실한 변화를 끌어냈다. 이후 괴롭힘에 대한 소식은 다시 들리지 않았다.

이 이야기는 따돌림을 막기 위해서 맞서는 사람들에 대한 다른 연구와 연결된다. 따돌림에 맞서는 학생들은 다른 학생들의 지원, 교사의 도움, 사회적인 기술의 결합을 끌어내는 사회적 자본을 가지고 있다. 6학년의 따돌림에 관한 한 연구는 따돌림의 희생자들을 보호하는 사람들이 대개 지위가 매우 높다는 사실을 알아냈다.[12] 쉐퍼드와 프라이스를 행동에 나서게 만든 분명한 요소는 확인하기 어렵다. 하지만 이들은 학교에서 특권층이라고 할 수 있는 상급생이었다. 이들은 보복이나 인기의 하락과 같은 결과에 대한 걱정이 덜하다. 이미 학교 내에서 자신의 사회적 서열이 잡혀 있기 때문이다. 이런 편안한 사회적인 입지는 따돌림에 맞설 용기를 준다.

이제 여러분은 연구의 결과를 조화시켜야 할 것이다. 따돌림에 맞서려면 인기가 많아야 한다. 하지만 앞에서는 따돌림 가해자들도 인기가 많다고 했다. 캘리포니아 대학교의 로버트 패리스와 펜 스테이트 대학교의 데이비스와 다이앤 펨리가 공동으로 진행한 연구에서는 정확하게 이 문제를 다루었다.[13] 이들은 노스캐롤라이나의 19개 중학교와 고등학교에 다니는 35명 이상의 학생들을 대상으로 따돌림과 사회적 위상 간의 관계에 대한 종적 연구를 진행했다. 이 연구에서 따돌림은 때리거나 밀치는 등의 신체적 행동과 소문을 퍼뜨린다거나 욕을 하는 등의 미묘한 행동 모두를 포함했다.

먼저 좋은 소식이 있다. 데이터를 수집한 3개월 동안 따돌림을 당하지 않은 학생의 비율은 전체의 2/3였다.

반대로 좋지 않은 소식도 있다. 학교에서의 서열이 중간 정도에서부터 상위 백분위 95까지 상승할 때, 다른 학생의 괴롭힘을 당할 확률은 25% 이상 상승했다. 하지만 상위 백분위 95를 넘으면 괴롭힘을 당할 확률이 낮았다. 이 결과가 의미하는 것은 무엇일까? 전문가들은 학생들이 따돌림을 사회적인 위치나 힘을 얻는 방법 또는 적어도 유지하는 방법으로 사용하며, 그래서 약간은 인기 있는 학생들을 괴롭힌다고 추정한다. 하지만 일단 최상단에 속하면 자신의 위치를 방어할 이유가 전혀 없어진다. 패리스는 "학교에서 아이들의 입지를 돈으로 환산했을 때 빌 게이츠 같은 위치가 되면 안전해지는 것입니다"라고 설명한다. "최상위에 속한 학생들은 사회적 사다리를 오르기 위해 다른 학생을 괴롭힐 필요가 없습니다. 자리 싸움을 할 때 공통적으로 사용되는 전술이 의미가 없어지는 것입니다. 이미 최고의 자리에 있기 때문입니다. 반대로 다른 사람의 손을 벗어났고 경쟁자도 없어서 괴롭힘을 당하지도 않게 됩니다."[14]

따돌림 반대 운동가인 롭 프레넷은 이를 두고 "따돌림은 사회적인 도구입니다"라는 표현을 사용한다.[15] 사회적 사다리의 최상단에 있는 소수 학생만 안전한 인기를 누리고, 따라서 따돌림을 당하는 아이들을 위해서 맞서는 위험을 감수할 수 있다. 이런 친절한 행위는 이들의 사회적인 입지를 연대시켜주기도 한다.

따돌림에 맞서기 위한 의지를 예측할 수 있는 또 다른 요소는 무엇일까? 바로 자존감이다. 자존감이 높은 사람들은 자신들의 목표 달성 능력을 믿는다. 따라서 이들은 따돌림이 발생하면 개입할 가능성이 높다.[16] 어느 정도는 당연한 일이다. 사회적 자존감에는 단체 속에서 자신의 의견을 표현하고, 친구를 만드는 자신감을 포함한다. 그렇기에 자존감은 따돌림을 당하는 학생들을 돕기 위한 십 대의 의지를 예측하는 데 필요한 주요 요소이다. 따돌림을 막으려는 자신의 노력이 성공할 것이라고 믿는 학생들은 행동할 가능성이 더 높다. 자존감이 높은 아이들은 자신이 따돌림의 대상이 될 것이라는 걱정이 덜하다.

마지막으로 자신의 사회적 기술에 자신감이 있는 학생들은 괴롭히고 따돌리는 행동에 더욱 잘 맞설 수 있다. 이스턴 일리노이 대학교의 연구진은 괴롭힘의 희생자들을 보호했다고 보고한 중학생들의 공통점을 조사했다.[17] 약 300명에 달하는 학생들이 지난 30일 동안 얼마나 자주 누군가를 보호했는지(예를 들어 다른 학생을 잘못된 소문으로부터 보호했다는 등)에 대해 답했다. 또한 학생들에게 의사소통, 주장, 공감 등 자신의 사회적 기술에 대한 신뢰도를 평가하도록 요청했다. 다른 학생들에게 지지를 더 많이 받는다고 생각하는 학생들은 따돌림을 당하는 희생자를 돕기 위해 더 자주 개입했다고 보고했다. 이들은 옳지 못한 행동에 대응할 때의 사회적인 위험이 덜했고, 따라서 괴롭힘의 가해자를 지목하는 행동이 더 편안하게 느껴질 수 있었다.

따돌림에 맞서는 학생들의 또 다른 특성은 자신의 사회적 기술에 대한 신뢰였다. 따돌림에 맞서기 쉽지 않다는 사실을 감안하면 당연한 일이다. 실제 따돌림에 맞서기 위해서는 희생자에 대한 공감 능력, 가해자에 대한 단호한 행동, 비웃음을 이겨낼 수 있는 능력, 괴롭힘을 멈추어야 하는 이유에 대한 효율적인 전달 등 다양한 종류의 기술이 요구된다.

또 다른 피해자를 막기 위해

우리 아이들 세 명이 다녔던 여름 캠프의 모토는 '다른 친구가 우선이다'였다. 여름 캠프는 '전기 사용 금지' 정책과 같은 다양한 장점이 있지만, 개인적으로 내게 이 모토는 화룡점정이라고 할 수 있었다. 캠프에서는 걱정하는 부모를 설득하기 위한 홍보용으로 모토를 내건 것이 아니라, 실질적으로 다른 사람의 시각에서 아동과 청소년을 돕기 위한 의지를 나타낸 것이었다. 가장 효율적인 따돌림 반대 프로그램은 이런 분위기를 만들어 학생들이 상대방을 공감하고, 따라서 스스로 남을 괴롭히지 않고, 혹시라도 그런 행동이 자행되는 것을 목격한다면 희생자를 보호하기 위해서 맞서도록 만드는 것이다.

아이들에게 따돌림과 맞설 수 있는 도구(또는 기질)를 가질 수 있도록 부모와 학교에서 활용할 수 있는 전략을 생각해보자. 영화 〈초콜릿〉에 등장하는 젊은 신부인 앙리는 작은 마을에 도착해 그의 전임자가 좋아했던 분열적 메시지와는 상반된, 사람들을 하나로 묶어주는 부활절 설교를 한다. "우리가 가지지 못한 것, 다시 말해 우리 자신을 부정하고, 저항하고, 배척하는 것으로 우리의 선을 측정할 수는 없다는 것이 제 생각입니다. 우리의 선을 측정하기 위해서는 우리가 포용하는 것, 창조하는 것, 우리가 포함시키는 사람들도 측정할 수 있을 것 같습니다"라는 앙리의 설교는 사람들이 소중하다고 생각하는 방법이 타인을 제외하는 것에서부터 자신을 포함시키는 것으로 변화시키는 데서 오는 놀라운 가치를 완벽하게 잡아냈다. 따돌림을 근절했거나 적어도 크게 줄인 학교는 이처럼 포용과 긍정적인 활동의 개념에 맞는 철학과 학교의 문화를 육성한다.

훈련의 제공

따돌림은 수많은 학교에서 흔히 일어나는 고질적인 문제이지만, 그렇다고 불가피한 것은 아니다. 포괄적인 따돌림 대응 프로그램을 실행한 학교는 상당한 개선을 이루어냈다. 유치원생부터 12학년까지 12개 학교에 걸쳐 약 1만 3000명의 학생이 참가한 따돌림 예방 프로그램에 대한 분석은 행인의 역할이 학생의 개입 행동 증가로 이어진다는 사실을 분명하게 보여주었다.[18]

베를린 공과 대학교의 연구진은 룩셈부르크의 5~7학년 학생들에게서 벌어지는 따돌림 발생률을 연구했다. 연구진은 학급 내에서 구조적으로 개입 훈련을 받은 22개 학급과 그렇지 않은 26개 학급을 비교했다.[19] 훈련은 행동에 나서지 않을 때의 위험을 설명하고 공감과 사회적인 책임을 육성하며 아이들에게 실용적인 활동과 역할을 활용해 공격적 행동에 대한 대응법을 가르쳐야 한다. 일반 학교의 교사들이 16시간짜리 훈련을 받은 후 주당 2시간 수업으로 총 16~18시간의 훈련을 제공했다.

　　　훈련 전과 후에 학생들은 언어, 신체, 관계적 폭력을 얼마나 자주 경험했는지 답했다. 또한 학생들은 다양한 시나리오에서 따돌림을 목격했을 때 개입 의지에 대해서 답했다. 사용된 시나리오의 사례 중 하나는 다음과 같다. "당신이 학교 운동장에 놀러 나갔다고 가정해보자. 당신과 나이가 같은 소년이 혼자 서 있다. 갑자기 다른 소년이 나타나 혼자 있던 소년을 밀치기 시작했다. 소년은 몇 번이나 쓰러졌지만, 방어하지 못한다. 그래서 도망치려고 했지만, 지금까지 가혹 행위를 했던 소년이 피해자를 잡더니 마구 때리기 시작했다." 연구에서는 교사들이 수업 중 이 자료에 얼마나 많은 시간을 투자하는지 평가했다. 어떤 교사는 고작 2~4시간 투자했고, 어떤 교사는 13~18시간을 투자했다. 연구에서는 교사들이 훈련 매뉴얼로 제공된 자료를 아이들에게 얼마나 충분히 숙지시켰다고 생각하는지에 대해서도 평가했다.

　　　먼저 좋은 소식부터 살펴보자. 수업 중 훈련 프로그램을 오랫동안 심도 있게 전달받은 학생들은 이후 3개월 동안 따돌림에 희생되는 비율이 낮았다. 이 아이들은 또한 따돌림을 목격했을 때도 무시하거나 회피하는 수동적인 방관자가 될 확률이 낮았다.

　　이제 좋지 않은 결과에 대해 살펴보자. 강력하고 긴 훈련을 받더라도 학생들이 따돌림에 맞설 수 있도록 돕지 못했다. 실망스러운 결과였다. 하지만 이 결과는 따돌림 가해자의 못된 행동에 맞서 발생하는 사회적(아마도 신체적) 위험을 감당하는 것이 얼마나 어려운지 보여주는 것이다.

　　가장 고무적인 결과는 훈련 프로그램이 가장 흔한 따돌림 형태인 미묘한 공격이나 위협을 당할 때 가장 효과적이라는 사실이다. 이런 종류의 관계적 따돌림에는 괴롭힘, 욕설, 악의적 소문, 배제 같은 행동이 속한다. 관계적 따돌림은 신체적 폭력만큼 고통스럽지만, 교사나 다른 학생들은 특히 해롭다고 느끼지 않는다.

　　위치타 주립 대학교와 워싱턴 대학교의 연구진은 '상대를 존중하기 위한 방법'이라고 불리는 따돌림 반대 프로그램을 연구했다. 이 프로그램은 악의적 소문이나 사회적인 배척 같은 미묘한 형태의 따돌림을 막는 것이 왜 중요한지를 강조한다.[20] 이 프로그램에서는 학생과 교사 모두에게 관계적 폭력을 목격했을 때의 대응법에 관한 훈련을 제공한다. 학생들에게는 보복이 오히려 악의적 행동을 악화시킬 수 있기 때문에 따돌림 가해자에게 "그만둬"라고 분명하게 경고하는 것이 나은 선택이라는 사실을 알려준다. 또한 학생들은 침묵하는 방관자는 실질적으로 따돌림을 찬성하지 않지만, 결국에는 비고의적으로 따돌림 행동을 조장한다고 배운다. PDA를 사용해 가을에 10주 동안 시애틀 지역에 있는 6개 초등학교에서 3~6학년 학생들이 운동장에서 보이는 행동을 추적 관찰했고, 훈련을 진행한 후 다음 해 봄에 같은 방식으로 학생들의 행동을 관찰했다. 연구진은 "그 이상한 여자애 너희 반이야?"라거나 "댄이 시험 커닝했다는 얘기 들었어?" 등 남에게 해가 되거나 헐뜯는 말을 기록했다.

훈련 결과 악의적 소문의 비율이 72% 감소하는 놀라운 성과를 얻었다. 수치상으로는 개인적인 일이 소문으로 퍼지는 사례는 234건 감소했고, 누군가가 소문의 대상이 되는 사례는 270건 감소했다. 아이들이 약한 수준의 따돌림에 대응하도록 격려하면 심한 따돌림 행위에 더 쉽게 대응할 수 있는 (더욱 강하게 대응할 수 있는) 기술을 익히는 데 도움이 된다. 이후 아이들이 괴롭힘을 받는다고 느끼거나 따돌림의 희생이 될 가능성이 적은 학교 분위기를 만들 수도 있다.

문화의 변화

지금까지 사람들이 따돌림에 맞서지 못하게 막는 사회적 기준에 대해서 설명했다. 하지만 이 사회적인 기준은 반대로 그릇된 행동을 줄이는 데 사용할 수도 있다. 호바트 앤

윌리엄 스미스 대학교의 웨슬리 퍼킨스와 연구진은 뉴저지에 있는 5개 공립 중학교에서 포스터를 활용해 따돌림에 관한 기준을 변화시키기 위한 캠페인을 진행했다.[21] 이 학교 학생들은 따돌림 비율과 다른 동급생의 생각에 대해 계속 잘못된 인식을 가지고 있었다. 이러한 사회적 기준이 실제보다 더 일반적이라고 생각하는 학생은 스스로 따돌림을 옹호하는 태도를 가지게 되며, 따돌림에 합류할 가능성도 높았다.

연구진은 이러한 오해를 풀기 위해 학생들이 실제로 학교에서 벌어지는 따돌림을 어떻게 생각하는지 다룬 거대한 포스터를 학교에 부착했다. 포스터의 정보는 간단명료했고, 빈칸에는 각 학교의 이름을 적었다.

- 중학교 학생 대부분(4명 중 3명)은 자신에게 못되게 구는 누군가를 따돌리지 않는다.
- 중학교 학생의 95%는 다른 학생을 못된 방법으로 괴롭히지 않아야 하며, 비방하지 않고, 좋지 않은 이야기를 퍼뜨려서는 안 된다고 생각한다.
- 중학교 학생의 대부분(10명 중 8명)은 학교에서 누군가 따돌림을 당하면 선생님이나 상담사에게 알려야 한다고 생각한다.

포스터가 게시된 후 수집된 데이터는 이런 단순한 따돌림 예방 전략이 상당히 긍정적인 효과를 가지며, 따돌림 행동과 피해가 크게 줄었다는 것을 보여준다. 특히 전교생에게 포스터를 홍보한 학교의 성과가 놀라웠다. 대부분의 학생이 포스터를 기억하는 학교에서는 따돌림이 35% 감소했고, 일부 학생만 포스터를 본 것으로 기억하는 학교에서도 따돌림이 26% 감소했다. 이 결과는 학교 따돌림을 줄이기 위한 전략만으로 따돌림에 대한 학생들의 생각과 태도를 크게 변화시킨다는 것을 보여준다.

학교 내에서의 사회적 기준은 세심하게 선택된 소수를 대상으로 하는 맞춤형 프로그램으로도 고칠 수 있다. 프린스턴 대학교, 뉴저지 주립 대학교, 예일 대학교 공동 연구진은 요즘 말로 학교에서 인플루언서라고 할 수 있는, 영향력 있는 학생들이 학교 내에서 따돌림에 대한 기준을 바꾸는 데 있어서 효과적인지를 연구했다.[22] 학교에서 영향력이 있는 학생들이 따돌림에 강하게 반대하는 태도를 갖도록 설득할 수 있다면 이들이 다른 학생들의 태도와 신념을 형성하는 데 영향을 미칠 것이라는 기대 때문이었다.

연구진은 뉴저지에 있는 중학교에 무작위로 학년 초와 말에 학생들이 중심이 되는 따돌림 반대 프로그램을 할당했다. 학년 말에 캠페인을 실시한 이유는 다음 해에 캠페인을 이어가기 위해서였다. 캠페인에서는 학교에서 인맥이 넓은 학생들을 찾아내기 위해 사회 관계망 지도 기법을 활용했다. 학생들에게 함께 시간을 가장 많이 보내는 친구들 10명을 골라달라고 요청해 사회적 관계가 가장 넓은 학생들을 찾아냈다. 인기가 많은 학생은 결국 교우 관계가 가장 넓은 학생들이었다. 이들은 전반적으로 사회적인 성숙도가 높은 네트워크에 연관되어 있었고, 배경은 부유한 편이었다.

다음으로 각 학교의 인플루언서 학생 22~30명을 학생 간의 갈등을 해결하고 학교 전체를 위한 메시지 캠페인을 만들 수 있도록 지원하는 훈련인 루츠 프로그램에 초청했다. 루츠는 개인의 활동을 강조했다. 훈련에 참가한 학생들에게는 따돌림 반대 캠페인 자료를 제공했고, 학생들은 자료를 바탕으로 자신에게 맞는 캠페인 자료를 만들었다. 어떤 학생들은 관용을 강조하는 #iRespect 해시태그를 인스타그램에 공유하고, 학교 주변에 해시태그와 함께 다채로운 표시를 걸었다. 또 어떤 학생들은 루츠 로고가 쓰인 다양한 색깔의 고무 팔찌를 만들었다. 루츠 회원들이 아이들 사이의 분쟁을 중단시키려고 개입하거나, 다른 학생들을 돕는 모습을 목격하면 '우리 루츠 회원은 당신의 선의를 보았습니다'라는 메시지가 적힌 팔찌를 나누어주었다. 또 어떤 아이들은 하루 동안 루츠 데이 페스티벌을 개최하고 학생들에게 포스터, 팔찌, 전단지를 나누어주며 루츠를 홍보했고, 학생들이 다른 학생들을 위해서 좋은 일을 하겠다고 선언한 청원에 서명하도록 격려했다. 이 모든 활동은 학생들을 하나로 묶어주었고 긍정적인 행동이 보여주는 장점을 부각했다.

연말에 연구진은 루츠 프로그램을 실시한 학교와 그렇지 않은 학교에서 발생한 갈등의 비율을 조사했다.

조사 결과 이 프로그램의 결과는 대성공이었다. 루츠 프로그램을 활용한 중학교는 전체 학생의 단 10%를 대상으로 훈련을 실시했지만, 학생들의 갈등과 훈육 보고가 30% 감소한 것으로 확인되었다. 해당 연구의 수석 연구진인 프린스턴 대학교의 심리학 교수 엘리자베스 폴럭은 "메시지를 전달하기 위해서 영리한 방식으로 특별한 학생들을 집중 공략하는 것도 좋습니다. 아이들 사이에서 영향력이 있는 학생들을 공략한다면 다른 학생들의 주목을 받을 수 있습니다. 이 아이들의 행동이 공동체 내에서 정상적이고 이상적인 것에 대한 신호가 될 것입니다"라고 설명했다.[23]

루츠 프로그램의 또 다른 장점은 전체 학생을 대상으로 하는 캠페인보다 훨씬 용이하다는 것이다. 전체 학생의 5~10%에 해당하는 소수를 훈련하고, 이들이 학교 전체를 위한 메시지를 만들고 전달하기 때문이다. 안전한 성관계나 편견의 감소와 같은 다른 사회적 변화를 위해 공동체 내에서 같

은 생각을 가진 소수의 구성원에게 메시지를 전달하도록 훈련하는 것도 비슷한 방법이다.[24]

KiVa 프로그램

학교에서 인기 많은 아이들에게 따돌림이 전혀 바람직하지 않다고 주지시킬 수 있다면, 학교의 문화를 바꿀 수도 있다. 따돌림을 막는 또 다른 방법은 따돌림을 해결하는 것이 아니라, 선_善을 추구하는 것이다.

핀란드에서 시작된 KiVa 프로그램을 대표적인 예로 들 수 있다. (핀란드어로 'Kiusaamista vastaan'은 '따돌림에 반대한다'라는 뜻이며, kiva는 '선'을 의미한다). 이 프로그램은 토론, 그룹 활동, 짧은 동영상으로 구성되며 부정적인 방관과 침묵을 줄이고 학생들의 공감, 자존감, 따돌림에 반대하는 태도를 늘려 방어적 행위를 강화하도록 만들어졌다. 프로그램에는 학생들이 더욱 공감할 수 있도록 돕는 역할극과 특정 상황에서의 개입 방식을 설명하는 컴퓨터 게임과 시뮬레이션도 포함된다. 게임은 그림으로 그려진 아바타를 가지고 다양한 따돌림 상황에 직면하게 되며, 행동해야 할지, 어떻게 행동해야 할지를 선택하도록 되어 있다. 다른 훈련에서는 어떤 학생이 사물함으로 밀쳐지는 모습을 상상하고 어떻게 행동할지 생각해보도록 한다. 또 어떤 훈련에서는 새로운 학생이 친구가 되기를 청하면 어떻게 할지를 묻는다. 이런 접근 방식을 통해서 학생들은 다양한 선택지를 생각하고, 향후 괴롭힘을 당하는 상황이 발생했을 때 어떻게 행동할 수 있을지를 생각하며, 희생자에게 공감하고 이들을 돕고 싶다는 마음을 갖게 된다.

　　무엇보다 중요한 것은 효과이다. 전 세계 53개 반에서 실시한 따돌림 프로그램을 대상으로 메타 분석을 실시한 결과 KiVa 프로그램의 효과가 가장 뛰어났다.[25] KiVa 프로그램을 이행하지 않는 학교의 학생은 그 반대의 경우보다 따돌림을 경험할 확률이 두 배나 높았다. KiVa 프로그램은 핀란드에서 시작되었지만, 현재는 네덜란드, 영국, 미국 등 세계 각지에서 채택하고 있다.

　　또한 KiVa 프로그램은 정신 건강 전체를 개선시키는 것으로 확인되었다. 핀란드 77개 초등학교의 학생 7000명을 대상으로 한 연구는 KiVa 프로그램을 활용하는 학교와 따돌림 감소를 위한 정보를 제공하고 있지만, 그 폭이 훨씬 좁은 학교 학생들의 자존감과 우울증을 조사했다.[26] KiVa 프로그램을 실시하는 학교의 학생은 자존감이 훨씬 높았고, 우울증 비율이 낮았다. 특히 따돌림 피해 경험이 많은 아이들에게 가장 큰 효과를 보였다. 연구진은 예상치 못한 결과를 두고 KiVa 프로그램이 따돌림 문제에 대한 교사의 대응 능력을 개선하고, 아이들이 따돌림 희생자들에게 공감하고 이들을 위해 나설 수 있도록 돕기 때문에 학교 환경 자체가 우호적으로 변화하기 때문인 것으로 추정하고 있다. 수석 연구진인 자나 주보녠은 "이 프로그램의 묘미는 가장 도움이 필요한 아이들에게 가장 효과가 있다는 것입니다"라고 평가한다.[27]

견고한 관계의 형성

따돌림을 줄이기 위한 또 다른 효과적인 전략은 학생과 교사 간의 견고한 관계를 형성하는 것이다.[28] 어른의 도움을 받은 아이들은 그릇된 행동을 알릴 가능성이 더 높고, 따라서 직원이나 교사의 개입을 가능하게 만든다.[29] 따라서 학교는 교사들이 학생과 따뜻하면서도 배려하는 관계를 형성하기 위해서 최선의 노력을 기울여야 한다.

어른이 그릇된 행동을 무시하거나 간과한다면 아이들은 이를 주변에 알려야 할 이유를 찾지 못하게 되고, 누군가의 잘못된 행동을 중단시키기 위해서 행동할 이유를 찾지 못한다. 결국 가해자의 따돌림 행위는 더욱 부채질된다.[30] 따돌림은 막을 수 없고, 십 대의 자연스러운 현상이라고 생각하는 교사는 개입할 가능성이 낮다. 이러한 태도는 학생들이 행동하지 않도록 만드는 원인이다.[31] 학생들은 그 결과 더 많은 따돌림을 경험하게 된다. 희생자가 스스로 나서야 한다고 생각하는 교사는 다른 학생들의 공감과 개입을 줄이는 학교 분위기를 만든다. 이처럼 따돌림 행위에 대한 교사의 시각은 좋은 쪽으로든 나쁜 쪽으로든 학교 전체에 파장을 미친다.

　　미국 남동부의 중산층과 저소득층이 주로 다니는 공립 학교에서 6학년과 9학년 학생들이 가족, 학교의 구성원, 다른 학생, 교사와 맺고 있는 관계에 대한 데이터는 학교 문화가 따돌림에 대한 학생들의 대응에 어떤 영향을 미치는지에 대한 생생한 방증이다.[32] 이 아이들에게 온라인 괴롭힘, 따돌림, 악의적 소문 등 여덟 가지의 가해 시나리오를 읽도록 했다. 아이들은 각 시나리오를 읽은 다음 가해 행위를 어느 정도까지 용인할 수 있으며, 어느 정도 이상이 되면 이를 막기 위해 개입할지 물었다. 또한 각 행동에 대응해 조치를 취할 가능성은 얼마나 되며, 어떤 조치를 취할 생각인지도 물었다. 따돌림 가해자에게 맞설 생각인지, 아니면 외면할지에 대해서도 물었다. 또한 가족과 학교에 대해서도 다양한 질문을 했다. 가정에서 지켜야 할 규칙이 많은지, 규칙을 어기면 어떤 일이 일어나는지를 물었다. 또 선생님을 좋아하는지, 학교에서 공정한 대우를 받고 있다고 생각하느냐는 질문 등이 포함되었다.

　　따돌림에 대한 대응은 학생이 타인과 어떤 관계를 맺고 있는지와 직접적으로 관련되었다. 선생님에게 차별을 받고 있거나, 다른 친구들에게 무시 받는다고 생각하는 아이들은 따돌림 상황에 개입해 피해자를 도와줄 가능성이 적었고,

상황을 외면하는 빈도가 높았다. 반면 교사와 우호적인 관계를 가지고 있는 학생들은 나서서 행동을 취할 확률이 높았다. 이 결과는 고등학생이 공동체와 연대를 가질 때 따돌림을 멈추기 위해 개입할 가능성이 높았던 다른 연구의 결과와 일치한다. 학교에 유대감을 느끼고, 상호 존중, 공동의 책임감, 사회적인 포용을 느낄 수 있을 때 요즘 고등학교의 고질병인 적대감과 싸울 수 있었다.[33] 교사를 신뢰하고 우호적인 학교 환경을 만든다면 학생들이 어른들에게 따돌림을 알릴 뿐만 아니라 자신도 따돌림에 맞설 수 있는 용기를 얻게 된다.

이 연구는 또한 가정에서의 긍정적인 관계가 얼마나 중요한지도 보여준다. 가족과 가깝다고 느끼는 학생은 따돌림을 저지하기 위해 개입할 가능성이 높았다. 집, 학교 또는 다른 어딘가에서 어른과 견고한 관계를 쌓은 학생은 불의에 저항할 의지를 갖게 되었다. 노스캐롤라이나 주립 대학교의 교수이자 이 연구를 이끌었던 린 멀베이는 "연구를 통해 따돌림의 부적절함을 인지하고 개입을 위해 나서는 데 있어서 가정과 학교가 매우 중요했습니다. 긍정적인 학교 환경과 좋은 교사, 가족의 지원이 따돌림 문제 해결에 중요하다는 것을 알려주었습니다"[34]라고 말한다.

이번 장은 멜로리 로스 그로스만의 따돌림 사건에 대한 설명으로 시작했고, 학교의 학생과 직원, 행정이 이 문제를 얼마나 간과해왔는지를 설명했다. 학생들이 목격한 행동을 알리고 따돌림을 막기 위해서 나설 수 있었다면 그로스만의 이야기는 다른 결말을 맞았을 것이다. 학교의 문화가 달랐다면 그로스만의 목숨도 구할 수 있었을 것이다.

7. 그건 사람이 아니다

델타 카파 엡실론Delta Kappa Epsilon, DKE은 1844년 예일 대학교에서 만들어졌으며, 미국에서 가장 오래된 남학생 사교 모임이다. DKE는 공동체를 위한 봉사와 리더십의 역사를 자랑스럽게 생각한다. DKE는 다섯 명의 미국 대통령과 대법관 네 명을 비롯해 유명 정치인과 사업가를 배출하기도 했다. 부시 대통령 부자와 브렛 캐버노 대법관도 DKE 출신이다.

하지만 DKE 사교 모임의 회원들은 대학 시절 못된 행동을 벌인 것으로도 유명하다. 사교 모임 서약서에 소변을 보기도 했고, 여성들을 공격하기도 했으며, 심지어 여성을 성폭행한 회원도 있었다. 2010년 10월, DKE 회원들은 예일 대학교 여성 센터 밖에서 눈을 가린 채 "안된다고 하면 된다는 뜻이고, 된다고 하면 항문 성교도 좋다는 뜻이다! 창녀들아!"라는 구호를 외쳤다. 이 사건으로 DKE는 예일 대학교에서 5년 동안 활동이 금지되었다.

2016년 DKE가 다시 활동 허가를 받았을 때 회원들은 경험에서 얻은 소중한 교훈에 대해 이야기했다. 당시 DKE의 회장이던 루크 퍼시체티는 예일 데일리 뉴스와의 인터뷰에서 "우리 사교 모임에 대한 제재가 긍정적인 영향을 주었다고 생각한다. 현 회원들은 우리 사교 모임 활동이 금지당했던 이유를 이해하고 있으며, 이후 사교 모임 문화가 바뀌는 데 있어서 중요한 역할을 했다"라고 말했다.[1]

하지만 퍼시체티가 말했던 긍정적인 교훈은 오래가지 않았다. 5개월 뒤, 예일 대학교는 퍼시체티가 DKE 사교 모임 방의 침대에서 여성을 '합의 없이 성폭행'한 죄목에 대해 교칙 위반으로 청문회를 열었고, 퍼시체티는 세 학기 정학을 당했다. 한편 DKE의 활동이 허가된 후 2년 동안 8명의 여성이 DKE 회원들에게 성적으로 적절하지 못한 행동을 당했다고 밝혔다.

남성만 가입하는 사교 모임나 스포츠팀, 밴드, 군대 같은 남성 중심의 단체가 못된 행동을 자행하는 것은 놀랍지 않다. 그보다 놀라운 것은 이런 옳지 못한 행동이 단체의 회원들 대부분이 찬성하지 않는데도 불구하고 계속해서 자행된다는 사실이다. 연구에 따르면 실제 성폭행을 저지르는 남성은 극소수에 불과했다.[2] 문제는 이런 단체의 구성원은 거의 개입하지 않는다는 것이다. 이번 장에서는 남성들이 또래 사이에서 성적인 문제 행동이 존중되고 자행된다는 잘못된 개념에 대해서 알아보고, 대학교와 고등학교에서 학생들이 다르게 생각하고 행동을 그만두도록 돕기 위해 활용할 수 있는 전략에 대해 설명할 것이다.

그들만의 세상

남성들만 모인 집단과 여성에 대한 성폭력의 관계는 분명하게 확인된다.[3] 남성들만의 조직(그중에서도 특히 스포츠팀과 사교 모임)은 성폭력에 대해 더욱 긍정적인 태도를 보이고, 성폭행에 대해 잘못된 인식을 가지고 있으며, 성적으로 공격적인 반응을 보인다. 이들은 알코올, 마약, 언어적 강요를 통해 성관계에 주저하거나 동의하지 않는 여성에게 성을 강요하고, 성폭행을 저지를 가능성이 더 높다.[4] 전미 대학 체육 협회 1부에 속한 30개 대학을 대상으로 한 연구에서는 남성 운동선수가 전체 캠퍼스에서 차지하는 비율은 단 3%에 불과하지만, 캠퍼스 내 전체 성폭행의 19%를 차지하는 것으로 확인되었다.[5]

전미 대학 체육 협회 1부에 속한 미국 남동부 대학교를 대상으로 한 연구에서는 남학생들을 대상으로 여성에 대한 태도, 성폭행과 관련된 생각, 성행위에 대해 온라인 조사를 실시했다.[6] 운동선수들은 일반 학생과 비교했을 때 성적인 역할과 관련해 전통적인 시각을 가진 것으로 나타났다. 따라서 여성은 동등한 권리에 대한 생각을 줄이고, 현모양처가 되기 위해서 노력해야 한다고 믿었다. 또한 운동선수들은 성폭행에 대한 오해도 더 큰 것으로 확인되었다. 예를 들어 여성이 술에 취했거나 저항하지 않으면 성폭행이 아니라고 생각했다. 무엇보다 가장 중요한 것은 운동선수들이 위협이나 힘을 이용해서 원치 않는 파트너에게 성관계를 강요할 확률이 높다는 것이다. 운동선수 중 54%는 강제적인 성관계를 한 적이 있다고 답했고, 반대의 경우는 38%에 그쳤다.

그렇다면 왜 운동선수나 남성 사교 모임의 회원들이 여성과의 관계에서 압도적으로 공격적인 성향을 모이는 이유가 무엇일까?

가능한 추론 중 하나는 여성을 상품화하는 남성들이 이같은 단체에 모이는 경향이 있다는 점이다. 케니언 대학교에서 실시한 연구에서는 남성 사교 모임의 회원과 비회원인 남성의 침실에 붙여진 모든 포스터, 광고, 컴퓨터 바탕화면을 조사했다.[7] 남학생 사교 모임 회원인 남성은 여성의 이미지를 방에 붙여놓는 경우가 더 많았고, 특히 성적이거나 비하적인 이미지가 많았다. 이미지는 대부분《플레이보이》,《맥심》,《스터프》등 여성을 성적 대상으로 삼는 잡지에서 얻은 것이었다. 운동선수인 남학생은 그 반대의 경우보다 여성에 대해 더 보수적이고 전통적인 태도를 취할 확률이 높았다.[8]

여성에 대한 태도와 남학생 사교 모임이나 스포츠팀에 속하는 것 중 어떤 것이 먼저인지 확인하기는 어렵다. 하지만 무엇이 먼저인지를 가린다고 모든 문제가 해결되지는 않는다. 심리학자들은 남성만 있는 집단에서 시간을 보내면 성적으로 공격적인 행동에 개입할 가능성이 높아진다는 사실을 확인했다. 입학 첫해에 남학생 사교 모임에 가입한 남학생들이 3학년 정도가 되면 그렇지 않은 경우보다 성생활에 대해 또래 집단의 강한 압박을 받게 되고, 다른 남성들 역시 성관계를 위해 술을 먹이는 것 같은 공격적 행동을 용인한다고 믿게 될 확률이 높은 것으로 확인되었다.[9] 다시 말해서 여성을 상품화하는 성향의 남성들이 남성만 가입하는 단체에 모이는 것만 문제가 아니라, 이 단체에서 보내는 시간도 문제가 된다.

　　남성만 가입하는 단체와 공격적인 성적 행동의 관계에 관한 또 다른 설명은 이들 단체 내에서 확인되는 남성성의 과장에 대한 직접적, 간접적 압박이다. 대학교 남학생 사이에서 스포츠팀, 사교 모임, 성적인 공격성의 관계를 조사한 29개 연구의 메타 분석에 따르면 스포츠팀에 속하거나 남학생 사교 모임에 속한 남학생은 남성성의 이상을 갖는 비율이 높았다.[10] 이 이상적인 남성상에는 위험을 감수하고, 전통적으로 여성적인 것은 무조건 피하며, 거칠고 공격적인 행동이 포함되었다.[11]

　　남성들만의 사교 모임과 스포츠팀의 회원들은 특정한 종류의 행동이 가치를 인정받는다는 인식을 심어주는 것처럼 보인다. 이들 단체에 속한 남성들은 그 결과 여성을 상품화하고, 다량의 알코올이나 다수의 파트너와 성관계를 맺는

등의 위험을 감수하는 것 같다.[12]

　　다수의 미국 남동부 대학들을 대상으로 한 연구에서는 남학생 사교 모임 회원의 25% 자신의 친구 10명 중 한 명 이상이 여성과 성관계를 맺기 위해 술이나 약을 먹이는 것으로 믿고 있다고 확인되었다. 이들 단체에 속하지 않은 남성 중 이런 생각을 가진 비율은 전체의 10%였다.[13] 이들은 또 반대의 경우보다 친구들이 여러 여성과의 성관계를 용인한다고 믿었고(남성 사교 모임 회원 70%, 그렇지 않은 경우는 53%), 친구들이 이를 용인하지 않는다고 생각하는 비율도 낮았다(남성 사교 모임 회원 8%, 그렇지 않은 경우 19%).

　　전통적인 남성의 기준을 유지하는 것도 다양한 성폭력을 정당화했다. 미시건 주립 대학교 연구진은 남학생 사교 모임 회원인 학생과 그렇지 않은 학생의 남성적 기준에 대한 압박과 성적으로 공격적인 행동에 대한 태도를 비교했다.[14] 그 결과는 상당히 비관적이었다. 테스트에 사용된 모든 측정에서 남학생 사교 모임에 속한 남성은 그 반대의 경우보다 여성을 훨씬 더 상품화하는 것으로 나타났다. 이들은 전통적 남성상("가능하면 성관계 파트너는 많을수록 좋다", "동성애자에게 분노하게 된다" 등)을 믿는 비율이 높았고, 계속해서 남성상을 유지해야 하는 또래 집단의 압력도 컸다("늘 성관계를 원하는 것처럼 행동해야 한다", "여성적인 것은 무조건 피한다", "여성의 신체적 매력에 따라서 점수를 매기는 것은 재미있다" 등). 뿐만 아니라 성폭행에 대한 잘못된 생각도 더 용인하는 것으로 나타났다("여자가 첫 데이트에서 남자의 집에 온다면 성관계를 원한다는 뜻이다", "여자들은 사실 강간 당하기를 바란다" 등). 이들은 친구들에게 허세를 부리기 위해서 성관계를 하거나, 성관계를 위해 여성에게 사랑한다고 거짓말을 하는 것과 같은 성적 기만행위에 개입할 가능성이 높았다.

　　남성성을 과시할 방법으로 위험한 행동을 감수하는 분위기 때문에 남성 대학생은 과음을 하는 경향이 있었다. 알코올은 행동을 조절할 수 없게 만들어 성폭력을 촉진하는 결과로 이어졌다.[15] 미국 북동부와 대서양 연안의 대학 네 곳에서 진행한 연구에서는 남성적 기준과 과음을 강조하는 남성은 성폭력을 자행할 가능성이 더 높았다.[16] 남학생 사교 모임 가입 첫해에 과음(두 시간 내 다섯 잔 이상의 알코올 섭취)의 빈도가 높은 학생은 성폭력을 자행하는 빈도도 높았다. 따라서 남학생 사교 모임 회원들이 성폭력에 흔히 개입되는 이유는 위험하게 알코올을 섭취하는 비율이 높기 때문일 수 있다.

　　남성 스포츠팀이나 사교 모임이 다른 남성들로 구성된 단체보다 성차별적이거나 성폭력적인 행위가 특히 만연한 이유는 전통적인 남성상에 대해 강조하기 때문일 수 있다. 물론 남성과 여성 모두가 속한 단체보다 남성들로만 구성된 단체에서 성차별이 더 심각하게 발생하는 경향이 있다. 하지만 단체의 성격에 따라서 성차별에 대한 신뢰 정도는 달라진다. 남성으로만 구성된 합창단이 성폭력과 관련되는 경우는 매우 드물다. 심지어 남성만의 스포츠팀 중에서도 특히 축구, 아이스하키, 농구의 경우 골프, 테니스, 수영보다 성폭력에 휘말리는 비율이 높았다.[17] 전통적인 남성적 기준을 수용하고 유지하는 것을 덜 중요하게 생각하는 단체는 여성의 상품화, 과음, 성적 강요 등을 압박하지 않는 것으로 보인다.

불행하게도 남성으로 구성된 단체가 성차별적 태도를 수용하고, 성폭력 행위에 더 많이 개입하는 성향은 대학생들에게만 국한되지 않는다. 2017년, 퓨 리서치 센터가 실시한 여론 조사에 따르면 남성 중심 일터에서 일하는 여성은 여성들로만 구성된 일터나 여성과 남성이 혼합된 일터의 여성보다 동등한 대우를 받는다고 느낄 확률이 적었고, 성차별을 겪을 확률은 더 높았다.[18] 남성 중심 일터의 여성 대부분은 성폭력을 중요한 문제로 꼽았다. 남성 중심 일터의 여성 중 성폭력을 문제로 인지하는 여성은 49%였으며, 여성과 남성이 고루 포함된 일터의 여성은 34%, 여성으로 구성된 일터의 여성은 32%였다.

정치학자 크리스토퍼 카포위츠와 탈리 멘델버그는 《침묵하는 성》에서 모든 종류의 남성 중심 기관에서 부적절한 성 관념이 형성되는 경향이 있다고 주장했다.[19] 미국 상원 의회가 이러한 사례 중 하나이다. 단 20명 뿐인 여성 상원 의원 중 한 명인 커스틴 질리브랜드는 남성 의원들에게서 다양한 성차별을 경험했다.[20] 질리브랜드의 체중이 2킬로그램 정도 줄었을 때, 한 남성 의원이 그의 배를 쿡 찌르면서 "살 너무 빼지 말아요. 난 통통한 여자가 좋더라"라고 말했다. 그다음 마주친 또 다른 남성 의원은 운동을 계속하라면서 "돼지처럼 보이기 싫잖아요?"라고 평했다. 기금 모금 담당자이자 상원 다수당의 지도자였던 해리 M. 레이드는 질리브랜드를 보고 "요즘 가장 예쁜 상원 의원"이라고 말하기도 했다.

헤지 펀드 기업이나 실리콘 밸리 같은 남성 중심 환경에서도 비슷한 성차별을 쉽게 목격할 수 있다. 자산 관리를 담당하는 여성은 고객, 동료, 상관으로부터 끊임없이 성차별을 경험한다.[21] 한 남성 자산 관리사는 "남성 직원만 모인 회의에서는 끔찍한 성차별과 경멸적 언급이 넘친다"고 설명했다. 실리콘 밸리에서도 비슷한 사례를 확인할 수 있다.[22] 건설 현장이나 남성 중심의 무역 산업도 상황은 마찬가지이다.[23]

성적으로 그릇된 행동이 특히 남성으로만 구성된 집단에서 흔히 발생한다는 사실에는 의심의 여지가 없다. 하지만 생각만큼 암울한 것은 아니다. 오해를 바로잡고, 기술을 훈련하면 잘못된 행동을 줄이고 사람들이 맞서 대응할 수 있도록 도움을 줄 수 있다.

네 생각일 뿐

내가 스탠퍼드 대학교에 다닐 때 데이트 폭력에 관한 기숙사 프레젠테이션에 참석한 적이 있었다. 그 프레젠테이션은 성적인 행동 전에 양측의 동의가 얼마나 중요한지 다루고 있었다. 워크숍 진행자는 상대가 거부하거나 그만하라고 하는 데도 무조건 성행위를 강행한다면 그것은 강간이라고 설명했다.

당시 학교에 다니던 유명 운동선수가 손을 들고 일어나 당황한 목소리로 "그럴 리 없어요. 정말 그렇다면 나는 지금까지 성관계를 맺은 모든 여성을 강간한 겁니다"라고 답했다.

나는 그의 말에 경악했고, 절대 그에게 가까이 가지 않겠다고 다짐했다. 하지만 학생들 대부분은 웃음을 터뜨렸다. 그는 자신에게 잘못은 없고, 아마도 모두가 비슷할 것이라고 믿는 듯했다.

하지만 연구에 따르면 대부분의 서구 사회에서 '싫다는 말은 좋다는 뜻이다'라거나 '도발적인 옷을 입은 여성은 성관계를 원한다' 등의 생각은 폭넓게 공유되지 않는다. 많은 남성이 개인적으로는 성적으로 공격적인 행동이 남을 해하는 행동이라고 생각하면서도, 용인된다는 잘못된 믿음을 가지고 있다.[24] 메리 워싱턴 대학교 연구진은 남성들에게 여성과 관련해 자신이 가지고 있는 믿음과 성차별 행동에 대한 불편함을 점수로 답해달라고 요청했다. 그런 다음 같은 문제에 대해 학교의 다른 남성, 함께 여론 조사에 참가한 친구의 태도를 추측해 점수를 매기도록 했다. 조사에 참가한 남성들은 다른 남성의 성차별적 믿음을 과대평가했고, 성차별 행위에 대한 자신의 불편함은 과소평가했다. 이들은 평균 남성이 느끼는 성차별에 대한 불편함을 최대 점수인 35점의 중간 지점인 17.1로 추정했는데, 실제 평균 점수는 23.5였다. 또한 남성들은 자신의 친구들이 성차별에 대해 민감하지 않게 느낀다고 평가했다. 이들이 추정한 점수는 21.6이었지만, 실제 친구들이 성차별에 대해 느끼는 불편함은 23.6이었다.

왜 남성들은 가까운 친구가 여성에 대해 성차별적 시각을 가지고 있다고 생각하는 것일까? 한 가지 원인은 비웃음, 평가, 외면에 대한 두려움 때문에 이러한 시각에 공공연하게 반대하지 못하는 것으로 보인다. 대학교에서 진행한 인터뷰에서는 남학생들이 성폭력 상황에 개입하지 못하는 이유가 타인의 평가(비웃음을 살지 모른다는 두려움)나 다른 남성들에게 약한 모습으로 보이지 않기 위해서였다.[25] 성차별과 성폭력에 대해 동료들이 느끼는 불편함을 과소평가하는 이유는 공격을 받거나 부적절한 행동을 초래할까 두려워 침묵하기 때문이다. 그래서 이러한 잘못된 시각이 상당히 일반적이라고 생각하지만, 현실은 그렇지 않다. 특히 외면당할 수 있다는 두려움이 큰 남학생 사교 모임이나 스포츠팀에서는 문제가 있어도 침묵하려는 경향이 특히 강하다.

또 다른 연구는 대학생들에게 여성, 성폭행, 성적으로 공격적인 행위를 가까운 친구와 함께 평가해달라는 여론 조사를 실시했다.[26] 두 사람이 함께 "여자가 파티에 선정적인 옷을 입고 온다면 성관계를 원하는 것이다", "여성이 신체적으로 맞서지 않는다면 성폭행은 아니다", "파티에서 여성이 남성과 단 둘이 방에 있다면, 성폭행을 당해도 자신의 탓이다"와 같은 성폭행에 대한 잘못된 개념에 대해 의견을 모아 평가해달라고 부탁했다. 또한 이들에게 어떤 형태이든 성적인 행동을 여성에게 강요한 적이 있는지 물었다. 이후 함께 질문에 응한 가까운 친구와 대학교의 다른 남학생들이 여성에게 성적으로 강요한 적이 있다고 생각하는지 물었다.

이 질문에 대한 답은 대학교 남학생들이 성차별과 성폭력에 관련해 주변 사람들에 대해, 심지어 가까운 친구에 대해서도 왜곡된 시각을 가지고 있다는 것을 보여주었다. 학생들 대부분은 동급생들이 여성에 대해 실제보다 더 부정적인 태도를 가지며, 성폭행을 용인한다고 믿는 것으로 나타났다. 전형적인 다원적 무지의 사례였다. 만약 어떤 남학생에게 의견을 묻는다면, 여성을 상품화하는 태도와 성적으로 공격적인 행동이 불편하다고 답할 것이다. 하지만 자신 외에 다른 학생은 이런 태도와 행동에 거리낌을 느끼지 않을 것이라 믿고 있었다.

성폭력을 저지른 남성들은 타인에게 이런 행동이 받아들여질 수 있다고 믿는 것으로 나타났다. 성폭력에 관한 한 연구에 따르면 성폭력을 저지른 남성의 54%는 친한 친구 역시 비슷한 폭력을 저지른 적이 있다고 믿는 것으로 확인되었다. 성폭력을 저지른 적이 없는 남성의 경우에는 16%였다.[27] 이러한 인식의 차이는 현실을 반영하고 있는 것으로 추정된다. 성폭력을 저지른 남성은 친구도 비슷하게 행동한다고 믿고 있을 가능성이 높았다. 하지만 이는 사실이 아니다. 성폭력을 자행하는 남성은 그렇지 않은 경우에 비해 친한 친구도 성폭력을 저지른다고 믿는 비율이 3배나 높았다. 이런 오해는 심각한 결과로 이어진다. 연구에 따르면 강제적인 성행위가 용인된다고 믿는 남성은 당장 또는 수년 후 실제 강제적인 성행위에 개입할 가능성이 높았다.[28]

이 사실이 우리에게 시사하는 바는 무엇일까? 실제 성폭력이 용인된다는 태도를 보이고 믿으며, 심지어 성폭력을 자행하는 소수의 남성이 통계를 과대평가하고 있다는 것이다. 그래서 결국 그들은 이 그릇된 시각을 훨씬 자유롭게 표현한다. 이러한 성차별적인 믿음을 기꺼이 공유하면 타인 역시 이러한 태도가 실제보다 더 용인된다고 믿게 된다. 특히 가해자가 스포츠팀이나 남성 사교 모임의 회원처럼 사회적으로 높은 입지를 가지고 있을 경우 타인의 믿음에 미치는 영향은 더욱 크다.

다른 남성도 성적인 폭력을 전반적으로 용인한다고 믿게 되면 이런 행동을 막기 위해 개입하려는 의지는 제한된다. 2003년 웨스턴 워싱턴 대학교의 연구진은 남녀 대학생들에게 성행위에 관한 합의와 성폭력 예방을 위한 개입 의지가 얼마나 중요하다고 생각하는지, 이 두 가지 척도에 대한 다른 학생의 인식은 어떨 것이라고 생각하는지 물었다.[29] 남학생과 여학생 모두 성행위에 대한 합의가 필요하고 존중하는 것이 매우 중요하다고 생각했다. 하지만 남학생들은 일반적으로 다른 남학생들이 여성의 합의를 그다지 중요하게 생각하지 않는다고 생각했다. 그리고 남학생과 여학생 모두 성폭력 예방을 위한 개입은 매우 중요하다고 답했다. 하지만 이번에도 남학생들은 다른 남학생들의 개입 의지를 과소평가했다. 이 결과는 남성의 경우 다른 남성이 성관계 전 합의와 성폭력을 막기 위한 개입을 실제보다 덜 중요시한다는 이전의 연구 결과와 일치한다.

불행하게도 이러한 오해는 행동의 의지를 낮춘다. 개입과 관련해 다른 남학생들에 대한 남성들의 오해는 성폭력에 대한 자신들의 실제 태도보다 더 강력한 변수가 된다.[30] 여성에게 성폭력을 행사하는 다른 남성을 보았을 때 침묵할 가능성이 높아지기 때문이다.

조지아 주립 대학교 연구진은 성폭력 상황에서 개입의 의지를 측정하기 위한 실험을 설계했다.[31] 실험에 참가할 대학생들을 모집해 해외 영화를 보고 성별, 감정, 태도를 분석해달라고 요청했다. 실험 참가자들은 다른 세 명의 남성과 함께 협력해 여성에게 보여줄 영상을 선택하게 될 것이라는 설명을 들었다. 이들에게는 두 편의 영화를 보여주었는데, 하나는 노골적인 성적 장면이 다수 포함되어 있었다. 실험 참가자들은 이 두 편의 영화 중 하나를 선택해야 했다. 실험 참가자들에게는 구성원 네 명이 선택한 영화 중 하나가 무작위로 결정될 것이며, 영화를 보게 될 여성들은 성적인 장면을 원하지 않는다고 설명했다.

실험 참가자들은 영화를 선택한 후 다른 세 명의 남성이 있는 방으로 이동했다. 이 세 남성은 사실 연구진의 협력자였다. 역시 연구진의 협력자인 한 여성이 실수를 가장해 잠시 방에 얼굴을 비쳤다. 그 여성이 방을 떠난 후 남성 중 한 명이 여성에 대한 부적절한 언급("와, 한번 같이 자고 싶네")이나 중립적인 언급("저 여자, 내 룸메이트의 여동생 닮았네?")을 한다. 연구진은 무작위로 선정된 영화가 다소 선정적인 영화였다고 전달하며 웹캠으로 여성의 반응을 보게 될 것이고, 실험 참가자 옆에 있는 키보드의 버튼을 누르면 언제든지 영상 재생이 중단 된다고 설명했다. (이들에게 공개되는 웹캠 영상은 이미 녹화된 것이었 다.) 연구진은 실험 참가자가 영상 재생을 중단하는지, 중단한 다면 언제쯤 중단하는지 측정했다

　　여성에 대한 부적절한 언급을 들은 실험 참가자가 영 상 재생을 중단할 확률은 비교적 낮았다. 중립적 언급을 들은 남성 중 35%가 영상 재생을 중단한 반면, 부적절한 언급을 들 은 남성 중 영상 재생을 중단한 비율은 15%에 그쳤다. 또한 영 상 재생을 중단하는 데까지 오래 걸렸다. 실험 종료 후 브리핑 에서 실험 참가자 중 일부는 같이 있던 사람에게 남성적으로 보여야 한다는 압박이 결정에 영향을 미쳤다고 답했다. 한 참 가자는 "영상 속에서 여성은 매우 불편해 보였습니다. 나는 영 상 재생을 중단시킬 힘이 있다고 생각했고, 결국 중단했습니 다. 하지만 다른 사람들 때문에 압박을 느꼈습니다. 한편으로 는 '남자라면 이런 상황이 즐거워야 하는 건가?'라는 생각이 들었습니다"라고 답했다.[32]

　　소위 말하는 라커룸 농담에 동참하길 바라는 동료 남 성들의 존재가 성폭력적인 행동을 중단시키지 못하도록 억제 했다.

사랑하는 방법도 배워야 한다

지금까지 상당수의 구성원이 허용하지 않더라도 잘못된 성 차별적인 믿음을 만들고 유지하는 남성으로만 구성된 단체의 힘에 대해서 설명했다. 그렇다면 이런 기준은 왜 계속 유지되는 것일까? 내가 가르친 학생 중에서 대학교 농구팀 주장이 있었다. 이 학생은 내게 농구팀 라커룸에서 누군가 꼭 공격적인 말을 한다고 했다. 이 학생은 공격적인 말을 들으면 늘 마음이 상하지만, 늘 반대 의견을 제시하지는 않는다고 했다. 그런데 이 학생이 모르고 있는 사실이 하나 있다. 그의 동료들역시 그러한 공격적인 말을 듣고 싶지 않지만, 역시 침묵하고 있다는 점이다.

　　　이번 장의 마지막 부분에서는 고등학교와 대학교에서 다른 학생의 문제 행동을 목격했을 때 목소리를 높이는 데 도움이 되는 전략을 살펴볼 것이다. 버락 오바마 전 대통령은 2014년, 연설을 통해 이러한 전략의 필요성을 언급했다. "우리는 청년들에게 성폭력이 절대 용인될 수 없다는 사실을 인지하도록 도와야 합니다. 이들이 용기를 내고 목소리를 내도록 해주어야 합니다. 특히 침묵하고 외면하라는 사회적 또래 집단의 압박이 심할 때 용기를 잃지 않도록 도와야 합니다."[33]

오해의 수정

자신보다 다른 남성이 성차별적 태도와 공격적인 행동에 덜 민감하다고 생각하는 남성들의 오해가 불의를 보고도 목소리를 높이지 못하게 만든다는 일관적인 증거를 감안할 때, 오해를 바로잡는 것은 성폭력을 줄이기 위한 분명한 실마리인 것으로 추정된다. 최근에는 남자들이 소수의 극단적 태도와 행위가 일반적 기준이 아니라는 것을 이해하도록 돕는 프로그램이 만들어졌다. 이러한 접근 방식은 생각을 바꾸는 것이 아니라, 정확한 정보 제공으로 상대방에 대한 오해를 수정하는 것이 용이하기 때문에 특히 효과적이다. 노던 일리노이 대학교의 건강 개선 서비스 센터 책임자인 마이클 하인즈는 "사회적 기준을 바꿀 필요가 없다. 실제 기준을 보여주기만 하면 된다"[34]라고 말한다. 고무적인 것은, 이 프로그램이 성차별적 태도와 잘못된 믿음을 줄이는 데 꽤 효과적인 것으로 증명되었다는 점이다.

메리 워싱턴 대학교의 크리스토퍼 킬마틴과 연구진은 미국 남동부의 한 대학교 심리학 수업 오리엔테이션에서 남학생들에게 사회적인 기준과 오해를 일으키는 요소와 관련한 20분짜리 프레젠테이션을 보여주었다.[35] 예를 들어 누군가가 공격적 농담을 듣고 웃는 것은 예의상 그러는 것이 아니라, 정말 재미있어서 웃는다고 생각하는 것 등이 포함되었다. 연구진은 이러한 잘못된 인식이 그릇된 행동을 막고, 문제 상황에 개입하기 위한 조치를 취하지 못하게 만든다고 설명했다.

이 짧은 프로그램은 즉각적이면서도 긍정적인 변화를 끌어냈다. 3주 후, 프레젠테이션을 본 학생들은 다른 남학생이 "여자들은 너무 쉽게 화를 내더라", "여자들 대부분은 그냥 한 이야기도 성차별로 몰아가" 등 여성에 대한 부정적 이야기를 전보다 덜 하게 되었다고 말했고, 예전처럼 자신 외에 다른 남성들은 성차별적 발언에 관대하다고 생각하지 않게 되었다고 답했다.

사회적 기준에 대한 오해를 수정하면 태도 변화뿐 아니라 성폭력을 줄이는 것으로도 나타났다. 오하이오 대학교의 크리스틴 기디즈와 연구진은 중서부에 위치한 중간 규모 대학교의 1학년 남학생 중 무작위로 절반을 추려 기숙사에서 성폭력 예방을 위한 90분짜리 프로그램에 참가하도록 했다. 대조군인 나머지 남학생들에게는 단순히 설문지를 작성하는 것으로 대체했다.[36] 교육 프로그램은 세 부분으로 구성되었다. 첫 번째는 성폭행에 대한 오해 바로잡기로 성폭력이 여성에 미치는 영향을 설명해 공감을 끌어냈다. 두 번째는 동의의 중요성에 대한 인식 제고였다. 마지막으로는 다른 남성의 태도와 행동을 바라보는 오해를 바로잡았다.

비록 짧은 프로그램이었지만, 4개월 후 데이터에 따

르면 장기적 효과가 있는 것으로 확인되었다. 프로그램에 참가한 남학생은 다른 남성들이 성폭력으로 이어질 수 있는 상황에 개입하려는 의지가 강하다는 사실을 믿게 되었고, 성폭력 자체도 줄었다고 밝혔다. 프로그램에 참가하지 않은 남학생 중에서 그동안 성적으로 공격적인 행위를 했다고 답한 사람은 6.7%였지만, 프로그램에 참가한 남학생 중에서는 1.5%였다.

　　이 프로그램은 두 가지 면에서 효과가 있었다. 첫째, 타인의 믿음과 생각에 대해 정확한 정보를 제공해 목소리를 높이고 개입하지 못하게 막았던 압박을 줄였다. 둘째, 성적으로 공격적인 행동을 할 위험이 있던 남성은 생각했던 것보다 다른 남성이 이러한 행동을 더 불편하게 여긴다는 사실을 알게 되어 태도를 바꾸고 여성을 압박하는 성향을 줄였다.

　　성폭력을 줄이는 접근 방식은 기준을 변화시키는 것이 아니라, 사회적인 실제 기준을 알려주고 왜, 어떻게 오해가 생기는지 통찰력을 길러주는 것만으로도 가능하다. 이는 내가 대학생들에게 식이 장애의 징후를 줄이고, 정신과 치료를 긍정적으로 여기는 태도를 길러주기 위해 실시했던 연구에서 활용했던 접근법과 동일하다.[37]

기술 훈련을 제공한다

코네티컷 대학교 3학년인 그렉 리아토드와 2학년인 매트 겟츠는 학생 아파트에서 특별한 역할을 맡게 되었다. 리아토드와 겟츠는 학생들에게 성폭력으로 이어질 수 있는 상황을 해결하기 위한 방법을 교육했다. 두 학생은 이 해결 방법을 어떻게 알게 되었을까? 이들은 그린 닷 프로그램에 참가해 훈련을 받았다. 이 프로그램은 누군가를 공격하거나, 신체 접촉 시도를 무마시키고, 911에 전화하는 등의 극단적 방법을 사용하지 않는다. 다만, 잠재적으로 문제가 될 것 같은 상황을 예방하는 데 주안점을 둔다. 리아토드는 "상대방을 나쁜 사람이라고 지목하는 것이 아니라, 갈등을 미리 해결하는 것입니다"라고 설명했다. 리아토드와 겟츠는 모두 학교의 아이스하키팀 선수였다. 성폭력을 막기보다는 자행하는 것으로 알려진, 남성으로 구성된 단체의 일원이었던 것이다.

그린 닷 프로그램은 미국의 여러 대학교에서 성폭력 감소를 위해 실시한 다양한 개입 훈련 프로그램 중 하나이다. 그린 닷 프로그램은 학생들에게 그릇된 행동이 발생하지 않도록 막는 3단계 전략을 알려준다. 과음한 여성을 상대로 성적 행동을 하려는 친구가 있다고 가정해보자. 그린 닷 프로그램은 다음과 같이 조언한다.

1. 주의를 분산시킨다. 친구에게 함께 함께 햄버거를 사러 가자고 하거나, 다른 여성이 너와 대화를 나누고 싶은 것 같다고 말한다.
2. 주변의 도움을 청한다. 친구도 좋고, 나이가 더 많은 학생도 좋다.
3. 행동에 나선다. 친구에게 과음한 여성 외에 대화 상대가 될 수 있는 다른 여성을 찾도록 권한다.

구체적 내용은 약간씩 다르다. 하지만 유사한 프로그램들은 모두 옳지 않은 행동이 더 진행되기 전에 미리 차단할 조치의 중요성을 강조한다.[38] 프로그램 참가자들은 다양한 상황에 적용할 기술을 모델링하고 가르치기 위해서 함께 훈련한다. 우연히 성차별적 발언을 듣게 되는 상황에서 어떻게 반응해야 하는지 논하기도 하고, 술에 취한 사람이 이성과 침실로 가는 것을 보았을 때 어떻게 행동할지 묻기도 한다. 또는 성폭력을 목격한 상황을 제시하기도 한다. 이러한 훈련은 학생들 모두 성폭행 예방에 책임이 있다는 사실을 주지시킨다.[39]

이러한 프로그램은 워크숍, 정기적인 훈련, 인터넷 등 다양한 포맷으로 제공할 수 있다.[40] 뉴햄프셔 대학교와 다트머스 대학교 틸트팩토리 연구소 예방 혁신 연구 센터의 연구진은 성적, 관계적 폭력 상황에서의 예방을 위한 전략을 학생들에게 가르치고 캠퍼스 정보, 대중문화 등에 녹아들어갈 수 있도록 비디오 게임을 개발했다.[41] 또한 조지아 주립 대학교의 연구진은 성폭력을 줄이기 위한 개입 환경을 조성하기 위해 '리얼컨센트RealConsent'라는 인터넷 프로그램을 개발했고, 윈저 대학교의 심리학 교수 샤를렌 센은 주변인의 개입에 대한 교육을 정규 과목에 편성하기도 했다.

　　　연구 결과 이들 프로그램은 효과가 있는 것으로 확인되었다. 프로그램에 참가한 학생들은 성폭행과 관련한 잘못된 정보의 수용 감소, 희생자에 대한 공감, 도움을 제공하기 위한 의지 강화 등 다양한 긍정적 효과를 보고했다.[42] 학생들은 자신들의 개입 능력을 더욱 신뢰하게 되었으며 개입을 위한 의지가 강화되었다고 말했다. 많은 학생은 만취한 채 여성과 방으로 가려는 친구의 상태를 확인하기도 했고, "그 여자는 성폭행을 당할 만했어" 같은 성차별적 발언에 반대 의견을 밝히는 등 다양하게 개입했다고 밝혔다.[43] 개입 훈련 프로그램을 실시한 학교는 그렇지 않은 학교보다 학내 성폭력이 크게 줄어든 것으로 나타났다. 2015년에 발표된 그린 닷 프로그램에 대한 평가에 따르면 성폭력과 스토킹 경험은 11% 감소했고, 술이나 약에 취한 여성에게 원치 않는 성관계를 강요하는 행동은 17% 감소했다.[44] 학생들은 프로그램 참가 후 다르게 행동하겠다는 말로만 그치지 않고 실질적인 행동의 변화를 보인 것이다.

한편 온라인 기반의 테이크케어TakeCARE 프로그램은 효과적인 개입을 위한 기술을 제공하는 또 다른 프로그램이다. 영상은 사회적 활동 중 안전을 지켜야 하는 이유와 성폭력 예방을 위해 친구를 어떻게 보살펴야 하는지 설명하는 내레이션이 나온다. 다음 영상은 성적 행동이 강요되는 상황, 두 번째는 관계적인 폭력의 상황, 마지막으로 다른 잠재적 위험에 대응하는 방법을 보여주는 세 개의 삽화를 제시한다. 각 사례에서 영상은 상황이 발생하지 않거나, 악화되지 않도록 막는, 또는 이미 상황이 발생한 경우 상대방을 돕기 위해 필요한 말과 행동을 제안한다.

그중 한 장면에서는 파티에서 술에 취한 한 쌍의 남녀가 침실로 향하고 있고, 다른 한 쌍의 남녀는 이 장면을 바라보고 있다. 영상이 멈추고 내레이션은 이 장면이 한쪽 또는 양쪽의 남녀에게 어떤 문제로 이어질 수 있는지 설명한다. 이후 영상은 옆에 있던 사람이 개입해 남학생을 파티장으로 돌려보내고 여성은 집에 데려다준다. 내레이션은 비슷한 상황에서 누군가 해를 입지 않도록 막기 위해 개입하는 다른 방법을 설명하고 친구를 보살펴야 하는 이유를 강조한다. 이런 접근 방식은 행동을 취해야 하는 이유에 집중하고, 학생들에게 큰 노력 없이 잠재적으로 해로운 상황에 개입할 수 있다는 자신감을 심어준다. 영상은 30분이 안 되는 짧은 분량이지만, 다수에게 활용하기에 실용적이다.

이 짧은 영상이 학생들에게 행동할 수 있는 능력을 제공했을까? 물론이다. 이 영상을 본 학생들은 성폭행을 자초했다는 식의 성차별적 발언에서부터 파티에서 만취한 여성이 자신의 의도와 상관없이 한 무리와 침실로 이동하는 것을 막는 것까지 다양한 위험 상황에 개입할 수 있는 자신감을 심어주었다고 대답했다.[45] 학생들은 또한 영상을 보고 시간이 얼마 지나지 않았을 때 더 많이 개입했다고 답했다.

영상을 활용한 프로그램이 단기적으로 학생들에게 개입을 위한 자신감을 제공했다는 사실이 확인되었지만, 장기적인 효과를 확인하기 위해서는 더 많은 연구가 필요하다. 이처럼 영상을 본 직후 증가한 태도와 행동의 변화는 장기적으로 계속되는 것일까? 아니면 시간이 지나면서 효과가 줄어들까? 이러한 접근 방식은 수동적 영상 관람을 벗어나 자료의 더욱 심도 있는 처리와 장기적 효과를 가능하게 만드는 상호 요소를 포함할까? 영상에 설명된 기술을 활용하면 분명 더 강력한 영향력을 발휘할 수 있을 것으로 보인다. 앞으로의 연구에 있어서 이는 매우 중요한 문제이지만, 짧은 영상 기반의 개입이 제공하는 상당하면서도 실용적인 가치 역시 인정되어야 한다. 성폭력 예방과 관련해 긴 시간을 프로그램에 투자할 대학생은 많지 않을 것이다. 테이크케어와 비슷한 프로그램은 폭넓은 학생들에게 접근할 수 있고, 캠퍼스의 기준에 폭넓은 변화를 가져올 수 있다는 분명한 이점을 가진다.

영상 기반의 접근 방식은 고등학교에서도 매우 효과적이었다. 한 연구에서 테이크케어를 미국 남부 도시의 저소득층 공립 학교 학생들을 대상으로 테스트했다.[46] 6개월 후 테이크케어에 참가한 학생들은 대조군과 비교해 개입 행동을 실행할 확률이 높은 것으로 나타났다. 개별 사례로는 폭력적 행동을 변명하는 친구에게 다른 의견을 제시하거나, 이해할 수 없이 멍이 든 친구를 걱정해주었으며, 잠재적으로 성적 또는 관계적 남용에 휘말릴 수 있는 타인을 도우려고 노력했다. 이 연구에는 창의적인 가상의 방법도 포함되었다. 학생들은 가상 현실 기기를 착용하고 가상 환경에서 아바타를 통해 개입 가능성이 있는 현실적인 상황에서 상호 작용을 했다. 가상 상황 중 하나는 술 취한 친구 두 명이 파티에서 침실로 향하는 모습이었다. 또 다른 상황은 데이트 중인 연인 사이에서 신체적 폭력이 일어날 수 있는 상황에 개입하는 것이었다. 세 번째 상황은 한 남성이 여성을 취하게 만들어 성관계를 맺으려고 하는 것이었다. 연구진은 학생들이 각 상황에서 어떻게 대응하고 잠재적으로 해로운 상황이 발생하지 않도록 얼마나 노력하는지 관찰했다. 대조군과 비교했을 때 테이크케어 영상을 본 학생들은 가상의 시나리오에서 더 분명한 행동을 취했다. 또한 6개월 후 실제 환경에서도 더욱 적극적으로 개입 행동을 했다고 보고했다.

이들 프로그램이 효과가 있었던 이유는 그동안 그릇된 행동을 목격했을 때 개입하고 싶었지만, 구체적인 방법을 몰랐기 때문이다. 10장에서도 설명하겠지만, 행동하지 않으려는 자연스러운 경향을 극복하기 위해서는 훈련이 필요하다. 훈련을 받은 사람들은 배운 시나리오와 비슷한 환경에 직면했을 때 효과적으로 행동할 수 있다는 자신감이 있다면 행동에 대한 책임을 더 크게 느꼈다.[47] 성폭력 상황 중 1/3이 개입할 수 있는 타인이 한 명 이상 존재했지만, 대부분 행동하지 않는 쪽을 선택한다.[48] 침묵하는 목격자를 활동적인 개입자로 변화시키기 위해서는 무엇이 필요할까? 먼저 무엇을, 어떻게 해야 하는지 알아야 한다.

새로운 기준

유대감을 매우 중시하는 끈끈한 조직에 속한 남성은 다른 구성원에 대한 충성심을 보여야 한다는 상당한 압박을 받는다. 이러한 분위기는 옳고 그름과 상관없이 서로 뭉쳐야 한다는 사실 때문에 나쁜 행동을 저지른 동료를 지목하지 않아야 한다는 것으로 해석되기도 한다.[49] 하지만 이들 조직의 단결력은 장점이 되기도 한다. 또래 집단의 영향력은 긍정적 믿음과 행동을 만들어내는 역학으로 작용하기도 한다. 그린 닷 같은 다수의 개입 프로그램은 집단의 기준을 그릇된 행동에 침묵하는 것을 통해 구성원을 지키는 것이 아니라 처음부터 그릇된 행동을 막기 위한 조치를 취하는 것으로 바꾸는 데 집중한다. 이들 프로그램은 집단 구성원 한 명의 잘못된 행동이 집단 전체의 평판을 망치기 때문에 스포츠팀, 남성 사교 모임, 기숙사 구성원 등에 속한 모두가 친구들이 나쁜 길로 빠지지 않도록 도울 책임이 있다는 사실을 이해하도록 돕는다. 뉴햄프셔 대학교 풋볼 선수이던 데이비드 로우는 《뉴욕타임스》와의 인터뷰에서 잠재적인 성폭력의 가해자를 막는 것을 포함해 동료를 보살피는 것이 자신의 목표라고 설명했다. "관심 있는 여성을 포기해야 할지도 모르지만, 장학금과 선수 자격은 지키는 거라고 말하죠."[50]

남학생 사교 모임과 스포츠팀은 서로 다른 문화와 가치를 가지고 있지만, 성폭력과 강요에 대한 낮은 관용은 구성원이 규칙을 지킬 수 있도록 압박한다.[51] 미국 중서부의 한 작은 사립 대학교에 다니는 신입생을 대상으로 한 연구에서는 고등학교 때 풋볼, 농구, 레슬링, 축구 같은 공격적인 운동과 농구, 골프, 크로스컨트리, 수영, 테니스, 육상 등 공격적이지 않은 운동을 한 선수들의 성적 강요 행동을 비교했다.[52] 공격적이지 않은 운동을 한 선수들은 여성에 대한 성차별이 덜했고, 성폭행에 대한 잘못된 오해를 가지고 있을 확률이 적었으며, 성적 강요를 할 확률도 낮았다.

바스 대학교의 사회학자 에릭 앤더슨은 한 남성 사교 모임을 대상으로 연구를 진행해 전형적인 남성적 잣대를 벗어나기 위한 의도적 노력을 조사했다.[53] 이 사교 모임의 회원 중 하나는 "우리는 형제들이 마초적 생각에 빠지지 않기를 바랍니다. 우리 사교 모임이 지적이고, 운동에도 뛰어날 뿐 아니라 친절하고 존중받기를 바랍니다"라고 설명했다.

리하이 대학교의 아이레스 보스웰과 조안 스페이드는 펜실베이니아에 있는 한 사립 대학교의 남학생 사교 모임의 생활을 심층 연구했다. 이들 중 약 절반은 그리스 연합이라는 단체에 가입되어 있었다.[54] 보스웰과 스페이드는 사교 모임 회원들의 사회적 상호 작용을 확인하기 위해 학생들을 인터뷰했고, 사교 모임 파티에 참석했다. 파티에 참석해 관찰한 결과 남학생 사교 모임들이 서로 사뭇 다르다는 확실한 증거를 얻게 되었다.

여성들은 성폭력 위험이 높다고 말하는 남학생 사교 모임의 파티에서는 남녀가 친구로 어울리는 일이 드물었다. 파티 참석자의 성비는 일방적이었고, 남학생과 여학생은 다른 방에 들어가 서로 교류하지 않았다. 여성들은 자신들끼리

춤을 추었다. 남성과 여성이 어울려 춤을 추는 경우 매우 근접해 있었고 도발적이었다. 이러한 사교 모임의 남성들은 매우 잔인해서 여성의 몸매를 두고 손가락을 추켜올리거나 내렸으며, 성적 농담과 언급을 하고, 여성에게 지분대거나 공공연하게 성적 행동을 보였다. 남성들은 어항을 보러 가자거나, 파티장은 시끄러워 소리가 잘 안 들리니 위로 올라가서 대화를 하자며 대놓고 여성과 파티장을 떠나 침실로 가려고 했다.

여성들이 성폭력 위험이 낮다고 평가하는 남학생 사교 모임의 파티는 크게 달랐다. 남성과 여성은 커플로 또는 단체로 춤을 추었다. 다수의 커플이 입을 맞추거나 애정 표현을 드러냈다. 파티 참석자의 성비는 거의 비슷했고, 남성과 여성은 친근하게 이야기를 나누었다. 밀치거나 소리를 지르고 욕을 하는 일은 거의 없었고 혹시 그런 일이 있더라도 빠르게 사과했다.

알렉산드라 로빈스는 《남성들의 사교 모임》에서 남성으로만 이루어진 단체라고 반드시 나쁜 행동을 일삼는 것은 아니라고 설명한다. 남성들의 사교 모임은 처음 집을 떠난 남성들을 지원하고 사회적 또는 학업 걱정을 공유할 안전한 공간을 제공한다. 또한 소중한 리더십 기술을 알려준다. 나는 이번 장을 통해 남성들의 사교 모임이 모두 성적 가해자의 모임이 아니며, 스포츠팀에 들어가지 못하도록 부모가 만류해야 한다는 것이 아님을 말하고 싶다. 내 아들은 오히려 스포츠 팀과 남성들의 사교 모임에서 도움을 받았다. 하지만 남성들이 무엇을 수용해야 하는지 이해하도록 도움을 주어야 한다. 사회적 단체를 현명하게 선택해야 하고, 생각보다 성폭력 행위는 용인되지 않는다는 사실을 재차 주지시키는 것부터 시작해야 한다. 또한 좋은 친구, 사교 모임의 구성원, 팀원이 되는 길은 문제 행동이 심각해지기 전에 개입하는 것이라는 사실을 이해시켜야 한다.

8. 남기는 다음 조치 문화

2014년 10월 20일, 십 대 흑인 청소년 라콴 맥도날드는 시카고 경찰 제이슨 반 다이크가 쏜 총에 맞아 사망했다. 반 다이크와 동료 경찰이 작성한 최초 보고서에는 17세의 맥도날드가 이상 행동을 보였고, 칼을 들고 달려들었기 때문에 정당방위 차원에서 총을 쏘았다고 적혀 있었다. 하지만 이후 조사에서 놀라운 사실이 밝혀졌다. 부검 결과 맥도날드는 총을 자그마치 17발이나 맞은 것으로 확인된 것이다. 사건을 기록한 영상을 보면 맥도날드가 경찰에게 달려든 것이 아니라, 등을 보이고 도망가는 중에 총을 맞았고 심지어 땅에 쓰러진 후에도 반복해서 총이 발사되었다. 이 증거를 바탕으로 반 다이크는 2급 살인에 대한 유죄와 총기 사용에 관한 가중 처벌이 인정되었다. 결국 반 다이크에게 징역 81개월 형이 선고되었다.

　　　총을 쏜 것은 반 다이크였지만, 당시 현장에는 다른 경찰도 있었다. 7명이나 되는 다른 경찰이 맥도날드가 칼을 들고 달려들었다는, 영상과 전혀 다른 보고를 묵인했다. 배심원단은 이들 중 세 명의 경찰에게 반 다이크의 행동을 무마하기 위한 직권 남용, 모함, 공무 방해가 적용된다고 보았다. 이들 세 명은 유죄를 선고받았다.

　　　누군가 옳지 못한 행동에 개입하고, 그나마 나은 경우 동료들이 묵과하거나, 최악의 경우 은폐했다는 이야기를 쉽게 접할 수 있다. 모든 기업과 공공 기관에서 비슷한 사건이

발생한다. 노동자가 사기적 비즈니스 관행을 묵인하는 것에
서부터 정치인이 정부의 기금을 불법으로 활용하는 것을 모
른 체하는 것이나 지도자가 구성원의 잘못된 언어 사용을 못
본 체하는 것까지 모든 분야에서 비슷한 사건이 발생한다. 이
번 장은 일터에서 옳지 못한 행동을 보고도 침묵하게 만드는
요소를 살펴보고, 도덕적 용기를 심어주는 직장 문화를 만들
기 위해 사용할 수 있는 전략을 제안한다.

보복에 대한 두려움

내가 대학에 재직 중일 때, 상사와 함께 차를 타고 회의 장소
로 가고 있었다. 상사는 주차 공간을 찾지 못해 애를 먹고 있
었다. 좀 더 둘러볼 수도 있었지만, 이미 회의에 늦은 상사는
장애인 주차 공간에 차를 세웠다. 차에서 내린 상사는 나를 보
고 실쭉 웃더니 다리를 저는 시늉을 했다. 나는 아무 말도 하
지 않았다.

상사의 부정한 행위를 보고 아무런 말도 하지 않는 것
은 비단 나만의 일이 아니다. 사람들 대부분은 권력을 가진 사
람의 불쾌한 행동을 목격하면 침묵한다. 혹시라도 승진이나
임금에 불이익이 있지 않을지, 일자리를 잃거나 골칫덩어리

라는 오명을 얻지는 않을지 걱정되기 때문이다.

　　사람들에게 가상의 상황을 예로 들어 물으면 옳지 못한 행동에 대적할 용기가 있다고 답한다. 하지만 실제 상황에 직면하면 사람들 대부분은 행동하지 못한다. 옳고 그름을 인식하지 못하거나, 개입이 필요하다고 판단하지 못해서가 아니다. 어떤 이유에서든 자신의 신념에 따라 행동하지 못하도록 만들기 때문이다.

　　워싱턴 앤 리 대학교의 줄리 우드직카와 예일 대학교의 마리안 라프랑스는 사람들의 행동과 말을 비교하기 위한 연구를 진행했다.[1] 연구진은 18~21세의 젊은 여성들을 모집해 구직 인터뷰에 대한 시나리오를 읽고 답하도록 했다. 참가자들에게 주어진 글은 다음과 같다. "당신은 연구 보조직에 지원했습니다. 캠퍼스에 있는 사무실의 남성이 면접을 진행합니다. 남성은 32세입니다. 다음 질문은 면접 담당자의 질문입니다. 각 질문을 읽고 어떻게 답할 것인지, 기분은 어떨지 적어주세요. 어떻게 대응할 것이고, 어떤 대응은 하지 않을지 알려주세요. 실제 예상 행동, 생각, 기분을 적어주세요."

　　면접관의 질문은 세 가지였다. "남자친구가 있습니까?", "남들이 보기에 당신이 이상적일까요?", "여성이 일터에서 브라를 착용하는 것이 중요하다고 생각합니까?"

　　응답자 중 대부분(62%)은 "왜 이런 질문을 하느냐"라고 묻거나 "질문이 부적절하다"라고 말하겠다고 답했다. 심지어 22%의 응답자는 대놓고 면접관과 언쟁을 벌이거나 면접을 그만두는 등 더 강력하게 대응하겠다고 답했다. 68%는 적어도 한 가지 질문에 대해서는 답을 거부하겠다고 말했다. 이 결과는 참가자들이 성희롱을 당했을 때 분노할 것이고, 공정하게 대응하겠다는 강한 의지를 분명하게 보여주었다. 하지만 정말 그럴까?

연구진은 이 중요한 문제를 테스트하기 위한 후속 연구에서 또 다른 여성들을 모집해 실제 연구 보조직에 지원하는 것처럼 설정한 다음 앞에서 제시한 성희롱적 질문 세 가지를 물었다. 그런데 어떤 질문에 대해서든 답하지 않은 여성은 없었으며, 대부분 이의를 제기하지 않았다. 이의를 제기하더라도 매우 정중하게 이유를 물었다.

가상의 상황에서는 2/3(62%)에 해당하는 여성이 면접관에게 맞서겠다고 답했지만, 실제 상황에서는 이의를 제기한 사람이 1/3(36%)에 불과했다. 이처럼 우리는 대범한 입장을 취하겠다고 생각하지만, 실제 상황에서는 행동하지 못하게 된다.

일터에서 성희롱을 경험한 여성 대부분은 이 사실을 상부에 보고하지 않기로 한다. 공통적 이유는 두려움 때문이다. 직장에서 해고되지 않을지, 승진 기회를 잃거나 업계에서 배척당하지 않을지 두려워한다.[2] 조직 내 성희롱에 대한 메타 분석 결과 일터에서 성희롱을 당한 여성 중 상사에게 보고하는 비율은 1/4~1/3이었으며, 공식적으로 불만을 제기하는 비율은 2~13%였다.[3] 파장에 대한 우려는 기우가 아니다. 일터의 성평등과 다양성에 관한 전문가인 제니퍼 버달은 옳지 못한 행동을 알린 여성은 "문제를 일으킨다는 비난을 받게 됩니다. 누구도 채용하려 하지 않고, 함께 일하려고도 하지 않습니다"라고 설명한다.[4] 게다가 성희롱 가해자가 자신의 상사라면 어떨까? 자신에게 직접적 권한을 가진 사람이 옳지 못한 행동을 했을 때는 대부분 침묵한다. 여기에 대해 반기를 들었을 때의 피해가 분명하기 때문이다.

회계사를 대상으로 한 여론 조사에서는 60%가 업무 중에 문제 행동을 목격했다고 답했다. 비품을 훔치기도 하고, 비용 보고를 잘못하기도 하며, 매출과 비용을 조작하기도 한다. 하지만 이들 중 사실을 보고하는 사람은 절반 정도였다.[5] 이러한 행동을 묵과하는 공통된 이유는 보고가 필요할 정도로 중요한 문제가 아니거나, 증거나 충분하지 못하거나, 다른 사람이 보고할 것이라고 생각하기 때문이었다. 하지만 침묵하는 가장 큰 이유는 일자리를 잃거나 불쾌한 작업 환경을 초래할 것이라는 우려 때문이었다.

불행하게도 이런 우려는 사실이다. 메사추세츠 대학

교 암허스트 캠퍼스의 연구진은 2012년부터 2016년까지 평등 고용 추진 위원회와 평등 고용 관행 위원회에 제기된 4만 6000건의 성희롱 고발을 조사했다.[6] 이 중 68%는 고용주가 어떤 종류든 보복을 했고, 65%는 1년 내에 일자리를 잃었다. 또 다른 연구는 1000명의 연방 법원 노동자를 조사했는데, 2/3 정도가 동료들의 따돌림, 승진 누락, 원치 않는 보직으로 변경, 불평등한 인사 평가 등의 불평등을 경험한 것으로 나타났다.[7] 이 결과는 특히 노동자가 권한이 있는 자리의 사람을 고발했을 때 일반적으로 확인되었다. 사람들이 이런 상황에서 특히 침묵하는 이유는 당연했다.

성차별, 인종 차별, 그 외에 다른 공격적 언급을 하는 대표자에게 맞설 만큼 용기가 있는 사람은 많지 않다. 레슬리 애쉬번-나도와 동료들은 여학생과 남학생을 모집해 가상의 원거리 커뮤니케이션에 관한 연구를 실시한다고 설명했다. 이들에게는 구직 서류를 평가하기 위해 온라인 채팅방의 다른 두 명과 함께 협력한다고 했다.[8] 그룹 논의가 시작되기 전에 참가자들에게 설문 작성을 요청했다. 이들에게는 그룹 내 역할을 결정하기 위해서라고 설명했다. 참가자에게는 각자의 대응이 강력한 청취와 사교적 기술을 표시하게 될 것이며, 따라서 인적 자원을 관찰하는 데 사용될 것이라고 알려주었다. 이들의 역할은 다른 두 구성원 간의 컴퓨터 채팅을 관찰하고,

기록하고, 피드백을 제공하는 것이었다. 하지만 사실 이 두 사람은 가상 인물이었고, 대화는 만들어진 것이었다.

　　여성 구직자에 대해 논의하는 중 구성원 중 한 명이 "여자를 관리직에 채용한다는 것은 좋지 않은 생각인 것 같아. 여자들은 감정적이잖아. 사진은 없나? 여자들은 잔소리를 하잖아. 그나마 얼굴이라도 예뻐야지!"라고 적었다. (연구진은 대화를 나눌 때 "나"를 뜻하는 I를 일부러 소문자로 적었다. 친구들끼리의 채팅과 같은 느낌을 주기 위해서였다.) 실험 참가자 중 일부에게는 이 대화가 단순한 직원들의 대화가 아니라 연구에 참가한 각 그룹 구성원의 보수를 결정하는 상사의 대화라고 알려주었다. 실험이 끝난 후 참가자들에게 그룹 구성원들의 언급을 어떻게 생각하는지 물었다. 다음으로는 이들을 만나 피드백을 제공하고 싶은지 물었다.

　　결과는 어땠을까? 두 조건 모두에서 실험 참가자들은 여성에 대한 이들의 언급이 부적절하고 차별적이라도 판단했다. 하지만 대화의 주인공이 상사라고 알고 있는 실험 참가자들은 맞서려는 의도가 적은 것으로 나타났다. 고위 임원의 성차별적 대화라는 것을 알고 있는 실험 참가자 중 43%가 만나서 피드백을 주겠다고 답했고, 이들의 지위에 대해 듣지 못한 실험 참가자 중에는 68%가 그렇게 하겠다고 답했다.

　　같은 연구진들은 일터에서 상사, 동료, 부하 직원이

성차별이나 인종 차별적 언급을 하는 또 다른 상황을 설정했다. 상사가 성차별적으로 말하는 상황은 다음과 같다.

　　"소프트웨어 회사라는 상상을 해보시길 바랍니다. 여러분은 다음 해의 예산 목표와 관련된 점심 회의에 참가했습니다. 회의가 끝난 후 남성인 상사가 회의에 참석했던 유일한 여자 직원을 보면서 '점심 식사한 자리 좀 치울래요? 여자가 할 일이잖아요? 이런 청소 같은 거요'라고 말했습니다."

　　이후 이 시나리오에서 상사는 동료 그리고 부하 직원으로 대체되었고, 남성과 여성, 백인과 흑인으로 바꾸어 인종 차별적 언급에 대해서도 조사했다. 실험 참가자들에게 이 언급이 편견에 의한 것인지, 이의를 제기할지, 제기한다면 직접적으로 또는 간접적으로 제기할지 물었다.

　　이전 연구에서와 마찬가지로 실험 참가자들은 누가 그러한 말을 하든 차별적이고 부적절하다고 판단했다. 실험 참가자들은 성차별적 발언일 때보다 인종 차별적 발언일 때 더 심각하게 받아들였고, 이의를 제기하겠다는 비율도 높았다. 다만 상사가 언급했을 때는 개입할 책임을 덜 느꼈고, 개입을 하지 않겠다고 결정할 가능성도 높았다. 차별적 언급에 맞섰을 때 손해가 더 크기 때문이었다. 당연히 이 말을 한 사람에게 직접적으로 대응하겠다고 답하는 사람도 적었다.

　　사람들은 강한 권한을 가진 사람의 행동이 끔찍한 결

과를 가져온다고 하더라도, 이들의 문제 행동을 지적하길 꺼린다. 한 연구에서는 실수를 하거나 안전하지 않은 의료 행위를 하는 동료를 지적하지 않으면 사람의 목숨을 잃을 수도 있는 의학적 조건을 토대로 연구를 진행했다.[9] 미국 북동부에 위치한 대규모 의학 센터에서 일하는 인턴과 레지던트에게 의료 행위와 관련한 용기를 평가하는 여론 조사를 실시했다. 이들에게 다음의 내용에 대해 동의하는지를 물었다.

- 의료팀의 고위급 관계자, 의료 가이드라인에 의한 반대 등 사회적 압력이 있더라도 환자를 위해 옳은 일을 하겠다.
- 법적 소송, 평판 하락 등 위험에 처하게 된다고 하더라도 환자를 위해 옳은 일을 하겠다.
- 환자와 동료들은 나를 도덕적 행동의 좋은 사례로 믿을 수 있다.

다음으로 이들에게 지난 한 달 동안 비위생적 처리나 부적절한 살균 등 환자에게 해가 될 수 있는 안전상 위험을 목격한 적이 있는지 물었다. 한 번 이상 안전 문제를 목격했다고 답한 이들에게는 관련자에게 그 사실을 지적했는지 물었다.

여러분도 예측한 것처럼 여론 조사에서 도덕적 용기

가 높게 측정된 경우 환자의 안전을 우려할 수 있는 상황을 목격했을 때 이를 지적할 확률이 높았다. 하지만 레지던트보다 인턴은 도덕적 용기의 수준과 관계없이 안전 문제를 지적할 가능성이 낮았다. (인턴은 레지던트보다 훈련 정도나 권한 등에서 낮은 수준을 가지고 있다.) 이 결과는 의학적 상황에서 높은 권한을 가진 사람에게 맞서는 것을 포기할 확률이 높다는 다른 연구 결과와 일치한다. 의대생들과 간호사는 대개 전문의에게 반기를 들지 않는다.[10]

　　1960년대, 정신과 의사인 찰스 호플링이 병원에서 실시한 연구는 강력한 권한을 가진 사람에게 대응하기가 얼마나 어려운지 보여준다.[11] 한 남성은 22일 동안 저녁 근무 중인 간호사에게 전화를 걸어 자신이 의료진 아무개라며 애스트로텐이라는 약이 있는지를 물었다. (간호사는 모두 여성으로 매번 달랐고, 의료진의 이름은 지어냈다. 간호사는 이 의사를 알지 못했고, 실제로 그 병원에 근무하는 의료진인지도 알지 못했다.) 이 약은 하루 전 간호사실에 가져다 놓은 위약으로 무해한 설탕물이었다. 간호사가 약이 있다고 답하면 가짜 의사는 실제로 존재하는 환자의 이름을 대며 20mg 투여 지시를 하면서 처방전 서명은 나중에 병원에 가서 하겠다고 말했다. 이 약병에는 최대 허용량이 10mg으로 기재되어 있었다.

　　이때 문제가 되는 점은 세 가지이다. 먼저, 전화로 처방을 내릴 수는 없으며, 모르는 의사에게 처방을 받아서는 안되고, 지시 용량이 최대 허용량을 초과했다. 이때 간호사는 어떻게 행동했을까? 95%에 달하는 21명의 간호사가 환자의 병실로 가서 지시받은 용량으로 약을 투여했다.

　　　이 연구는 1966년에 발표되었다. 따라서 현재 의사와 간호사 간의 힘의 불균형은 50년 전이던 당시보다 훨씬 덜할 것으로 추정된다. 간호사는 의심스러운 처방에 이의를 제기할 여지가 있을 것이고, 특히 환자에게 심각한 결과를 초래할 가능성이 있을 때는 더욱 그럴 것으로 추정된다. 하지만 정말 그럴까?

　　　상황이 변했는지 알아보기 위해서 바이탈스마트라는 리더십 훈련 기업의 연구진이 등록된 2383건의 보고를 바탕으로 일터에서 잠재적으로 문제가 될 수 있는 상황에 의견을 제기하거나 다른 사람의 의견을 들을 수 있는지 조사했다.[12] 많은 간호사(58%)가 목소리를 높이는 것은 안전하지 않다고 답했다. 실제 목소리를 높여 의견을 제기할 때는 다른 사람의 의견을 들을 수 없었다. 응답한 간호사 중 17%는 최소 한 달에 몇 번씩 이런 상황에 직면한다고 답했다. 가장 흔한 문제는 동료가 손을 충분히 씻지 않는다거나, 장갑을 교체하지 않거나, 안전을 위한 점검을 게을리하는 등의 위험한 편법을 선택하는 것이었다. 간호사 중 84%가 이런 상황을 목격했고, 그중

26%는 이 때문에 환자가 위험할 수 있다고 판단했지만, 자신의 우려를 정확하게 표현한 사람은 31%였다.

어떤 유형이든 그릇된 행동이 계속되는 이유 중 하나는 사람들 대다수가 이후에 발생할 피해를 걱정하기 때문이다. 그릇된 행동 앞에서 보복에 대한 두려움 때문에 사람들은 침묵한다. 그 결과 침묵의 순환은 계속된다. 미국 체조팀 주치의였던 래리 나사르의 성추행을 경험한 어린 체조 선수들은 나사르에 대해 불평이나 의문을 제기하면 올림픽에 출전하지 못할 수 있다고 우려했다. 아마 이들의 우려는 맞았을 것이다.

침묵의 카르텔

사람들은 보복의 가능성이 낮을 때에도 그릇된 행동을 못 본 척하려고 한다. 기업의 사기 행각에 연루된다면 다른 사람들의 비윤리적 행동을 무시하는 것만으로도 직접적 혜택을 얻는다. 커트 에이첸왈드는 《바보들의 음모》에서 에너지 기업인 엔론에서 관리자, 변호사, 자문 등 고위 임직원들이 주가 부양을 위해 수십억 달러의 부채를 숨기고 있다는 사실을 알고 있었지만, 진실을 말하지 못했다. 엔론이 재무제표를 정기적으로 감사하도록 고용한 유명 회계 기업인 아서 앤더슨의 일부 경영진은 손실을 감추기 위한 엔론의 불법적 관행에 대해 이미 알고 있었다. 각자의 위치에 따라 정확한 수치를 가늠하기는 어렵지만, 이들 모두는 불법적 관행을 눈감아주면서 경제적 이익을 얻었다. 결국 엔론의 창업자 케네스 레이, CEO 제프리 스킬링, CFO 앤드류 패스토우를 포함해 16명은 금융 사기로 유죄가 선고되었고, 또 다른 5명 역시 유죄가 인정되었다. 하지만 이들 외에도 문제를 인지한 사람들은 많았다. 이들은 모두 엔론의 사기 행각을 막지 않았다.

엔론의 분열은 상당한 관심을 받았지만, 그 외에 알려지지 않은 화이트칼라 범죄는 또 있다. 2005년, 민간 경비 기업인 타이코의 CEO 데니스 코즈로우스키, CFO 마크 슈와츠는 회사에서 4억 달러 이상을 전용한 혐의로 기소되었다. 두 사람은 다양한 금융 사기를 벌였는데, 그중에는 주가 사기, 불법 보너스가 포함되었고, 부동산 구매, 보석 구매, 파티 등 호화스러운 생활에 기업의 돈을 불법으로 사용했다. 2018년, 조지 자모라 퀘자다 박사는 연방 의료 보험 사기로 체포되어 혐의가 확정되었다. 그는 값비싼 약품과 시술을 처방하기 위해서 중환자, 심지어 말기 환자에게 잘못된 진달을 내리는 방식으로 2억 4000만 달러를 부정 청구한 죄목으로 기소되었다. 퀘자다 박사는 이 돈으로 막대한 부동산과 고급 자동차, 개인용 항공기를 구매했다.

하지만 이러한 비윤리적 행각이 늘 신문 지면을 장식하면서 떠들썩하기만 한 것은 아니다. 모든 규모의 사업체에서 이런 식의 비윤리적 관행은 발생한다. 거짓 영수증을 첨부하거나 개인적 비용을 사업 비용인 것처럼 속이는 비용 처리 사기는 직원이 100명 이상의 대형 기업에서 발생하는 금융 사기의 11%를, 중소기업에서 발생하는 금융 사기의 21%를 차지한다.[13] 몇 년 전, 내 동료 한 명은 개인적 물품을 공금으로 구매했다. 아이들의 학교 준비물, 가족들에게 보내는 카드의 우표를 구입하기도 했다. 그는 플로리다로 가족 여행을 갔을 때도 경비를 학교에 청구했다.[14] (결국 대학교 행정 부서에서 개입해 문제를 해결해야 했다.)

전 세계의 정치인들은 개인적 비용을 마치 업무 비용처럼 청구하는 일이 잦다. 영국의 한 의원은 정부의 돈으로 마사지 의자를 구입하기도 하고, 초콜릿을 사기도 하며, 집 주변의 해자를 청소하기도 한다.[15] 공화당 소속 캘리포니아 의원이던 던컨 헌터는 선거 캠페인 자금 25만 달러 이상을 빼돌려 이탈리아 여행 경비로 쓰고, 아들에게 비디오 게임을 사주고, 반려동물인 토끼 에그버트의 항공기 좌석을 구매했다.[16]

이 모든 사례의 공통점은 무엇일까? 사기 행각의 규모는 다양하다. 사무용품 구입 정도는 값비싼 가족 여행 비용을 경비 처리하는 것과는 크게 다르다. 하지만 공통점은 누군가 이 사실을 알고 있었지만, 묵과하기로 선택했다는 점이다. 경비를 처리한 담당자는 이 사실을 알고 있었을 것이다. 토끼의 항공권을 본 선거 위원회 재무 담당자도 사실을 짐작했을 것이다. 기업의 세금 환급을 검증한 회계 기업도 사실을 알고 있었을 것이다. 사람들 대부분은 이들의 입장이었다면 같은 선택을 내렸을 가능성이 높다. 옳지 않은 행동을 지적했을 때, 특히 상대방이 강력한 권력을 가지고 있다면 자신의 직업에 상당한 영향을 미칠 것이기 때문이다.

　　　사기 행각을 모른 체하는 대가로 혜택을 얻는 사람은 해당 조직의 고용주일 수도 있다. 특히 그릇된 행동을 벌인 개인이 높은 위치에 있을 때가 여기에 해당한다. 베일러 대학교의 매튜 퀘이드와 연구진은 미국 내에서 다양한 직업에 종사하는 직원과 상사 300쌍 이상의 데이터를 수집했다.[17] 연구진은 상사들에게 직원의 비윤리적 행동을 평가하도록 했다. 근무 시간을 속이는 행동도 있었고, 비용을 고의로 잘못 보고하는 경우도 있었다. 또는 기밀을 악용하기도 했다. 또한 이들의 전반적인 업무 능력도 평가하도록 했다. 한편 직원들에게는 일터에서 얼마나 무시당한다고 생각하는지 평가하도록 했다. 연구를 위해 직장에서의 배척 상황은 "다른 직원들이 당신을 무시한다", "사람들은 당신이 마치 없는 사람인 것처럼 행동한다" 같은 문장으로 평가하도록 했다.

　　조사 결과 직장에서의 비윤리적 행동과 배척의 관계는 직원의 생산성에 따라 달라졌다. 하지만 상사가 능력을 높이 평가할 경우 비윤리적 행동과 직장에서의 배척 간에 상관관계는 없었다. 실적이 나쁜 직원은 옳지 못한 행동을 했을 때 조직 내에서 가치 있게 여겨지는 직원들에게 무시당하는 것으로 제재를 받았다. 다시 말해 실적은 비윤리적 행동을 상쇄했다.

　　이러한 사실을 감안하면 21세기 폭스사가 2017년, 폭스 뉴스의 최고 인기 진행자인 빌 오릴리의 성 추문이 몇 번이나 불거진 다음에도 계약을 연장하고 2,500만 달러의 연봉을 약속한 이유도 이해할 수 있다. 이후 오릴리는 결국 해고되었다. 하지만 이미 성 추문과 관련된 합의가 공개되었고, 21세기 폭스사가 이 사실을 무마하기 위한 경제적 손실이 너무 크다고 판단한 뒤였다.

방관이 초래한 사회적 비용

1968년 3월 16일, 베트남전 당시 미군은 밀라이라는 마을에서 약 500명에 달하는 것으로 추정되는 민간인을 사살했다. 이들 중에는 나이가 많은 사람도 있었고, 여성과 아이도 포함되어 있었다. 수십 명은 논두렁에 밀어 넣은 후 총살했다. 대학살 속에서 헬기 조종사이던 준사관 휴 톰슨 주니어는 끔찍한 현장을 목격했다. 톰슨 주니어는 공격을 명령한 부대의 대위와 소위에게서 물러나라는 명령을 받았지만, 민간인과 군인 사이에 헬기를 착륙시키고 군인들을 향해 발포를 중단하지 않으면 자동 소총을 발사하겠다고 위협했다. 그의 노력으로 대학살은 중단되었다.

이후 밀라이에서 벌어진 사건은 널리 알려졌다. 하지만 여기까지가 이야기의 전부는 아니다. 톰슨 주니어가 용기를 내 대학살에 개입한 후 그의 상관에게 공식적인 보고가 올라갔다. 이후 사건이 뉴스로 유명해진 후에는 하원 의회의 군사 위원회에도 보고되었다. 하지만 그는 군 동료와 일반인 모두로부터 상당한 비난을 받았다.[18]

2004년, 톰슨 주니어는 〈60분〉이라는 프로그램과의 인터뷰에서 "전화로 살해 협박도 받았습니다"라고 털어놓았다. 또한 "현관에 동물을 난도질해 두고 가기도 했습니다."라고도 밝혔다.[19] 톰슨 주니어의 용감한 행동은 공식적 인정을 받지 못하다가 1998년 3월 6일, 적군과의 분쟁에 휘말리지 않았던 용감한 정신을 기려 훈장을 받았다.

모든 일터에서 잘못된 행동에 맞서는 대가는 혹독할 수 있다. 특히 충성심을 중요하게 여기는 문화가 있다면 더욱 그렇다. 군대나 경찰이 여기에 속한다. 미국 내 3700명이 넘는 경관을 대상으로 실시한 여론 조사에서는 약 80% 이상이 경찰 문화 내에 침묵의 규율이 존재한다고 답했다. 46%는 동료의 잘못을 목격했지만, 보고하지 않았다고 답했다.[20]

다른 상황에서는 용감한 경관들이 동료의 잘못을 보고하지 못하는 이유는 무엇일까? 응답자들은 여러 이유를 꼽지만, 그중에서도 특히 보고가 무시되고, 오히려 징계를 받거나 해고될 위험이 있으며, 다른 동료로부터 압박을 받는 것이 원인이라고 말한다. 가장 공통적으로 지목되는 이유는 다른 경관들의 따돌림을 받게 된다는 두려움이다. 전 시카고 경찰 로렌조 데이비스는 "침묵의 규율이 가족과 같은 환경에서 특히 두드러집니다. 가족을 고발할 수는 없으니까요. 그래서 누구도 말하지 않습니다. 파트너가 있다면 언제나 파트너를 지지해야 합니다"라고 말했다.[21]

심지어 끔찍한 경우에도 조직에 대한 충성심 때문에 나쁜 행동을 묵인하는 선택을 내리는 사람이 너무 많다. 문제의 행동이 신념과 상충하더라도 마찬가지이다. 종교 단체에서는 특히 신념과 행동의 괴리가 자주 발생한다.

미국의 체조 선수 레이첼 덴홀랜더가 국가 대표팀 주치의인 래리 나사르에게 성추행을 당하기 전, 어린 소녀였을 때 또 다른 남성으로부터 성추행을 당했다. 그 남성은 덴홀랜더와 그의 가족이 다니던 교회의 신도였다. 교회에 출석하던 대학생 한 명이 당시 7살이던 덴홀랜더에 주목했다. 그는 덴홀랜더에게 선물을 사주고, 일요일에는 주일 학교까지 함께 걸었으며, 자주 안아주고, 자신의 무릎 위에 앉으라고 했다. 교회에서 성추행을 당한 아이들을 도왔던 상담사는 이러한 행동이 성추행의 전조라면서 부모에게 경고했다. 하지만 부모가 성경 연구회의 친구에게 도움을 요청했을 때, 이들은 별다른 조치를 취하지 않도록 강력하게 설득했다. 친구들은 과잉 반응이라고 했다. 어떤 가족은 덴홀랜더 가족이 다음에는 자신들을 의심할 것이라면서 어울리는 것을 거부했다. 결국 덴홀랜더의 부모는 아무것도 하지 않기로 결정했다. 2년 후, 그 대학생은 교회를 떠났다. 어느 날 밤, 덴홀랜더는 부모에게 그가 자신을 무릎에 앉히고 자위 행위를 했다고 말했다. 하지만 덴홀랜더 가족은 아무에게도 이 사실을 알리지 않았다. 덴홀랜더의 어머니는 《워싱턴포스트》와의 인터뷰에서 "우리는 노력을 했지만, 아무도 믿어주지 않았습니다. 다시 그 일을 끄집어낼 이유가 없었어요"라고 설명했다.[22]

우리 모두는 성직자에 의해 저질러진 성적 학대를 수십 년 동안 은폐한 가톨릭 교회의 끔찍한 이야기를 알고 있다. 그 외에도 텍사스의 남침례교 지도자들, 기독교 복음주의 계열의 밥 존스 대학교의 관리자, 뉴욕시 정교회 유대인 커뮤니티에 대한 지도자들의 성적 학대에 대한 관과 등 반복되는 종교 관련 추문은 좀처럼 면역이 되지 않는다. 에이미 데이비드슨 소킨은 《뉴요커》에 피해자들이 종교 관련 공동체 등에서 말썽꾸러기 취급을 받는 이유 중 하나로 "그러한 공동체는 가장 취약한 구성원이 아니라 공동체 의식이 가장 강한 구성원을 보호한다는 것을 의미합니다"라고 설명했다.[23]

끓는 물 속의 개구리

2018년 가을, 한 심리학회는 다트머스 대학교 심리학 및 뇌 과학과에서 세 명의 유명 교수를 부적절 행위로 기소했다는 소식을 듣고 놀랐다. 이 교수들이 16년 넘는 시간 동안 성추행과 성폭행을 자행했다는 이유에서였다. (2019년 8월, 다트머스 대학교 측은 책임을 인정하지 않았지만, 1440만 달러에 합의했다.) 하버드 대학교의 행동 뇌 과학 및 개발 센터 책임자 레아 서머빌은 다트머스 대학원 재학 시절 자신의 경험을 이렇게 밝혔다. "해로운 기준을 가진 환경에 들어서면 판단력이 흐려지기 마련입니다. 예를 들어, 내가 다트머스 대학교에 다니던 시절에는 교수진이 실험실이나 공공장소에서 학생들에게 성생활에 대한 농담을 던지는 것이 일반적이었죠. 처음에는 매우 불편했습니다. 하지만 이런 일이 반복되고 수위가 심해지자 오히려 논란이 가라앉았습니다. 바로 내 눈앞에서 사회적 기준이 변화되었습니다. 이처럼 수용할 수 있는 행동의 범위가 넓어지면서 다른 부적절한 대화와 행동이 일상화되었습니다."[24]

새로운 환경이 점차 일상이 되면 비윤리적 행동이 사소하게 느껴지고, 계속되며, 확대된다. 집단에 속한 사람들은 이러한 부적절한 행동이 발생하고 있다는 사실을 인지하면서도 다른 사람들은 문제 삼지 않을 것이라는 판단에서 침묵한다. 이 같은 방식으로 이 집단의 기준은 점차 변화한다.

이 과정은 도널드 트럼프 전 대통령이 처음 선거에 나섰을 때 공화당 내 일부에서는 반대가 심각했지만, 결국 그를 지지하게 된 이유를 설명해준다. 트럼프는 선거 캠페인 내내 공화당의 기존 세력을 비웃고 무시했다. 반대로 외부인인 자신의 입장을 강조했다. 경선 과정에서 공화당 지도부가 트럼프를 승인하지 않았고, 트럼프의 캠페인에 심각한 우려의 목소리를 낸 것은 당연했다. 선거 전, 다수의 공화당 지도부는 트럼프의 공격적 언행과 정책에 우려를 표했고, 멕시코인들이 강간범이라는 그의 비난에 반대했다. 이슬람에 대한 금지와 여성을 비하하는 표현에도 반대했다.

트럼프가 대통령으로 선출되었을 때, 나는 양원 의원들의 반응이 궁금했다. 하지만 실망스럽게도 비판의 목소리는 열렬한 환성으로 바뀌었다. 선거 전 사우스 캘리포니아의 상원 의원인 린제이 그레이엄은 트럼프를 "미치광이", "사기꾼", "협잡꾼이자 외국인 혐오자이며, 종교에 대한 편견 덩어리"라고 비난했다. 심지어 "미국을 다시 위대하게 만들고 싶다면 트럼프에게 지옥으로 꺼지라고 말하세요"[25]라고 외치기도 했다. 그레이엄은 트위터에 공공연하게 트럼프를 선택해서는 안 된다고 적기도 했다. 하지만 선거 후 그레이엄의 표현은 바뀌었다. 그레이엄은 트럼프와 정기적으로 골프를 쳤고, 폭스 뉴스와의 인터뷰에서는 "제가 지난 8년 동안 꿈꾸었던 대통령과 국가 안보팀을 갖게 되었습니다"라고 말했다.[26]

갑작스러운 변화는 단순히 기회주의적이라고 치부할 수도 있다. 가시적인 예외를 제외하면 마치 공화당의 도덕적 기준이 바뀐 것처럼 보인다. 거침없는 표현으로 유명한 보수주의자 데이비드 브룩스는 "트럼프를 지지하는 것은 매일 도덕적 기준에서 멀어지는 것이다. 사람들은 몇 개월이 지나면 모든 것에 대해 도덕적으로 무감각해질 것이다"[27]라고 말했다. 전 FBI 국장인 제임스 코미 역시 왜 트럼프 행정부 내의 수많은 사람들이 부정직함을 인지하지도, 여기에 대응하지도 않는지에 대해서 의아해했다. 코미는 《뉴욕타임스》의 기고문에서 "먼저, 그가 공적으로든 사적으로든 거짓말을 하는 동안 당신이 침묵하기로 결정한다면 의도했든, 의도하지 않았든 그에게 동조하는 것이다"라고 주장하면서 다음과 같이 말을 이어나갔다. "트럼프가 '모두가 같은 생각이다'라는 말과 '분명한 사실이다'라는 말을 쏟아내도 아무도 반박하지 않는다. 그는 대통령이고, 말을 멈추는 때가 없기 때문이다. 그 결과 트럼프 대통령은 모두를 동조하는 침묵의 고리로 묶어버린다. 그런 다음 트럼프는 당신이 소중하게 생각하는 제도와 가치를 공격한다. 당신이 늘 보호해야 한다고 생각했고, 이전 대통령들이 적극적으로 보호하지 않았다고 비난했던 제도와 가치가 공격을 받더라도 당신은 여전히 침묵한다."[28]

이처럼 침묵은 출발점이다. 다음으로 점차 묵인되고, 결국에는 기존의 강한 비판론자들이 정책과 사람에 여전히 문제가 있다는 사실을 알면서도 이들을 지지한다. 코미의 말을 빌리면 "전 세계가 지켜보는 동안 당신은 함께 테이블에 앉아 있는 사람들과 마찬가지로 이 지도자가 얼마나 놀라운 사람인지, 그와 함께하게 된 것이 얼마나 영광인지 말하게 된다. 그의 언어를 이용해서 지도력을 칭찬하고, 가치에 대한 신념을 칭송한다. 그러면 당신은 패배한 것이다. 그가 당신의 영혼을 갉아먹고 있다."

공화당 지도부의 점진적 변화는 모두를 당황하게 했을 것이다. 하지만 사회 심리학자들에게는 그다지 놀라운 일이 아니었다.

　　1장에서 설명한 것처럼 밀그램의 실험 참가자들은 권한을 가진 사람의 명령을 따라 결백한 사람에게 강한 전기 자극을 주었다. 단지 전기 충격이 점진적으로 심해졌기 때문이었다. 일단 15볼트 정도의 아주 작은 전기 자극을 주게 되자 심리적으로 벗어나기 힘들어졌다. 공화당 지도부가 트럼프 대통령이 후보 시절에 했던 공격적 발언에도 불구하고 그를 지지했고, 그 이후에도 공격적 발언이 이어지는 상황에서도 반박하지 못했던 이유도 마찬가지이다. 어쩌면 폭넓은 시각에서 트럼프 대통령이 감세와 더욱 보수적인 대법관, 이민 통제 등의 정책을 통해 더 자랑스럽고 안전한 미국을 만들 것이라고 믿었는지도 모른다. 하지만 무엇보다 이들은 선택한 길을 계속 견지해 자신의 지지를 정당화해야 했을 것이다. 연구에 따르면 일단 잘못된 방향으로 발을 디딘 다음에는 경로를 변경하기 어려워진다.

　　노스캐롤라이나 대학교의 프란체스카 지노와 하버드 비즈니스 스쿨의 맥스 배저먼은 시간이 흐르면서 나쁜 행동이 일반화된 이후 사람들이 이를 지적할 가능성이 감소하는지 연구했다. 이들은 실험 참가자에게 타인이 예측한 병 안에 들어 있는 동전의 수를 검사하고 이들의 추정을 받아들일지, 거부할지 결정하도록 했다.[29] 시간이 지날수록 추정치는 점차 증가해 40센트 정도씩 늘어났고, 어떤 경우에는 4달러 정도

늘어난 경우도 발생했다. 검사를 담당한 실험 참가자 중 52%는 추정치가 조금씩 늘어나는 것을 용인했다. 하지만 추정치가 갑작스럽게 4달러 늘어났을 때는 24%만 용인했다. 연구진은 이 현상을 두고 개구리를 물에 넣고 끓이는 것과 같다고 설명했다. 끓는 물에 갑자기 넣어진 개구리는 곧바로 튀어 나가지만, 조금씩 물의 온도를 높이면 온도 상승을 느끼지 못하다가 결국 죽는다는 것이다.

기업 사기에 대한 다음의 현실적인 사례는 유혹의 위험함을 보여주는 강력한 증거가 된다. 회계 사기로 유죄가 확정된 13명의 금융권 대표는 인터뷰에서 행동의 수위가 조금씩 높아졌다고 말했다. 한 수석 금융 담당자는 이렇게 말했다. "초기 범죄의 규모는 작았습니다. 이후 조금씩 천천히 진행되었어요. 처음에는 장부에 모자라는 금액을 조작하는 정도였습니다. 누군가는 이것이 범죄가 아니라 합리적으로 수치를 맞추는 것이라고 했습니다." 하지만 일단 옳지 않은 행동이 시작되자 이후에는 걷잡을 수 없어졌다. 한 행정 담당자는 "별것 아니었습니다. 어쩌면 무해하다고 볼 수도 있었습니다. 어떤 표현을 쓰든 일단 선을 넘은 것이었어요. 잠깐 선을 넘었다고 생각했지만, 실은 돌아올 수 없는 선을 넘은 것이었죠."[30]

조직 문화를 바꾸는 법

문제 행동은 모든 종류의 조직에 상처를 준다. 기업, 대학, 군대, 정보기관, 병원, 경찰서 등 모두 마찬가지이다. 준법 감시인 협회에 따르면 모든 조직에서 임직원의 비윤리적 행위에서 초래되는 비용이 연 매출의 약 5%를 차지한다고 한다.[31] 빌 오릴리나 영화 제작자 하비 웨인스타인 같은 극단적 경우를 생각해보면 경제적 손실은 그보다 훨씬 클 수 있다.

　　잘못된 행동을 제거하는 것은 단순히 가해자를 확인하는 것 이상의 노력이 필요하다. 이들에게서 시작된 독이 다른 곳까지 퍼져 있기 때문이다. 직장의 문화 전체를 바꾸어야 한다. 일터에서 윤리적인 행동으로 선을 실행하는 문화가 만들어져야 한다. 동료의 그릇된 행동을 보호하는 것이 문화가 되어서는 안 된다. 앞에서 소개한 라콴 맥도날드 사망 후 라흠 에마누엘 시장은 시카고시 의회에서 진행된 연설을 통해 시카고 경찰들 사이에 존재하는 침묵의 규정을 언급했다. "이 문제는 '가늘고 푸른 선the Thin Blue Line'(군중의 접근 제한을 목적으로 경찰이 사용하는 줄.—옮긴이)으로도 불립니다. 동료의 잘못을 용인하고, 부정하고, 은폐하는 경향입니다. 법의 수호자라고 법 위에 있는 것처럼 행동해서는 안 됩니다. 경찰 내에서 침묵의 규율이 깨지지 않는다면 범죄가 만연한 곳의 시민들에게 침묵의 규율을 깨라고 말할 수 없게 됩니다."[32]

　　　우리가 말하지 못하도록 막는 중요한 한 가지 요소는 사회적 결과에 대한 두려움이다. 사람들은 그릇된 행동을 저지른 동료를 고발하면 변절자라고 비난한다. 그나마 중립적으로 '내부 고발자'라고 부르더라도 곱지 않은 시선으로 보기 일쑤이다. 담배 기업인 브라운 앤 윌리엄슨의 대표가 담배의 중독성을 높이기 위해서 고의로 다른 물질을 첨가했다고 고발한 제프리 위간드는 《기업 내부 고발자 생존 가이드》 서문에서 "내부 고발자라는 용어를 바꾸어야 한다. 내부 고발자라는 용어가 변절자, 고자질쟁이, 나쁜 놈이라는 말과 동의어로 사용되기 때문이다"[33]라고 주장했다. 위간드는 대신 '양심의 실천자'라고 불러야 한다고 제안했다

윤리적 지도자

　　　그렇다면 그저 말로만 윤리적 행동을 중요시하는 것이 아니라 모두가 윤리적으로 행동하는 기업 문화를 만들기 위해 조직이 할 수 있는 일은 무엇일까? 다른 모든 것과 마찬가지로 조직의 윤리적 문화는 경영진에서 시작되어야 한다. 뉴욕 대학교 스턴 비즈니스 스쿨의 윤리 리더십 교수인 조너선 하이트는 "지도자는 매출 성과를 달성하고 기업의 성장에만 힘쓸 것이 아니라 핵심 가치를 바탕으로 채용하고, 해고하

며, 승진시켜야 한다"[34]라고 제안한다.

　　하이트는 비영리 기업인 에시컬 시스템을 이끌고 있다. 이곳에서는 기업에게 연구를 기반으로 윤리, 정직, 도덕적 의사 결정을 촉구하는 문화를 만들기 위한 전략을 제공한다.[35] 그의 첫 번째 조언은 지도자가 윤리적 행동의 모델이 되어야 한다는 것이다. 단순히 말만 하는 것이 아니라 행동으로 보여주어야 한다. 여기에는 기업이 어려울 때는 자신의 임금을 줄이고, 투자자들에게 해가 되더라도 이득인 거래를 거부하는 것도 포함된다. 하이트는 존슨앤존슨의 전 CEO 제임스 버크를 고객의 건강을 이익보다 우선하는 지도자로 지목한다. 1982년, 청산가리가 든 타이레놀을 복용하고 7명이 사망했을 때 그는 타이레놀 3100만 병을 리콜했다. 또한 하이트는 직원들과 같은 크기의 업무 공간에서 일하면서 기업 내 위계질서를 뛰어넘어 모든 노동자의 개인적 책임을 우선하겠다는 의지를 보이는 자포스의 CEO 토니 셰이를 높이 평가했다.

　　하이트는 임직원들이 윤리적이라고 보는 지도자가 가진 공통적 특징 몇 가지를 지적한다. 첫째, 성실이다. 남을 배려하고, 생각이 깊으며, 상세한 부분까지 꼼꼼하게 챙겨야 한다.[36] 이런 특성을 가진 지도자는 편법을 이용하거나 갑작스러운 일을 벌이지 않는다. 둘째, 도덕적 정체성을 중요시한다. 그래서 정직, 배려, 공감 능력을 가지고 있다.[37] 윤리적인 지도

자는 도덕적 문제에 있어서 공정, 정의, 인권의 원칙을 중심으로 해 복잡한 방식으로 검토한다.[38]

　　기업은 윤리적 지도자만 가져다줄 수 있고, 비윤리적인 편법으로는 불가능한 혜택을 고려해야 한다. 《하버드 비즈니스 리뷰》에 수록된 한 연구에서는 진정성, 책임감, 관용, 공감 등 인성 면에서 임직원들이 높은 점수를 주는 CEO들이 지난 2년 동안 평균 9.35%의 투자 수익률을 기록했다고 밝혔다. 하위 CEO의 약 5배 해당하는 성과이다.[39] 임직원들은 인성 점수가 높은 지도자가 옳은 것을 위해 나서고, 공통의 선을 위해 우려를 표하며, 자신과 타인의 실수를 인정하고, 공감을 표한다고 말했다. 낮은 점수를 받은 CEO들은 반대였다. 거짓말을 하고, 약속을 지킬 것이라고 기대되지 않으며, 문제를 다른 사람의 탓으로 돌리고, 타인의 실수에 벌을 주고, 남을 배려하지 않았다. 윤리적인 지도자는 노동자들의 행동이 더 나아질 수 있도록 동기를 부여했고, 더 나은 성과를 거두었다.

　　윤리적 지도력이 효과적인 이유는 여러 가지가 있지만 이들은 서로 연관되어 있다.[40] 윤리적인 지도자가 이끄는 기업에서 일하는 노동자는 만족도와 헌신도가 높았다. 그 이유 중 하나는 지도자가 자신을 배려하고, 공정하게 대한다는 사실을 알고 있기 때문이다. 그 결과 이직률이 낮았다. 임직원은 지도자의 행동을 롤모델로 삼았고, 상당한 비용을 초래할 수도 있는 비윤리적 활동에 개입하지 않았다. 윤리적 지도력을 중시하는 기업의 잘못을 인지한 임직원들은 경영진에게 이 사실을 보고했다. 경영진이 자신의 행동에 보복하는 것이 아니라 인정할 것이며, 이후 공정하고 적절한 절차가 뒤따를 것이라고 믿었기 때문이었다. 덕분에 문제는 악화되지 않고 초기에 진화되었다.

윤리적 행동의 모델이 될 지도자를 찾아야 하는 이유는 권력을 가진 사람일수록 그 반대의 경우보다 도덕적인 경로를 선택할 가능성이 낮다는 것을 고려했을 때 더욱 중요하다.

노스웨스턴 대학교와 네덜란드 틸뷔르흐 대학교에서 진행한 연구에서는 실험에 참가할 대학생을 모집해 권력이 강한 역할과 약한 역할을 할당했다.[41] 권력이 강한 역할은 총리라고 설명했고, 권력이 약한 역할은 공무원이라고 설명했다. 그리고 이들에게 세 가지 도덕적 딜레마를 제시했다. 첫째, 약속 시간에 늦었고, 도로에 차량이 없을 때 속도위반. 둘째, 과외로 번 소득에 대한 세금 신고 누락. 셋째, 도난 후 버려진 자전거를 경찰에 돌려주지 않고 습득하는 것이었다. 실험 참가자 중 절반에게는 전반적으로 이런 행동이 용인될 수 있는지 물었고, 나머지 절반에게는 자신이 이런 행동을 해도 괜찮다고 생각하는 물었다.

권력이 판단에 영향을 미쳤을까? 물론이다. 낮은 권

한을 할당받은 실험 참가자는 자신은 물론이고, 타인에게도 용납될 수 없는 행동이라고 답했다. 하지만 높은 권력을 할당받은 실험 참가자는 타인보다 자신에게 관용적인 태도를 보였다.

이 연구는 모든 종류의 지도자에게서 자주 확인되는 위선에 대한 통찰력을 제공한다. 권력을 가진 사람은 자신보다 남에게 더 높은 도덕적 기준을 적용한다. 권력이 일시적이고 무작위로 할당되어도 마찬가지였다. 연구진 중 한 명인 아담 갈린스키는 연구 결과와 최근 스캔들의 관계에 주목했다. "공공 기금을 사적 용도로 사용하면서 작은 정부를 옹호하는 정치인, 가족의 가치를 강조하면서 외도를 하는 사람들을 예로 들 수 있습니다."[42] 이 외에도 비슷한 사례는 많다. 가난한 사람을 도와야 한다고 설교하면서 개인 항공기를 애용하는 목사, 여성의 사회적 권한을 옹호하는 말을 하면서 여성들에게 성희롱을 일삼은 영화계 거물도 있다.

기업이 그저 말만 앞세우지 않고 실제 윤리적으로 행동하는 경영자를 고용할 수 있는 방법은 무엇일까? 조너선 하이트는 비윤리적 행동으로 효과를 볼 수 있을 때 즉각적인 이득에 집중하는 경영자가 아니라 윤리적 행동으로 진지하고 오랜 결과를 얻을 수 있도록 장기적인 안목에 집중하는 경영자를 선택해야 한다고 권고한다. 이런 경영자들은 자신과 타인에게 같은 규칙을 적용한다. 물론 윤리적인 사람을 경영자의 자리에 앉힌다고 임직원들이 모두 그를 따르는 것은 아니다. 하지만 중요한 첫 단추는 될 것이다.

비윤리적 행동에 대한 무관용

개방적이고 윤리적인 문화를 육성하려는 조직은 다양한 수준에서 비윤리적 행동에 대한 무관용 원칙을 분명하게 밝혀야 한다. 이 메시지는 기업의 경영진과 상사뿐만 아니라 동료 사이에서도 전달되어야 한다. 윤리 훈련은 늘 똑같지 않다. 일을 시작하기 전에 마지못해 듣는 온라인 강의에 그쳐서는 안 된다. 경영자는 크고 작은 모든 사안에 있어서 임직원들이 도덕적으로 행동할 것이라는 자신의 기대를 전달할 방법을 훈련해야 한다.

사기 행각을 저지른 사람은 초기에는 어렵지만, 시간이 지날수록 자신을 정당화한다. 따라서 시간이 흐를수록 사기 행각이 심각해지기 때문에 조기에 막아야 한다. 2003년, 《뉴욕타임스》 기자였던 제이슨 블레어는 수많은 기사를 표절하다가 발각되어 회사를 그만두었다. 블레어는 "처음에는 불안했습니다. 하지만 별문제 없었고 선을 넘었다는 생각이 들면서 나 자신을 합리화하게 되었습니다. '난 괜찮은 사람이잖아. 그러니까 큰일도 아니야. 별일 아니라고' 하는 생각이 들었어요. 그 후로는 쉬워졌습니다."[43]라고 털어놓았다.

기업은 부정직한 행동과 사람을 현혹하는 행동을 제한하는 규칙을 만드는 것부터 시작해야 한다. 일부 병원에서는 제약 회사로부터 선물 받는 것을 금하고 있다. 제약 회사는 그들이 제공하는 식사, 강연, 호화스러운 리조트 여행 등 다양한 혜택을 의사들이 누리게 하면서 자사가 생산한 고가의 의약품 처방을 늘리도록 권유하기 때문이다.[44] 《미국 의학 협회 저널》에 공개된 연구를 보면 제약 회사의 선물을 금지하는 정책 시행 후 19개 병원에서 근무하는 의사 2000명의 처방전을 비교했다.[45] 그 결과 유명 제약 회사 의약품 처방이 5% 감소한 것으로 확인되었다. 작은 변화인 것 같지만, 비용으로 따지면 수십억 달러에 달한다.

또한 조직은 모든 수준에서 노동자에게 같은 윤리적 기준이 적용된다는 사실을 분명하게 밝혀야 한다. 기업은 절대 소외시킬 수 없다거나, 잃어서는 안 된다고 생각하는 유명인의 그릇된 행동을 간과할 때가 많다. 막대한 기부금을 받아오는 학자, 거물 고객을 거느린 헤지 펀드 매니저, 오스카상을 받은 감독 같은 사람들이 이러한 경우에 해당한다. 노동자는 유명인이 문제 행동을 하고도 특별한 제재를 받지 않는 모습을 보면서 자신이 속한 조직이 비윤리적 관행을 용인한다고 판단한다. 결국 규칙 위반을 알게 되더라도 보고할 의지를 잃게 되며 비윤리적으로 행동할 가능성도 높아진다.

캘리포니아 얼바인 대학교의 크리스토퍼 바우만과 서던 캘리포니아 대학교, 미시건 대학교의 연구진은 비용을 거짓으로 보고하거나 비품 편취 같은 일반적 사기 행위에 대한 사람들의 생각을 조사했다. (설문 참가자에게는 사기 행위에 대한 이야기를 읽고 답하도록 했다.)[46] 이러한 행위는 별것 아니어서 간과되기 쉽지만, 시간이 흐를수록 기업에게 큰 비용 부담이 된다. 연구진은 설문 응답자들로부터 기업의 경영진도 이러한 사기 행위에 개입하고 있다는 것을 알게 된다면 사기 행위에 연루된 동료 노동자를 처벌하는 것에 반대할 것이라고 답했다. 기업 전반에 윤리적 문화가 자리 잡기 바라는 CEO라면 이 결과를 주목해야 할 것이다.

사기 행위 근절을 위한 기업들의 또 다른 전략은 강력한 반 보복 정책을 실시하는 것이다. 노스캐롤라이나 주립 대학교와 버크넬 대학교의 연구진은 옳지 않은 행동을 보고했다는 이유로 보복할 위험이 없는 적절한 조직이 기업 내에 존재할 때 구성원들이 숨기지 않고 알릴 확률이 높다는 것을 확인했다.[47] 이 접근 방식은 특히 상장 기업에 도움이 된다. 미국 증권 거래 위원회가 해당 사실을 알게 되어 더 심각한 결과로 이어지기 전에 문제를 해결할 수 있기 때문이다.

기업은 내부 고발자가 미래의 잠재적 문제를 막는 데

도움이 된다는 사실을 기억해야 한다. 아이오와 대학교 티피 비즈니스 스쿨의 자온 와일드는 미국 연방 직업 안전 보건국에 내부 고발자로부터 민원이 접수된 317개 대형 상장 기업을 조사했다.[48] 와일드는 이 기업들이 민원이 접수되지 않은 기업과 비교했을 때 이후 2년 동안 회계 부정이나 조세 회피 등 사기 행위에 개입될 가능성이 적다는 사실을 확인했다. 와일드는 내부 고발을 계기로 법적 위험을 줄이기 위해 더욱 조심했기 때문이라고 판단했다.

이 연구에서 얻을 수 있는 결론은 무엇일까? 모든 수준에서 비윤리적인 행동을 거절하는 것이 도움이 된다는 사실이다. 윤리적인 행동이 기대되고, 심지어 요구된다고 인지한 노동자는 잘못된 방향으로 조금이라도 발을 들일 확률이 적다. 이들은 문제 행동을 보고하는 데 주저하지 않으며, 그 결과 초기에 문제를 막을 수 있다. 윤리적 행동이 모든 직원에게 우선순위인 문화를 만들기 위해서는 기업의 기준을 변화시켜야 한다. 하지만 궁극적으로 기업의 수익에 도움이 될 것이다.

신호와 암시

사람들을 윤리적인 행동으로 끌어들이는 가장 간단한 방법 중 하나는 미묘한 암시를 만드는 것이다. 많은 대학교에서는 시험 기간이 되면 학생들에게 시험 중 도움을 주지도, 받지도 않겠다는 서약을 받는다. 이 전략은 학생들에게 정직한 학업 활동의 중요성을 강조하고, 자신의 행동을 자각하게 만드는 것이다. 2장에서 설명한 것처럼, 자각은 집단 이익에 기여하지 않으려는 경향을 줄이는 데 도움이 된다. 사람은 모두 자신을 좋은 사람이라고 생각하고 도덕적으로 옳게 행동하려 노력하기 때문이다. 자신의 이름을 적는 것처럼 자각을 위한 작은 신호만으로도 윤리적 행동으로 사람들을 이끌 수 있다.

하버드 비즈니스 스쿨의 맥스 배저먼과 연구진은 간단한 서명으로 비윤리적 행동을 줄일 수 있는지 확인하기 위한 실험을 설계했다.[49] 연구진은 미국 남동부에 위치한 한 대학교의 학생과 교직원들에게 수학 문제 몇 개를 제시했다. 이 실험에서는 한 문제를 풀 때마다 1달러를 받기로 되어 있었다. 실험이 끝난 후 참가자들은 제공된 답안지를 보고 직접 점수를 매겼다. 연구진은 실험 참가자들에게 점수를 기록하고 돈을 받기 위한 세 가지 양식을 제공했다. 첫 번째 양식은 정확하게 푼 문제의 점수만 적도록 했다. 두 번째와 세 번째 양식은 점수를 기재하는 항목과 함께 해당 내용이 정확하고 완전하다는 문장이 적혀 있었다. 두 번째 양식은 서명란이 상단에 있었고, 세 번째 양식은 서명란이 하단에 있어서 점수를 기재한 후 서명을 하게 되어 있었다.

　　연구진은 실험 참가자들이 정직하게 점수를 기재했는지 확인하기 위해 답안지도 함께 확인했다. 결과는 상당히 놀라웠다. 사실임을 확인한다는 서명란이 없는 양식을 받은 실험 참가자의 64%, 하단에 서명란이 있는 양식을 받은 실험 참가자의 79%가 점수를 부풀렸다. 상단에 서명란이 있는 양식을 받은 경우 점수를 부풀린 사람의 비율은 37%였다.

　　다만 이 연구의 중요한 한계는 점수를 부풀리고 몇 달러를 더 받는 것을 실질적인 비윤리적 행동이라고 단정하기는 어렵다는 점이다. 현실에서 비윤리적 행동에 개입할 때 얻을 수 있는 보상이나 위험은 이보다 훨씬 크다.

　　연구진은 더욱 현실적인 상황에서 서명의 효과를 확인하기 위해 이번에는 미국 북동부에 위치한 자동차 보험사와 협력했다. 연구진은 고객들이 보험사에 차량 주행 기록을 고지할 때 사용하는 표준 양식을 두 가지로 준비해 고객들에게 무작위로 나눠주었다. (주행거리가 짧은 차량은 덜 운전하기 때문에 사고 위험이 낮아져 보험료도 낮아진다.) 두 양식은 모두 동일하지만, "나는 여기에 기록된 정보가 사실임을 약속한다"라는 문구와 서명란의 위치만 달랐다. 첫 번째 양식은 이 문구가 시작 부분에 위치했고, 두 번째 양식은 마지막에 위치했다. 연구진은 두 가지 양식을 사용한 고객들이 고지한 주행 거리를 비교했다.

　　　이번에도 서명란의 위치가 중요했다. 서명란이 상단에 있는 양식의 평균 주행 거리는 2만 6098마일이었고, 하단에 있는 양식의 평균 주행 거리는 2만 3671마일이었다. 아주 작은 차이였지만, 평균 주행 거리의 차이는 10%에 달했다. 이 실험 결과는 단순히 정직한 행동을 상기하는 것만으로도 윤리적 행동의 가능성을 높일 수 있다는 사실을 보여준다.

　　　자신이 누구인지 상기해준다면(서명이 이 역할을 충실히 수행했다), 올바른 행동을 하는 좋은 사람이 되려는 의지를 기억하게 된다. 내 강의를 수강하는 모든 학생에게 시험 전에 서명을 받는 것도 이런 이유 때문이다.

　　　이 미묘한 신호는 비윤리적 선택이 고심 끝에 결정된 것이 아니라 충동적이고 비의도적일 때 더욱 중요하다. 시험에서 답을 찾지 못해 불안한 학생을 생각해보자. 즉흥적으로 옆자리에 앉은 사람의 답안지를 흘긋 보기로 할 수도 있을 것이다. 마감을 앞두고 기사를 쓰지 못한 기자도 마찬가지이다. 이렇게 정직하지 못한 행동은 의도적이지 않다고 할 수 있다. 결정은 빠르고, 잠재적인 결과는 생각지 않는다.

　　　사람들을 윤리적인 행동으로 이끌 수 있는 또 다른 미묘한 전략은 과거 정직하지 못했던 행동을 떠올리고 지금은 후회하는지 생각하게 만드는 것이다. 시카고 부스 비즈니스 스쿨의 아일렛 피시바흐와 뉴저지 주립 대학교의 올리버 J. 쉘든은 자신의 과거 행동을 떠올리는 것만으로도 윤리적 선택을 하는 데 도움이 되는지 확인하기 위한 실험을 진행했다.[50] 이 연구에서 비즈니스 스쿨의 학생들은 가상의 협상에 참여해 뉴욕의 전통적인 벽돌 주거 건물인 브라운스톤 구매자와 판매자를 중개하는 역할을 했다. 구매자는 브라운스톤을 허물고 호텔 신축을 원했고, 판매자는 브라운스톤을 지키려는 구매자에게 판매하기를 원했다. 협상 시작 전, 학생 중 절반에게는 성과를 위해 규칙을 어겼던 과거의 경험을 떠올리도록 했고, 나머지 절반에게는 이러한 요청을 하지 않았다.

연구 결과 과거의 옳지 못한 행동을 떠올렸던 학생의 경우 잘못을 다시 반복하지 않으려는 의지가 분명하게 확인되었다. 과거의 잘못을 떠올렸던 학생 중 브라운스톤 협상을 타결시키기 위해 거짓말을 한 학생은 45%였다. 과거의 잘못을 떠올리지 않은 학생 중에는 67%가 거짓말을 했다. 과거를 떠올려보는 것만으로도 서명하는 것만큼 윤리적 행동을 끌어내지는 못하겠지만, 분명 자신의 선택을 생각해보도록 격려하는 효과는 있었다.

이 연구진이 진행한 또 다른 연구에서는 실험 참가자들에게 자신의 가치와 신념을 적거나 비윤리적 행동에 대한 유혹을 생각해보는 등 부정직한 행동의 신호를 제공하는 것으로도 거짓으로 병가를 내거나, 사무실 비품을 편취하거나, 추가 업무 부담을 지지 않으려고 느리게 일을 처리하는 등 부정직한 행동의 의지를 줄인다는 사실이 확인되었다. 사람들에게 부정직한 행동의 유혹을 생각해보게 했을 때 이후 비윤리적 행동에 대한 유혹을 떨칠 수 있는 힘을 얻는 것으로 보인다. 왜 그럴까?

사실 우리 대부분은 약간의 부정직한 행동은 큰일이 아니라고 여긴다. 약간은 과속을 할 수 있고, 추가 소득 신고를 누락할 수도 있으며, 개인적으로 먹은 점심값을 비용으로 청구하거나, 위키피디아에서 몇 구절을 슬쩍 베낄 수도 있으며, 데이터를 약간 얼버무릴 수 있다고 생각한다. 하지만 누군가가 제지한다면 사실은 잘못된 행동이라고 인정한다. 수석 연구진인 올리버 쉘든은 "사람들은 나쁜 사람이 나쁜 행동을 하고, 선한 사람은 옳은 행동을 한다고 생각한다. 비윤리적 행동은 인성이 그른 사람들의 전유물이라고 생각한다. 하지만 거의 모든 사람이 가끔은 부정직하게 행동한다. 주로 상황 때문일 수도 있고, 비윤리적 행동을 보는 사람들의 시각 때문일 수 있다"라고 설명했다.[51]

실험실과 현장에서 진행된 이 연구의 결과는 1장에서 소개했던 괴물에 대한 잘못된 생각과 관련한 내 주장과 일치한다. 사람들은 의도와 다르게 비윤리적 행동을 할 때가 있다.

처음에는 별것 아니고, 결과도 심각하지 않다. 하지만 서명을 하거나, 과거의 행동을 생각해보는 등 작은 변화로 더 나은 선택을 할 수 있다.

아주 작은 신호만으로 유혹을 견뎌낼 수 있다. 뉴캐슬 대학교의 멜리사 베잇슨은 작은 신호로 더욱 윤리적 행동을 끌어낼 수 있는지와 관련해 연구를 진행했다.[52] 베잇슨의 연구소 탕비실은 무인 시스템으로 운영되었다. 사람들은 커피와 차를 마신 후 쟁반에 약간의 돈을 남겨 놓게 되어 있었다. 하지만 실제로 돈을 남겨 놓았는지 확인하는 사람이 없어서 누가, 얼마나 돈을 남겨 놓았는지 알 수 없었다. 무인 시스템은 돈을 덜 내도록 만들었다. 베잇슨은 두 종의 포스터를 만들어 10주 동안 탕비실에 번갈아 게시했다. 첫 번째 포스터에는 누군가의 두 눈이 그려져 있었고, 두 번째 포스터에는 꽃이 그려져 있었다.

실험 결과는 놀라웠다. 눈이 그려진 포스터가 게시된 주에 사람들이 남겨둔 돈은 꽃 그림이 게시되었을 때보다 세 배나 많았다.

이 사례는 환경의 작은 변화가 만들어내는 힘을 보여준다. 양식 상단에 서명란이 위치하거나, 과거의 행동을 떠올리고, 눈을 바라보는 것만으로도 사람들이 더 나은 선택을 하도록 유도할 수 있다. 윤리적 행동은 인사 관련 부서나 대학교

의 학장 등에 의해 실시되는 길고 강한 훈련이 없어도 가능하
다. 미묘한 전략으로 전체를 바꿀 수 있다.

목소리를 낼 수 있는 문화

윤리적 일터를 만들기 위해서는 직원들이 문제 행동
에 대해 편한 마음으로 우려를 제기할 수 있는 문화부터 만들
어야 한다. 문제 행동을 인식한 직원은 보복과 따돌림을 받을
지도 모른다는 두려움 때문에 목소리를 내지 않는다. 이런 분
위기는 나쁜 행동이 지속되도록 만들고, 잠재적으로는 심각
한 피해를 초래한다.

직원들이 상사에게 이의를 제기하려 하지 않으면 간
혹 목숨을 위협하는 결과로 이어지기도 한다. 1970년대, 미국
에서는 몇 번의 항공기 사고가 발생했다. 조종사의 잘못된 결
정으로 인해, 그리고 승무원들도 이의를 제기하지 않아 발생
한 사고도 있었다. 오리건주 포틀랜드에서 발생한 유나이티
드항공 사고도 여기에 속한다. 당시 항공기에는 말 그대로 연
료가 바닥나고 있었다. 이 사건으로 시작된 연구는 승무원들
이 조종사에게 결정을 일임하는 심리학적 요인을 더욱 잘 이
해하도록 했고, 이후 항공업계의 훈련 절차는 근본적 변화를
겪었다.[53] 항공사는 미국 항공 우주국에서 개발한 조종 자원
관리 프로그램을 사용하기 시작했고, 이후 항공기 안전은 크

게 개선되었다.

많은 조직에서는 모든 노동자가 건전한 사무실 환경을 유지할 책임을 지는 문화를 만드는 데 도움이 될 프로그램을 시행했다. 노동자에게는 문제 행동을 목격했을 때 목소리를 높이거나, 직접 개입하거나, 고발할 수 있는 지침이 제공되었다.

그중에는 하루아침에 변화시키기는 불가능하더라도, 시간이 흐르면서 직장 문화를 변화시킨 대표적 사례로 뉴올리언스 경찰서를 꼽을 수 있다. 뉴올리언스 경찰서는 오랜 기간 소송에 시달렸다. 경찰관들은 증거를 조작했고, 비무장 시민에게 발포했으며, 사실을 은폐했다. 경찰에 대한 시민들의 신뢰는 매우 낮았다. 2014년, 새로운 감독관인 마이클 S. 해리슨이 경찰서 내 문화를 바꾸기 위해서 부임했다. 그는 경찰관들이 외부 전문가의 도움을 받아 만든 잘못된 행동을 줄이기 위한 훈련 프로그램을 소개했다.[54] 경찰서의 1000명이 넘는 구성원 모두 "윤리적 경찰이 용기 있는 경찰이다Ethical Policing is Courageous", 줄여서 EPIC이라고 불리는 프로그램에 참여해야 했다.

EPIC은 동료의 비윤리적 행동을 모른 척하는 침묵의 문화를 비윤리적 행동을 막아 시민을 보호하는 문화로 바꾸는 데 집중했다.[55] EPIC은 동료 경찰이 보고서를 거짓으로 작성하거나, 증거를 조작하고, 용의자를 공격하는 등 그릇된 행동에 개입하는 것을 막는 것이 목적이다. 하지만 처음부터 이러한 사건을 막을 수도 있었다. 경찰들은 동료가 불필요한 위험 행동을 하게 될 때 적극적으로 개입하는 방법을 배웠다. 또한 동료가 이후에 후회할 일을 하지 않도록 돕거나, 막도록 훈련받았다. EPIC 프로그램은 경찰들에게 충성심이란 나쁜 행동에 합류하고, 묵과하는 것이 아니라 막는 것이라고 가르쳤다. 뉴올리언스 경찰서 부서장인 폴 노엘은 "적극적인 개입의 정신은 전염성이 있습니다. 옳은 의도를 가진 동료의 적극적 설득에 저항하기는 쉽지 않습니다"[56]라고 말한다.

　　　이처럼 인상적인 프로그램은 어떻게 시작되었을까? 이 프로그램은 메사추세츠 대학교 암허스트 캠퍼스의 심리학 교수인 어빈 스타웁의 오랜 연구 성과를 기반으로 한다. 스타웁은 행동하지 않으려는 경향을 극복하도록 돕는 요소의 연구에 전념했다. 이 주제에 대한 스타웁의 관심은 그가 헝가리에서 가족과 함께 살던 시절로 거슬러 올라간다. 당시 스타웁의 가족은 다른 유대인 가족과 함께 홀로코스트 희생양으로 지목되었다. 다행히 그의 가족은 유대계 헝가리인을 도왔던 스웨덴 외교관인 라울 왈렌버그와 기독교인이자 이들 가족에게 충성심을 갖고 위험을 무릅쓴 유모의 도움을 받을 수 있었다. 이후 스타웁은 학교에서 따돌림을 줄이기 위해 노력했고, 인종

학살을 비롯한 여타 폭력을 막기 위한 프로그램을 개발했다. 최근에는 경찰의 고질병이라고도 할 수 있는 동료의 그릇된 행동을 용인하고 은폐하는 관행을 해결하기 위한 프로그램을 완성했다.

스타웁이 경찰의 문제에 개입하기 시작한 것은 1991년, 로드니 킹 사건 때였다. 킹은 로스앤젤레스 경찰들에게 심한 폭행을 당했다. 주변의 다른 경찰은 이 모습을 보고만 있었다. 캘리포니아 사법 당국은 스타웁에게 개입 기술을 바탕으로 경찰을 훈련해 시민을 보호할 수 있도록 해달라고 요청했다. 스타웁은 경찰의 문화를 바꾸는 것이 유일한 해결책이라는 결론을 내렸다. 스타웁은 따돌림이나 비난을 받을지 모른다는 두려움을 줄여 개입했을 때 초래될 피해에 대한 추정을 줄이는 것을 목표로 삼았다. 스타웁은 "어떤 상황에서도 동료를 지지해야 한다고 판단할 수밖에 없는 시스템에 속해 있다면 이를 거부할 경우 동료나 상사에게 따돌림을 받게 되고, 개입으로 인한 피해는 상당할 수 있다. 상사를 포함해 전 시스템이 훈련을 받아 문화 전체를 바꿔야 하는 이유이다"[57]라고 설명한다. 현재 이 프로그램은 뉴올리언스에서 활용 중인 EPIC 프로그램의 기반이 되었다.

EPIC은 뉴올리언스 경찰서 내 모든 관리자의 지지를 받고 있다. 그중 경찰서의 감독관은 EPIC 훈련을 이수한 모든 이에게 제공되는 배지를 자랑스럽게 달고 있다. 이 배지는 윤리적 기준에 대한 자신의 신념과 부적절한 행동에 맞서겠다는 의지를 전달한다. 앨버커키, 배턴루지, 호놀룰루, 세인트폴을 포함한 다른 도시에서도 이 프로그램을 채택하기 위해 준비하고 있다.[58] 뉴올리언스에서 재직 당시 프로그램을 시작한 해리슨은 2019년 3월, 볼티모어 경찰국장으로 임명되었다. 해리슨은 볼티모어에서도 프로그램을 이어갈 계획이다.

　　경찰서, 로펌, 상원 의회 등 직장 내 문화를 바꾸기란 쉽지 않다. 언제나 처음에는 반발이 있기 때문이다. 만약 지도층에서부터 반발한다면 문화를 바꾸는 것은 불가능하다. 스타웁은 캘리포니아 경찰서에서의 훈련 경험을 회고하며 개입을 위한 교육의 이행을 요청했을 때 당시 경찰서장이 "역할극은 안 합니다"[59]라는 말로 거부했던 일화에 대해 적었다.

　　일부에서는 목소리를 낼 수 있는 직장 문화를 만들면 노동자들이 서로를 고발하는 불쾌한 업무 환경이 만들어지는 것은 아닐지 걱정한다. 하지만 이는 사실이 아니다. 윤리적 행동이 조직 상부에서부터 시작되면 노동자 대부분은 적절한 규칙과 기준을 따르게 된다. 이를 따르지 않는 구성원은 문제 행동이 심각해지기 전에 조기에 저지된다. 하지만 만약 문제가 조직의 상부에서 시작된다면 어떻게 해야 할까?

　　윤리 훈련은 특히 병원, 경찰서, 군대처럼 행사할 수

있는 권력이 제한적인 구성원이 큰 권력을 가진 구성원을 고발하는 것을 두려워하는 상황에서 중요하다.[60] 항공 전문가 존 낸스는《왜 병원은 항공사처럼 되어야 하는가》에서 이들 조직의 문화는 지위를 막론하고 모든 구성원이 목소리를 낼 수 있어야 한다고 강조한다.[61] 낸스는 리더 지위에 있는 구성원이 조직 내 모든 지위의 구성원들에게 이러한 메시지를 전달할 필요가 있다고 믿는다. "나는 실력을 인정받아 여기까지 올라왔지만, 흠이 많은 사람입니다. 나는 내게 거침없이 조언하도록 권한을 준 사람들을 항상 곁에 둘 것입니다. 그들은 내가 어떤 실수를 하더라도 조직에 부정적 영향이 미치는 것을 용납하지 않을 것이기 때문입니다."[62]

노동자들이 상사나 동료와 솔직하게 소통할 수 있다고 믿는 문화를 만들기 위한 두 가지 중요한 요소가 있다. 첫째, 노동자들이 사실을 알렸을 때 분명한 변화가 있고, 자신의 우려가 진지하게 수용되며, 경영진이 외면하지 않는다는 사실을 믿을 수 있어야 한다. 특히 강한 권력을 가진 사람들이 행동의 의지를 보여야 한다. 둘째, 동료들 사이에서 비윤리적 행동에 대한 우려가 공유될 수 있어야 하고, 이를 고발하기로 한 결정이 존중받는다고 느껴야 한다. 상사가 비윤리적 행동을 알리도록 격려한다고 하더라도, 동료들의 앙갚음이나 따돌림 같은 것을 두려워하게 된다면 침묵할 가능성이 높다.

　　　미시건 대학교 로스 비즈니스 스쿨의 데이비드 메이어와 연구진은 기업의 전반적 문화가 비윤리적 행동에 대한 고발에 영향을 미치는지 연구했다.[63] 첫 연구에서 이들은 대기업 직원 약 200명을 대상으로 윤리적 행동에 대한 심층 여론조사를 진행했다. 응답자들은 자신의 상사가 높은 윤리적 기준을 가지고 있는지("내 상사는 윤리적 기준을 어기는 직원에게 제재를 가한다"), 동료들이 윤리적 행동에 개입하는지("내 동료들은 업무와 관련한 결정을 내릴 때 윤리적 문제를 심각하게 고려한다")에 대한 질문에 답했다. 다음으로 기업의 윤리적 기준을 위반한 것을 발견했을 때 이를 어떻게 알릴지 물었다. 두 번째 여론 조사는 16개 기업의 직원 3만 4000명을 대상으로 진행했으며, 역시 상사와 동료들이 윤리적 행동을 하는지 물었다. 또한 이들에게 비윤리적 행동을 목격한 적이 있는지, 그럴 때 어떻게 행동했는지, 보복에 대한 두려움이 행동에 영향을 미쳤는지 물었다.

　　　두 연구의 데이터는 일관된 결과를 보여주었다. 응답자들은 상사와 동료 등 다른 구성원들과 비윤리적 행위에 대한 우려를 공유할 수 있다고 생각할 때 보고할 가능성이 높았다. 상사나 동료 중 한쪽, 또는 둘 모두 비윤리적 행동이 문제라고 생각하지 않으면 적어도 보복이 두려워 침묵할 가능성이 높았다. 따라서 윤리적 행동은 이러한 태도가 확실하게 가치를 인정받는 조직에서 성장했다. 여러분이 인사 담당 부서에 옳지 못한 행동을 알렸다는 이유로 동료가 변절자라고 부른다면 상사가 비윤리적 행동에 제재를 가하는 것만으로는 충분치 않다. 마찬가지로 동료가 윤리적 행동을 지지하더라도, 상사가 묵과한다면 충분치 않다.

불행하게도 이러한 연구 결과가 놀랍지는 않다. 상사에 의해서든, 동료에 의해서든 비윤리적 행동을 알렸다는 것 때문에 부정적 결과가 초래된다면 누가 알리려고 하겠는가. 이러한 두려움은 조직의 구성원이 아주 끔찍한 행동을 목격하더라도 침묵하게 만드는 원인이 된다. 개인적 또는 직업적으로 심각한 대가를 치른다면, 옳은 행동을 하기 어렵다. 이를 위해서는 도덕적 용기가 필요하다.

PART 3.   행동하는

양심이 되는 법

9. 도덕 저항기에 대한 이해

미국이 이라크를 점령하고 있었던 2003년 말, 24세였던 조 다비는 근무를 위해 아부 그라이브에 도착한 후 이라크 수감자들의 사진이 가득한 CD를 받았다. 사진은 대부분 이라크 수감자들이 고문과 치욕을 당하는 모습이었다. 다비는 어찌할 바를 몰랐다. 다비는 동료 병사들이 아부 그라이브 감옥에서 잘못을 저지르고 있다는 사실을 알았지만, 이를 고발하면 보복을 당할까 두려웠다. 다비는 조직에 상당한 충성심을 가지고 있었는데, 동료들 역시 감옥에서 자행되는 옳지 못한 행동에 참여하고 있었다. 다비는 결국 사실을 폭로하는 편지와 CD 복사본을 육군 범죄 수사 사령부에 익명으로 보냈다. 이후 다비는 조사에서 "무엇이든 해야 한다고 생각했습니다. 더 많은 수감자가 학대받는 것을 원치 않았습니다. 잘못된 일이기 때문입니다"[1]라고 말했다.

이라크의 감옥에서 수감자가 학대를 받는다는 사실은 많은 이들이 알고 있었다. 병사들은 이 학대를 직접 목격했고, 수감자를 치료한 의료진도 알고 있었다. 또한 첩보 기관에서도 알고 있었으며, 사진을 보았거나, 무슨 일이 벌어지고 있는지 들은 사람도 있었다. 수감자에 대한 학대는 너무도 만연해서 벌거벗은 수감자들이 피라미드 형태로 쌓여 있는 사진이 감옥의 조사실 컴퓨터 바탕 화면으로 사용될 정도였다. 이러한 학대를 고발하거나 중단시키려는 사람은 있었지만, 조

다비만큼 노력한 사람은 없었다.

　　　다비는 학대를 고발하기로 한 결정 때문에 큰 대가를 치러야 했다. 군의 조사관은 익명으로 조사가 진행될 것이며 이라크에서 계속 복무할 수 있다고 약속했지만, 몇 개월 후 그의 이름이 공개되었다. 사람들은 다비를 변절자라며 비난했다. 다비는 군을 떠나야 했고, 살해 위협 때문에 특별 보호를 받았다. 다비의 일은 상당히 잘 알려진 사건이지만, 다른 내부 고발자의 사정도 별반 다르지 않다.

　　　왜 다른 사람들이 침묵할 때 다비는 학대를 알리기로 결정한 것일까? 이 책의 앞부분에서는 옳지 못한 행동에 직면했을 때 침묵하려는 인간 본성의 심리적, 정신적 이유를 설명했다. 하지만 행동하지 않으려는 강한 본성에도 불구하고 행동을 선택하는 사람들이 있다. 이들이 행동하게 만드는 이유를 이해하면 더 많은 이들이 행동에 나서고, 도덕 저항가가 되도록 할 수 있는 통찰력을 얻게 될 것이다.

도덕적 용기란 무엇인가

타인을 구하기 위해 자신의 목숨을 거는 이들의 놀라운 이야기를 자주 들을 수 있다. 물에 빠져 죽어가는 아이를 살리기 위해 얼어붙은 연못에 뛰어들기도 하고, 철로에 떨어진 사람을 구하기 위해서 뛰어들기도 한다. 그리고 총을 난사하는 사람 앞에 서서 다른 사람의 희생을 막기도 한다. 위험천만한 상황에서 타인을 보호하려는 행동은 놀라운 용기가 필요하다. 이러한 영웅적 행동에 개입하는 사람들은 칭송을 받는다. 이들은 사회적 결과를 걱정할 이유가 없다. 오히려 상당한 사회적 보상을 받게 된다. 절체절명의 위험 앞에서 용기가 필요한 행동이지만, 사회적 압박을 이겨낼 필요는 없다. 다시 말해 이들은 신체적 용기가 필요하며, 도덕적 용기를 가질 이유는 없다.

그런데 어떤 행동은 신체적 용기와 도덕적 용기가 모두 필요하다. 옳은 일을 위해 목숨을 거는 사람들의 사례로는 1989년, 중국 톈안먼 광장에서 벌어진 군부의 제압에 맞서 탱크 앞에 선 학생들을 꼽을 수 있다. 2017년, 필리핀에서 무슬림이 아니라는 이유로 살해 위기에 처한 중국인 이웃을 숨겨준 무슬림도 이러한 사례에 속한다. 존 매케인 전 상원 의원은 베트남 북부에서 포로로 잡혔을 때 놀라운 신체적 용기를 보여주었다. 하지만 여기에서 그치지 않고 조기에 석방시켜 주겠다는 제안을 거절하는 도덕적 용기도 보여주었다. 자신이 석방될 경우 전쟁 홍보용으로 활용될 것을 알고 있었기 때문이었다. 또한 전장에서 종군 기자로 근무하는 것은 도덕적 용기와 신체적 용기 모두를 요하는 일이다. 간혹 목숨을 잃을 때도 있기 때문이다.

　　도덕적 용기는 목숨을 잃을 상황에서 요구되지 않는다. 하지만 옳은 일을 한 결과 사회적 배척을 당할 수 있다. 따돌림을 그만두라고 요구하거나, 인종 차별 또는 폭력적 언어를 사용하는 동료를 제지하거나, 성적으로 잘못된 행동을 저지를 위험이 있는 친구를 막는 등의 행동은 모두 도덕적 용기가 필요하다. 사회적으로 침묵을 요구받는 상황에서 그릇된 행동에 맞서야 하기 때문이다. 사람들은 이 행동에 대해 대가를 치를 수도 있고, 실제로 그렇게 되기도 한다. 따돌림을 당하기도 하고, 승진에서 누락되기도 한다. 친구를 잃을 수도 있다. 하지만 신체적 위험에 직면하는 경우는 드물다.

　　심리학자들은 도덕적 용기를 보여주는 사람들을 '도덕 저항가'라고 부른다. 현재 상황에 대해 원칙을 바탕으로 저항하며, 자신의 가치에 반한다고 생각될 때 순응하고, 침묵하고, 무기력하게 따르기를 거부한다는 뜻이다.[2] 도덕 저항가는 타인에게 인정받지 못하고, 따돌림을 당하고, 경력에 불이익을 당하는 등 부정적인 사회적 결과 앞에서도 계속해서 원칙을 고수한다.[3] 이번 장의 뒷부분과 10장 앞부분에서는 여러분과 주변 사람들이 가지고 있는 이러한 본성을 극복하기 위해 어떻게 해야 할지 살펴볼 것이다.

무엇이 도덕 저항가를 만드는가

그릇된 행동에 직면했을 때 심각한 사회적인 결과를 감수하면서 행동하게 만드는 것은 무엇인가? 도덕 저항가들은 다음과 같은 공통점을 가지고 있는 것으로 확인되었다.

첫째, 도덕적 용기를 보이는 사람들은 자존감이 높다.[4] 또한 자신의 판단, 가치, 능력에 대한 신뢰도 높은 것으로 나타났다. 이런 특성은 순응을 요구하는 사회적 압박에 저항하는 데 도움이 된다. 도덕 저항가들은 단순히 자신이 옳다는 사실에 자신감을 가질 뿐만 아니라 자신의 행동이 변화를 만들어낼 수 있다고 믿는다.[5] 이들은 개입함으로써 목적을 달성하고 영향을 줄 수 있다고 믿는다.

자신의 판단과 사건에 영향을 줄 수 있다는 신뢰는 반사회적 행동에서부터 직장 내 괴롭힘에 직면하는 것까지 다양한 상황에서의 도덕적 용기와 관련된다. 2017년, 벨기에 연구진은 직장 내 따돌림에 사람들이 어떻게 대응할지 예측할 수 있는 요소를 조사했다.[6] 연구진은 다양한 조직의 공공 및 민간 노동자들에게 설문 조사를 실시했다. 설문지에는 공정한 세계에 대한 믿음("사람들은 마땅한 대우를 받는 경향이 있습니까?")과 자존감("당신은 목표를 이룰 수 있다고 자신합니까?")에 대한 질문이 포함되었다. 설문지 작성이 끝난 후 응답자에게 상사가 직원을 신체적으로 괴롭히거나 따돌리는 이미지를 보여주었다. 그런 다음 피해자를 개인적 또는 공개적으로 도울 것인지 물었다. 자신의 능력을 신뢰하는 사람들, 다시 말해 "나는 내가 정한 목표를 전반적으로 달성할 수 있다", "어려움에 직면했을 때 내가 이를 극복할 수 있을 것이라고 생각한다"라고 답한 응답자들은 개입으로 인한 결과를 덜 두려워하는 것으로 확인되었다. 따돌림과 관련된 또 다른 연구의 결과도 유사했다. 자존감 점수가 높은 학생은 따돌림 가해자로부터 피해를 입은 친구를 보호할 확률이 높았다.[7]

높은 신뢰도가 중요한 이유는, 자신의 행동이 차이를 만들어낼 수 있다는 믿음이 옳은 행동을 추구하도록 만드는 중요한 요소인 것으로 추측되기 때문이다. 중요하다고 생각하지 않는데 목소리를 높일 이유가(또한 행동의 결과를 감수할 이유가) 있겠는가?

높은 자존감과 자신감은 사회적 그룹에 적응하기 위해 상당한 압박에 직면한 성인과 청소년 모두에게 도덕적 용기의 훌륭한 추정치가 된다. 자신을 신뢰하는 청년과 청소년은 또래 집단과 반대된다고 하더라도 자신이 옳다고 생각하는 것을 지킬 가능성이 높다.[8] 이들은 약물 중독 또는 학교 벽에 낙서를 하는 등 반사회적 행동에 동참하거나 금지 신호를 무시하는 것 같은 또래 집단의 압박을 더 잘 견딘다.[9]

자비에 대학교의 태미 소넨태그와 캔자스 주립 대학교의 마크 바넷은 7학년과 8학년 학생 200명 이상을 대상으로 이들의 특성을 연구했다.[10] 이들은 먼저 타인에게 대응하고, 침묵하거나 집단을 보호하라는 사회적 압박에 맞서 옳은 것을 말하고 행동할 의지의 수준을 평가했다. 다음으로는 각 학년의 모든 학생과 교사에게 친구, 동료들은 행동하지 않기를 요구하는 사회적 압박에 맞서 자신의 도덕적 믿음과 가치를 어느 정도로 지킬 것이라고 생각하는지 물었다. 자신을 도덕 저항가로 평가한 학생들은 타인이 보기에도 정말 그렇게 행동하고 있는지, 단순히 용기가 있다고 생각하는 것을 그렇게 평가한 것은 아닌지 확인하기 위해서였다. 마지막으로 모든 학생에게 자존감, 자기 효능감(자신감), 단호함, 소속감, 사회적 자경주의(자신의 신념을 타인에게 압박하고 가르치려는 경향)를 포함한 개인적 특성을 평가하기 위한 설문지 작성을 요청했다.

연구 결과를 살펴보니 학생 간, 교사 간에 도덕 저항가에 대해 상당한 수준의 의견 일치가 확인되었다. 학생들의 도덕적 용기의 행동은 타인이 인식하고 기억하기에 충분할 정도로 분명했다. 자신의 믿음을 옹호하기 위해 나서는 청소년은 드물기에 학생과 교사 모두 이들을 알고 있는 것으로 보인다.

나이가 어린 도덕 저항가는 특별한 성향을 가진다. 일

반적으로 이들은 자신감이 높고, "나는 다양한 자질을 가지고 있다", "나는 다른 사람들 대부분과 마찬가지로 잘할 수 있다" 같은 질문에서 자신을 긍정적으로 평가했다. 이들은 목표를 달성하는 능력과 사회적 압박에 맞서는 능력에 자신감을 가지고 있었다. 그래서 "나는 많은 도전 과제를 극복할 수 있다"거나 "나는 사회적 그룹이 변화를 요구할 때 나의 생각을 따를 것이다"와 같은 질문에 그렇다고 답했다.

하지만 이 학생들이 단순히 높은 자신감과 자존감을 느끼는 것은 아니었다. 이들은 자신의 시각이 남들보다 뛰어나다고 생각했고, 믿음을 공유할 사회적 책임감을 느끼고 있었다.[11] 또한 "내 의견을 밝혀야 할 사회적인 책임이 있다"는 항목과 "사람들이 내 방식을 인정한다면 세상은 더 나아질 것이다"라는 항목에 그렇다고 답했다. 자신의 시각에 대한 신뢰는 다른 학생이 침묵을 요구할 때 목소리를 높일 수 있도록 돕는다.

아마도 가장 중요한 것은, 이 학생들이 집단에 맞춰야 한다는 압박을 덜 받는다는 사실일 것이다. 이는 집단을 수용하거나 옳은 일을 하는 것 중에서 선택을 하라는 압박이 있을 때, 옳은 행동을 선택할 가능성이 높다는 뜻이 된다.

결과는 도덕적 용기가 단도직입적 특성이 아니라는 것도 알려주었다. 도덕적 용기는 자신에 대한 신뢰가 높고, 자신의 능력을 믿는 것과 동일하지는 않다. 도덕 저항가는 사회가 침묵을 요구할 때에도 행동에 필요한 기술과 자원을 제공하는 특성의 특별한 조합으로 보인다.

성인에 대한 연구에서는 도덕 저항가에 대한 유사한 특성을 보여주었다. 개인의 특성이 도덕적 용기와 관련이 있는지 평가하기 위해 프랑스 끌레르몽 오베르뉴 대학교의 알렉산드리나 므아석과 연구진은 다양한 상황에서 사람들의 개입 가능성을 조사하기 위해 연구를 진행했다.[12]

연구진은 다양한 시나리오를 읽고 대응할 대학생과 공동체 구성원을 모집했다. 어떤 시나리오는 동성애자, 장애인에 대한 농담을 하는 십 대에 관한 것이었다. 또 다른 시나리오는 동물원에서 자신의 세 살짜리 아들의 얼굴을 때리는 남성에 관한 것이었다. 세 번째 시나리오는 한 남성이 도로에서 쓰레기통 옆에 휴지를 던지는 내용이었다. 연구진은 실험 참가자들에게 이 불쾌한 행동에 대해 반대 의견을 표명할 것인지 물었다.

연구진은 그렇다고 답한 사람과 그렇지 않겠다고 답한 사람들 사이에 큰 차이를 확인할 수 있었다. 맞서겠다고 답한 실험 참가자는 높은 수준의 독립성을 보여주었다. 이들은 타인과 생각이 다를 때도 주저하지 않고 의견을 표했고, 외향적이고, 사교적이며, 에너지가 넘쳤다. 애타심과 사회적 책임감의 수준도 높아서 희생자에게 공감하고, 상대를 돕겠다는 도덕적 책임을 가지며, 다른 동료들에게 인정받는다고 느끼는 경향이 있었다.

다만, 이러한 종류의 연구가 가지는 단점은 자신의 의도를 스스로 평가한다는 점이다. 특정 성격이 실제 행동을 예측하는 변수인지는 정확한 확인이 필요하다. 결국 우리 대부분은 응급 상황을 마주하면 행동할 것이라고 생각하겠지만, 앞에서 설명한 것처럼 선한 의도를 행동으로 옮기지 않고 침묵할 때도 많다.

컬럼비아 대학교의 연구진은 이것에 대한 답을 얻기 위해 실제 긴급 상황에서 타인을 도왔던 집단의 특성을 조사했다. 실제 긴급 상황이란 다름 아닌 홀로코스트였다.[13] 홀로코스트 같은 환경에서 타인을 돕기 위해서는 신체적 용기뿐만 아니라 다른 사람들이 행동하지 않을 때 나설 수 있는 도덕적 용기도 필요하다. 연구에서는 세 개의 성인 집단 간의 성격을 연구했다. 첫 번째 집단은 홀로코스트 동안 적어도 한 명의 유대인을 구한 사람들로 구성되었다. 두 번째는 도움을 주지 않았던 사람들이었고, 마지막 집단은 2차 세계 대전 발생 전에 유럽을 떠난 사람들이었다.

유대인을 위해 자신의 목숨을 건 사람들은 그렇지 않은 사람들과 여러 면에서 달랐다. 이들은 독립심과 통제력이 높아서 자신의 노력이나 선택의 결과 목숨을 잃을 수도 있는 상황에서도 믿음을 지켰다. 위험을 감수하고 위험한 일을 이행하는 능력도 높았다. 이 모든 특성이 결합해 용기를 낼 수 있는 자신감을 제공했다. 하지만 다른 특성도 있었다. 바로 애타심, 공감, 사회적 책임 등 타인에 대한 걱정이었다. 이런 특성은 상당한 위험 속에서도 공감하고 행동할 수 있는 추진력이 되었다.

물론 홀로코스트는 현대의 우리가 위험하다고 여기는 시대적 상황과는 완전히 다르다.

일상에서 발생하는 상황을 조사하기 위해 독일 하노버 의과 대학의 연구진은 지역 병원을 통해 차량 사고 희생자에게 가장 먼저 도움을 주었던 이들의 명단을 구했다.[14] 연구진은 이들에게 접촉해 설문에 답해줄 것을 요청했고 34명이 설문지 작성에 응했다. 또한 연구진은 사고를 목격했지만, 도움을 주지 않은 이들에게도 같은 설문에 답해줄 것을 요청했다. 조사 결과 도움을 준 이들은 통제력, 공감, 사회적 책임과 관련한 질문에서 높은 점수가 나왔다. 나치 정권 아래에서 유대인을 구한 사람들과 동일한 특징이다.

이 연구는 도덕 저항가에 대한 통찰을 제공한다. 이들은 자신감이 있고, 독립적이며, 애타적이고, 강한 자존감과 사회적 책임을 느낀다.

군중의 압박에 대한 저항

도덕 저항가가 가진 가장 중요한 특징은 군중에 편입되어야 한다는 압박을 상대적으로 덜 받으며, 믿음과 가치에 대해 말하는 것을 두려워하지 않는다는 점이다.

이러한 특성은 보스턴 대학교에서 진행한 연구에서도 확인되었다. 보스턴 대학교 연구진은 뉴잉글랜드의 한 고등학교 학생들이 동급생의 동성애 혐오 행동에 어떻게 반응하는지 조사했다.[15] 연구진은 학생들에게 지난 한 달 동안 어떤 종류의 동성애 혐오 행동(동성애자 또는 양성애자에 대한 비웃음과 농담)을 얼마나 자주 목격했는지, 대응했는지, 그들을 제지했는지, 공격 대상이 된 학생을 도왔는지, 어른에게 알렸는지를 물었다. 학생들은 용기("나는 자주 강한 반대 의견을 표한다"), 리더십("내가 대표가 되었다", "내가 가장 먼저 행동했다"), 애타심("나는 타인을 걱정한다", "나는 사람들을 반긴다")를 포함한 개인 특성에 대해 스스로 평가했다.

학생들의 2/3가 일종의 동성애 혐오 행동을 목격했다고 답했다. 하지만 학생들의 대응은 크게 갈렸다. 여학생은 동성애자나 양성애자와 마찬가지로 대응할 확률이 높았다. 앞에서 여성이 따돌림 희생자에게 더욱 공감하고 집단에 속한 사람이 목소리를 높일 확률이 높다는 이전 연구와 일치하는 결과이다. 스스로 애타적이고 용기가 있다고 평가한 학생들의 개입 가능성이 높았다. 이들은 개입으로 인해 발생할 수 있는 잠재적인 사회적 비용에 대해서는 덜 우려했고, 그릇된 행동을 무시했을 때 나타날 결과를 더 우려하는 것으로 보인다. 일반적 리더십 측면은 관계가 적었다. 연구진은 일부 고등학교 학생들이 사회적 약자를 무시하거나 비웃으면서 집단 내에서 입지를 확보하기 때문에 동성애 혐오 행동에 개입할 수 있는 것으로 가정했다.

　　자신의 의견을 밝힌 학생들과 달리 남을 의식하고 부끄러움을 많이 타는 학생은 그릇된 행동 앞에서 침묵하는 경향이 있는 것으로 나타났다. 이들은 어설픈 소통으로 인한 사회적인 결과를 두려워했고, 일부는 이러한 상황을 피하기 위해 상당히 노력하는 것으로도 나타났다. 이들의 것으로 예상되면 누군가 얼굴에 얼룩이 묻거나 이 사이에 음식이 끼었을 때 알려주는 것 같은 낮은 위험의 사회적 갈등도 피하려고 했다.[16]

　　사람들은 개입으로 인해 사회적 상호 작용이 어색해지는 것을 두려워하기 때문에 개입의 결과가 미미할 것으로 예상되면 행동하지 않는 것을 정당화한다. 심리학자들은 타인의 시선을 의식하다 보니 과민 반응으로 보여 호들갑을 떠는 사람처럼 보이고 싶어 하지 않는 이들은 누군가 질식의 고통을 겪고 있을 때 도와줄 가능성이 낮았다.[17] 이러한 상황에서 발생할 수 있는 결과는 매우 심각하지만, '목이 막혀서가 아니라 단순한 기침일 수 있다' 같은 모호한 판단 때문에 바보같이 보일까 두려워 도움 주기를 꺼렸다.

집단에 적응하는 것에 대한 개인적 차이는 뇌의 특정 구조와 관련이 있다. 뉴욕 대학교, 유니버시티 칼리지 런던, 덴마크 오르후스 대학교 공동 연구진은 뇌의 구조적 차이와 사회적 압박에 맞서려는 의지 사이의 관계를 연구했다.[18] 연구진은 MRI 스캔으로 뇌 3D 이미지를 만들 때 사용하는 화소 기반 형태 분석법으로 28명의 뇌 회백질 무게를 측정했다. 회백질은 근육을 통제하고, 보고 들으며, 기억, 감정, 의사 결정, 자기 통제 등을 담당한다. 연구진은 실험 참가자들이 좋아하는 노래 20곡을 적고 순위를 매긴 자료를 음악 전문가들에게 보여줄 것이라고 했다. 이후 곡 목록을 다시 들고 온 연구진은 실험 참가자들이 매긴 순위에 음악 전문가들이 동의하지 않았다고 말하며 곡의 순위를 다시 매길 수 있는 기회를 주었다. 실험 참가자들이 소위 말하는 전문가의 의견을 수용하기 위해서 자신의 평가를 수정하는지 확인하기 위해서였다.

순위를 가장 많이 변경한 실험 참가자는 뇌의 한 부분인 안와전두피질에서 회백질이 차지하는 질량이 더 컸다. OFC라고도 불리는 안와전두피질은 선호하지 않는 대상을 피하도록 돕는 역할을 한다.[19] OFC는 손잡이를 당겼을 때 작은 전기 충격을 느낄 때처럼 원치 않는 결과로 이어지는 기억을 형성하는 뇌의 부위이다. 자신의 의견을 수정한 실험 참가자들은 전문가들이 말하는 옳은 결정과 다른 음악을 선호하는 데서 오는 불쾌함을 피하려고 하는 것 같았다.

이 실험 결과는 도덕 저항가에 대해 무엇을 암시하는 것일까? 사람들이 사회적 분쟁에 대응하는 방법은 저마다 다르고 이런 경향은 뇌의 해부학적 차이를 보여준다. 다시 말해 어떤 사람은 타인과 다르다는 사실을 정말 좋지 않게 느끼고, 또 어떤 사람은 그다지 중요치 않게 여겨서 사회적 압박에 저항하기 쉽다. 하지만 이 연구는 애초에 왜 이러한 차이가 만들어졌는지 알려주지 않는다. 어떤 사람은 OFC 내에 더 많은 회백질을 가지고 태어나고, 혹은 이 부분의 증가가 사회적 압박에 대한 저항을 증가시키는 것일까? 여기에 대해 우리가 알고 있는 것은 없다. 하지만 사회적 영향에 맞서는 능력의 차이는 뇌에서도 확인된다는 사실은 알 수 있다.

최근에 진행된 다른 연구에서는 이러한 사회적 영향을 수용하는 정도의 차이가 뇌의 구조적 차이뿐만 아니라 신경 반응의 패턴에서도 확인된다는 사실을 알아냈다. 펜실베이니아 대학교 에밀리 포크와 연구진은 이제 갓 운전면허를 획득한 십 대의 뇌가 사이버 볼을 이용한 실험에서 어떻게 반응하는지 측정했다.[20] (사이버 볼에 대해서는 4장에서 설명했다.)

　　일주일 후, 실험에 참가했던 십 대의 위험 감수 패턴
을 측정하기 위해 두 가지 자동차 주행 시뮬레이션을 실시했
다. 한 시뮬레이션은 홀로 완료했고, 다른 하나는 다른 십 대
남성 동승자와 함께 진행했다. (이 남성은 연구진의 협력자였다.) 동
승자 중 절반은 "미안한데 제가 약간 늦었어요. 하지만 전 천
천히 운전하고, 노란색 신호등에서는 멈춥니다"라고 말하며
위험을 감수하지 않는 모습을 보였고, 나머지 절반은 "미안한
데 제가 약간 늦었어요. 전 주로 빨리 운전하고, 노란색 신호
등은 그냥 지나갑니다"라고 말하며 위험을 감수하는 모습을
보였다. 이후 연구진은 실험 참가자의 운전 패턴을 확인했다.

　　예측한 대로 사이버 볼에서 배척을 당했던 실험 참가
자는 주행 시뮬레이션에서 동승자의 존재에 영향을 더 많이
받았다. 뇌의 일부 영역에서 활동이 가장 크게 증가한 십 대는
홀로일 때보다 동료와 함께 있을 때(위험 감수 여부와는 관련이 없
었다) 사회적 고통(전방 뇌섬엽과 전대상피질)과 정신화(등측전전두
피질, 우측 측두 두정 연접부, 후측 대상 피질)와 관련이 있는 것으로 나
타났다. 특히 빠르게 운전한다고 말한 동승자와 노란색 신호
등을 지날 때(위험한 주행을 측정하는 방법이다) 주로 발견되었다.

　　이 연구에서 어떤 청소년은 배척당할 경우 다른 사람
보다 더 기분 나빠하는 반응을 보였고, 동료와 함께 있을 때
위험하게 행동할 확률이 더 높았다. 수석 연구진인 에밀리 폴

크는 "뇌 사진에서 배척당했을 때 가장 민감한 반응을 보인 청소년은 동승자가 타고 있을 때 더 큰 위험을 감수했어요. 이들은 노란색 신호등이 켜져도 빠르게 가속해 지나쳤습니다"[21]라고 설명했다.

앞의 연구진이 실시한 또 다른 연구는 사회적 배척과 관련한 정신적 패턴으로 십 대의 순응 경향을 예측할 수 있다는 추가 증거를 보여주었다. 십 대 남성 참가자들은 앞의 연구와 동일하게 사회적 배척을 확인하는 사이버 볼을 경험하면서 fMRI 스캐너로 뇌를 관찰했다. 다음으로는 앞의 연구와 동일하게 홀로, 느리게 운전한다는 동승자와 그리고 빠르게 운전한다는 동승자와 함께 주행 시뮬레이션을 실시했다.[22]

이번에도 사회적 배척에 대한 반응에서 특정 뇌 활동 패턴을 보인 십 대는 높은 수준의 순응 정도를 보였다. 이 연구에서 사회적 고통과 정신화에 대응하는 뇌 부위 사이에 연결 정도가 높은 사람은 운전에 대한 동승자와, 그리고 접근 방식에 순응할 가능성이 높았다. 따라서 앞 연구에서 뇌에서 사회적 고통(거부)과 정신화(다른 사람의 생각과 감정을 이해하려는 유혹)에 활발히 반응한 십 대는 순응 확률이 높았고, 이번 연구 결과에서도 두 부분의 연결성이 높으면 순응 확률도 높아지는 것으로 확인되었다. 이 연구는 신경학적 반응이 사회적 고통을 피하기 위해 배척을 비롯해 동료에게 순응하려는 동기와 직접적으로 연관되어 있다는 것을 보여준다.

남에게 순응하려는 욕구가 적은 사람은 신체 및 사회적 위험을 감수할 의지가 높다. 군사 심리학자인 데이브 그로스만은 《살인에 대하여》에서 적기 격추 성과가 가장 높은 공군 조종사들의 공통적 요소를 분석했다.[23] 그로스만은 이들이 어렸을 때 싸우는 일이 잦았다고 밝혔다. 그런데 남을 괴롭히는 가해자가 아니라, 따돌림 가해자에 대응한 일이 많았기 때문이었다. 그로스만은 "이들은 타인에게 소극적으로 대응하지 않습니다"라고 말했다. 이런 특성이 전투에서 도움이 되는 것으로 보인다.[24]

타인의 생각을 어떻게 받아들이는지와 관련한 이 연구 결과는 조 다비가 이라크 감옥에 대해 폭로하기로 결정한 이유를 설명해준다. 다비의 고등학교 선생님이자 풋볼 코치인 로버트 유잉은 다비가 독립적이었으며, 타인이 좋아할 만한 말을 하는 성향은 아니었다고 말한다. 유잉은 《워싱턴포스트》와의 인터뷰에서 "조는 신념이 명확할 때는 내게도 주저하지 않고 의견을 피력했습니다. 자신의 신념을 지킨 것입니다"라고 말한다. 또 CBS 뉴스와의 인터뷰에서는 "조는 동료들과 잘 어울리는 사람은 아니었습니다. 타인이 어떻게 생각할지 걱정하지 않았습니다"라고 밝혔다.[25]

높은 수준의 공감 능력

1999년, 경찰관으로 일했던 캐서린 볼코박은 다인코프라는 영국의 민간 군사 업체에 채용되었다. 볼코박의 역할은 보스니아 헤르체고비나에서 UN 국제경찰과 함께 인권 조사관으로 일하는 것이었다. 이후 볼코박은 다인코프 직원들이 성범죄에 개입하고 있다는 사실을 알게 되었다. 이들은 매춘부를 고용하고, 어린 소녀를 성폭행했으며, 성매매에 개입하고 있었다. 볼코박이 이 사실을 상부에 알렸을 때, 상부는 볼코박을 강등한 후 해고했다. (2002년, 볼코박은 불공정 해고를 이유로 소송을 시작했고 결국 승소했다.)

볼코박이 목소리를 높여 사실을 알렸던 이유는 무엇일까? 여러 이유 중 하나는 세 아이의 엄마였던 볼코박은 피해자인 아이들에게 개인적인 공감을 느꼈기 때문이었다. 볼코박은 미국 공영 라디오 방송과의 인터뷰에서 "우리 아이들, 특히 우리 딸들을 보았을 때 아무런 감정도 느끼지 못했다면 거짓말입니다"라고 설명했다.[26]

캔자스 대학교의 대니얼 보스턴은 타인을 도우려는 의도를 가진 친 사회적 행동에 동기를 부여하는 두 가지 경로가 있다고 말한다.[27] 첫 번째는 이기적 경로이다. 이것은 대부분 자기중심적으로 기대되는 보상이 비용보다 클 때 타인을 돕게 된다. 거리의 노숙자에게 1달러를 쥐여주면 기분이 좋아지는 경우가 여기에 속한다. 비용은 1달러밖에 들지 않고, 어려운 사람을 그냥 지나쳤다는 죄책감에서도 벗어나는 큰 보상을 얻게 된다. 두 번째는 공감에 의한 애타적 경로이다. 보스턴은 이러한 두 번째 경로가 타인에게 집중된다고 설명한다. 자신이 상당한 비용을 치러야 하더라도 타인을 돕겠다는 진정한 의지에 동기가 부여되는 경우이다. 이러한 경우에는 타인에게 공감을 느끼고, 그들의 시각에서 진심으로 상황을 판단한다.[28] 타인의 시각에서 상황을 바라보는 능력은 대가를 치르더라도 도움을 주도록 만든다. 볼코박은 고통받는 아이들을 생각할 수 있었기 때문에 아이들과 공감하고, 잘못된 행동을 보고할 수 있었을 것이다. 공감은 생면부지의 사람이나 단순한 지인보다 친구의 일에 더 쉽게 발 벗고 나서는 것을 이해하게 해준다. 사람들은 직장 내 괴롭힘의 피해자가 그저 동료가 아닌 친구일 때 보호할 확률이 더 높다.[29] 대학생들은 잠재적 성폭력의 희생자가 모르는 사람이 아니라 친구일 때 더 강한 개입 의지를 보인다.[30]

　　퓨젯 사운드 대학교와 텍사스 대학교 오스틴 캠퍼스의 연구진은 대학생을 대상으로 친구가 온라인 괴롭힘을 당할 때 개입하려는 의지를 조사했다.[31] 일부 학생들에게 6개월 전 페이스북에서 아는 사람이 온라인 괴롭힘의 희생자가 되었다면 어떻게 반응했을지 물었다. 또 다른 학생들에게는 페이스북에 동의 없이 누군가의 사진이 게재되었다면 어떻게 할지 물었다. 익명성과 집단의 규모는 개입 가능성을 낮추는 결과로 이어졌다. 하지만 개입 의지를 높이는 요소가 하나 있었다. 희생자와 얼마나 가까운 관계이냐의 문제였다.

　　UCLA의 메건 메이어와 연구진은 실험 참가자들에게 가장 친한 친구와 함께 연구실에 와서 테스트를 받도록 요청했다. 낯선 사람, 그리고 친구가 사회적 고통을 받는 것을 목격했을 때 정신적 대응이 다른 패턴을 보이는지 확인하기 위해서였다.[32] 실험 참가자들이 사이버 볼 게임을 두 번 지켜보는 동안 fMRI를 이용해 뇌 반응을 관찰했다. 한 번은 친한 친구가 배척되고, 다른 한 번은 같은 성별의 낯선 사람이 배척되었다. (낯선 사람의 모습은 미리 녹화해둔 영상이었다.)

　　실험 결과 친구가 배척당할 경우 감정적 고통에 반응하는 뇌의 영역인 선조체와 뇌섬엽이 활성화되었다. 낯선 사람이 배척당할 경우 타인의 특성, 신념, 의지를 생각할 때 반응하는 등측전전두피질, 쐐기앞소엽, 측두엽극이 활성화되었다. 즉, 친구가 사회적 고통을 경험하는 모습을 목격할 때는 마치 자신이 고통을 겪는 것처럼 느꼈다. 다시 말해 공감한 것이다. 낯선 사람의 고통은 그렇지 않았다.

　　이처럼 친구나 사랑하는 사람이 도움을 필요로 할 때

는 모르는 사람이 도움을 필요로 할 때보다 더 많은 공감을 하게 된다. 하지만 개인의 공감 정도는 상당한 차이가 있다. 연구에서는 이런 차이를 측정하기 위해서 다른 이의 감정이 자신의 감정에 얼마나 큰 영향을 미치는지를 물었다.[33] 여기에는 타인의 기쁨을 함께하는 것("친구가 좋은 일이 생겼다고 말하면 진심으로 기쁘다")과 슬픔을 나누는 것("누군가 내 앞에서 상처를 받으면 슬프다") 모두 포함된다. 공감 정도에 있어서 높은 점수를 기록한 사람은 실험이나 현실에서 그릇된 행동에 맞설 가능성이 크다. 누군가 도움을 필요로 할 때 심리적 압박을 강하게 받는 학생은 괴롭힘을 당하는 친구를 도울 가능성이 크다.[34]

　　네덜란드 마스트리흐트 대학교의 루트 호텐시우스와 연구진은 응급 상황에서 사람들이 느끼는 다양한 공감에 대해 연구했다. 이들은 먼저 실험 참가자를 대상으로 "응급 상황에서는 통제력을 잃는 경향이 있다", "응급 상황에서 정말 도움이 필요한 사람을 보면 무조건 돕는다" 같은 문장에 얼마나 동의하는지를 통해 도움이 필요한 사람을 보았을 때 느끼는 불편함에 대해 측정했다. "나보다 운이 나쁜 사람들에게 부드럽게 대하고, 걱정이 된다", "눈앞에서 벌어지는 일을 보고 감동 받을 때가 많다"[35] 같은 문장에 대한 반응을 통해서는 진정한 공감의 정도를 평가했다. 다음으로 실험 참가자들에게 한 여성이 넘어지는 응급 상황과 바닥에서 일어나는 모습, 즉 응급 상황이 아닌 경우를 촬영한 영상을 보여주었다. 이때 그의 곁에는 아무도 없거나, 행인이 한 명 또는 네 명 존재했다. 실험 참가자들에게는 동영상에서 도움이 필요한 사람을 보게 되면 "도움을 준다"와 "그대로 있는다" 버튼을 가능한 빨리 누르도록 했다. 연구진은 실험 참가자들이 영상을 보는 동안 경두개 자기 자극술을 활용해 운동 피질에 자극을 가했다. 연구진은 실험 참가자들의 손목과 엄지손가락 사이의 근육 위에 센서를 붙여 자극에 대한 대응 준비 정도를 뜻하는 '행동 준비성'을 측정했다. 이 방법은 신경 과학자들이 뇌의 특정 부분에 대한 자극이 행동을 유발하는지 확인하기 위해 일반적으로 사용하는 방법이다. 연구진은 이러한 방법으로 사람이 얼마나 빨리 대응하고, 근육을 어떻게 활성화하는지 판단하게 된다.

　　높은 수준의 압박과 공감을 느낀다고 답한 실험 참가자는 주변에 행인이 없는 응급 상황일 경우 응급이 아닌 상황보다 더 빠르게 반응했다. 하지만 도움이 필요한 사람을 보았을 때 개인적 압박을 느낀다고 답한 실험 참가자는 주변에 행인이 있을 때 응급 상황에 대한 반응 정도가 줄었다. 이는 도움을 필요로 하는 사람을 보면 압박을 받지만, 주변에 다른 사람이 있으면 행동 가능성이 줄어든다는 것을 시사한다. 공감 능력이 높은 사람은 주변에 다른 사람이 있을 때에도 반응하는 것으로 나타났다.

응급 상황에 개입할 때도 사람들의 행동은 다양한 요소에 따라 동기의 변화가 발생한다. 일부의 경우 도움은 불편한 기분을 중단시키려는 자신의 의지를 따른다. 또 어떤 사람은 누군가 대신 나서서 도움을 줄 수 있다면 거리낌 없이 물러나 다른 사람의 행동을 보고만 있으려고 한다. 하지만 어떤 사람은 자신이 아니라 도움이 필요한 사람에 대한 순수한 걱정 때문에 도움을 준다. 이런 사람들에게는 주변에 도움을 줄 수 있는 잠재적 인원이 얼마나 많은지는 중요치 않다.

조지타운 대학교의 애비게일 마쉬와 연구진은 공감에 대한 신경학적 기초를 확인하기 위해 전혀 모르는 사람에게 신장을 공여한, 놀라울 정도의 관대한 행동을 한 19명의 뇌가 어떤 활동 패턴을 보이는지 관찰했다.[36] 이들은 뇌에서 감정을 처리하는 편도체가 다른 사람들보다 8% 더 큰 것으로 확인되었으며, 활동량 역시 많은 것으로 나타났다.

이 결과는 원인과 결과가 아닌, 단순한 상관관계로 이해해야 한다. 신장을 공여한 사람들이 태어날 때부터 편도체가 더 크고 활동적이어서 다른 사람들에 대한 배려가 많을 가능성도 있다. 하지만 신장을 공여하는 놀라운 애타심으로 뇌가 변화했을 가능성도 있다. 무엇이 원인이든 뛰어난 애타심은 감정에 대한 놀라운 대응과 관계된 신경 활동의 뚜렷한 패턴을 보여준다. 이러한 종류의 이타심을 보이는 사람은 타인을 도와 초래되는 비용을 다르게 경험할 수 있다. 남을 돕지 않았을 때 불편함을 느끼는 것이다.

특별하게 이타적인 행동에 개입하는 사람들은 두 가지 고통의 경험, 즉 자신의 경험과 타인의 고통 모두에 뚜렷한 신경학적 대응 패턴을 보이는 것으로 확인되었다. 한 연구에서는 60여 명의 공감 정도를 측정했다. 이들 중 절반은 타인에게 신장을 공여했고, 나머지 절반은 보통 사람이었다.[37] 이후 실험 참가자들은 낯선 사람과 짝을 지어 실험에 참가했다. 한 번은 실험 참가자들이 파트너의 오른쪽 엄지손톱에 고통이 가해지는 모습을 관찰하는 동안 fMRI를 활용해 뇌의 활동을 기록했다. 다른 한 번은 실험 참가자들이 자신의 오른쪽 엄지손톱에 고통이 가해지는 동안 뇌의 활동을 기록했다. 실험 후 연구진은 두 경우의 뇌 활동을 비교했다.

실험 참가자 대부분은 자신의 고통을 타인의 고통보다 훨씬 아프게 느꼈다. 하지만 이타심을 보여준 참가자의 경우 타인의 고통을 자신의 고통처럼 느꼈다. 타인의 고통을 심각하게 느낀 사람들은 신장을 낯선 사람에게 공여한 것이 타당한 행동이었다. 누군가의 고통이 자신의 고통처럼 느껴졌고 그들을 돕는 것이 자신에게도 더 나은 일이었기 때문이다.

낯선 사람에게 신장을 공여하는 것은 도덕적 용기가 아니라 물리적 용기가 필요한 일이다. 이를 결정하기는 쉽지 않고, 신체적으로도 위험이 따른다. 연구에 따르면 도덕적 용기도 영향을 미쳤다. 공감은 옳은 일을 한 뒤 사회적 결과에 맞설 의지가 있는 사람들의 중요한 특성이기 때문이다.

숨겨진 도덕 저항가를 찾아서

이번 장에서는 보통 사람들에게는 없는 특별한 특성을 가진 도덕 저항가에 대해 설명했다. 이들은 스스로에 대한 자존감이 높고, 타인에게 공감하며, 남들에게 맞춰 적응하는 데 큰 노력을 쏟지 않는다. 이런 특성이 결합되면 조 다비처럼 옳은 일에 맞서는 사람이 될 수 있다.

우리는 어떨까? 그릇된 행동을 목격하고도 개의치 않는, 침묵하는 행인이 될 운명은 아닐까? 다행히도 그렇지 않다. 이런 경향이 자연스럽게 발현되지 않을 수도 있지만, 사회적인 압박에 맞서는 방법은 계발할 수 있다.[38] 한 마디로 도덕 저항가가 되는 법은 배울 수 있다.

먼저, 행동에서 도덕적 용기를 찾아야 한다. 스탠퍼드 대학교의 앨버트 반두라가 개발한 사회 학습 이론은 사람들이 부모, 교사, 다른 역할 모델을 포함해 환경에서 타인을 보면서 행동하는 방법을 배운다는 것을 보여준다. 사람들은 도덕적 용기를 보여주는 주변 사람을 보면서 동일하게 행동하도록 영감을 받는다. "아이들은 부모가 다른 타인에게 어떻게 행동하는지를 보고 똑같이 행동할 가능성이 높습니다"라고 심리학 교수인 줄리 허프는 말한다.[39]

모체 모형은 폭력과 시민 소요에서 도덕적 용기를 무릅쓰게 만드는 이유를 알려준다. 1960년대에 행진과 연좌 농성에 참여한 인권 운동가들은 홀로코스트에서 유대인을 도왔던 독일인들이 그랬듯 부모의 도덕적 용기와 사회 참여를 보고 자랐다.[40] 사회학자 홀리 나이세스와 니콜 폭스는 1994년 르완다 집단 학살에서 피난처를 제공했던 사람들은 주로 부모가 남을 도왔던 사람들이라고 설명했다.[41] 인터뷰에서 피난민을 한 명 이상 구했다고 답한 응답자의 절반 이상은 과거에 르완다에서 폭력 사태가 발생했을 때 부모나 조부모가 다른 이들을 도왔다고 답했다. 도덕적 용기의 모델은 이처럼 미래 세대의 용기 있는 행동에 영감을 제공한다.

두 번째로 도덕적 용기를 위해서는 기술이 필요하고 이 기술을 활용할 필요가 있다. 올바른 행동을 하고 싶더라도 군중에 저항하기 위한 기술이 부족하다면 실행하기 어렵다. 부모, 교사, 다른 성인이 어렸을 때 사회적 압박을 인지하고 권위에 의문을 제기하도록 도와 이런 기술을 길러주었다면 도움이 될 것이다. 밀그램 연구에서 실험 참가자들에게 계속해서 충격을 주도록 요구한 연구진에게 이의를 제기한 몇 안 되는 사람 중 한 명인 조 디모우는 자신의 결정이 가족 덕분이라고 말했다. "가족들은 사회적 계급에 대해 투쟁적 시각을 가지고 있었고 제게 나 자신이 아닌 다른 사람의 옳고 그름의 시각으로 바라보라고 알려주었습니다."[42]

이런 기술의 계발은 다른 사람에게 적응하는 것이 가장 중요한 십 대에도 사회적인 영향에 대응할 수 있도록 도움을 준다. 버지니아 대학교의 심리학자들은 사회적 기술, 우정, 부모와의 관계, 약물 중독 간의 관계에 대한 연구에 참여할 7학년과 8학년 학생을 둔 150가족을 모집했다.[43] 이들 십 대는 동료, 부모, 교사와의 갈등과 상점 절도 같은 문제 행동의 유혹이 있는 상황을 처리하는 방법을 평가하는 설문지에 답했다. 이들은 또 어머니와 두 가지의 상호 작용에 개입했다. 한 가지는 성적, 친구, 집안의 규칙 같은 논쟁거리인 가족의 문제를 논의했고, 또 한 가지는 문제에 대해 어머니의 조언과 지원을 구했다. 연구진은 상호 작용을 영상으로 기록했고, 아이들이 자신의 믿음을 얼마나 효율적으로 주장하는지, 어머니가 얼마나 따뜻하게 반응하고, 이들을 지원하는지를 평가했다. 2~3년이 지나 설문에 답했던 십 대 아이들에게 알코올과 마리화나를 포함한 약물 남용 수준에 대해 물었다.

십 대와 어머니 사이 관계의 특성은 예측했던 것보다

훨씬 더 약물 남용 정도를 추정할 수 있는 예측치가 되었다. 어머니와 (떼를 쓰거나, 압박을 받거나, 모욕을 받지 않고) 합리적으로 논쟁한 아이들은 이후 약물이나 알코올 남용에 대한 저항이 다른 아이들보다 강한 것으로 확인되었다. 반대로 논쟁에서 쉽게 물러나고, 자신의 입장이 틀리지 않았을 경우에도 어머니를 설득하지 못한 아이들은 이후 알코올이나 마리화나에 의존하는 확률이 높았다. 이들은 친구의 압박에 대해서도 유사한 패턴을 보였고, 쉽게 물러섰다. 어머니의 지원을 많이 받은 아이들은 약물 남용을 보고할 가능성이 낮았다. 이러한 십대의 어머니들은 아이와의 상호 작용에서 따뜻하고 긍정적이었으며, 아이들을 인간적으로 대하면서 자신의 가치와 이해를 전달했다. (이 연구는 어머니만 포함했는데, 아버지의 설득력 있는 주장과 지원 역시 동일한 효과가 있었을 것이라 추정된다.)

이러한 연관성이 어떻게 만들어지는지는 정확치 않다. 친밀한 관계가 관건일까? 아니면 합리적으로 자신의 시각을 전달하는 경험이 중요한 것일까? 한 가지 가능성은, 효율적으로 논쟁하는 방법을 알고 있는 십 대는 다른 학생에게 같은 기술을 사용한다는 점이다. 이들은 자신의 의견을 표현하고, 압박 속에서도 이를 견지하는 방법을 익히고 있었다. 부모에게 따뜻함과 지원을 받은 아이들은 다른 친구들의 의견에 대한 의존도 적었다. 자신의 결정으로 친구를 잃게 되더라도,

부모님이 늘 함께라는 것도 알고 있었다.

　　　　마지막으로 우리는 공감 능력을 길러야 한다. 다른 인종, 종교, 정치, 문화적 배경을 가진 사람과 시간을 보내고 그 사람을 알아가는 것이 도움이 될 것이다. 켄트 대학교의 니콜라 애벗과 린제이 카메론은 이웃, 학교, 스포츠팀에서 다른 인종과 더 많이 접촉한 백인 고등학생들이 다른 문화적 배경에 더 공감하며, 더욱 개방적이고, 더 관심을 가진다는 사실을 확인했다.[44] 이들은 소수 인종의 사람들이 정직하고, 친근하며, 근면하다고 판단했고, 이들이 멍청하고, 게으르며, 더럽다고 생각할 확률이 적었다. 이들과 공감하고 이들에게 개방된 학생들은 편견이 적었다. 동급생이 소수 인종 학생을 비난하는 장면을 목격하면 그에 대응하고, 피해자를 지지하고, 교사에게 알릴 가능성도 높았다. 물론 다른 의도가 있어 실제 개입하지 않는 경우도 존재했지만, 이런 의도는 분명 중요한 첫 단계였다.

　　　　타인에게 공감할 수 있는 능력을 기르는 것은 특히 청년들에게 중요하다. 1979년에서 2009년까지 지난 30년 간 미국 대학생을 연구한 72개 연구 결과를 결합한 메타 분석에 따르면 대학생들 사이에서 공감이 줄어들고 있었다.[45] 2000년대 대학생들은 1970년대 대학생들과 비교해서 "나는 친구의 시각에서 생각해 친구를 이해하려고 노력한다", "나보다 운이 좋지 않은 사람들에게 부드러운 감정과 함께 우려를 느낀다"
라는 문장에 동의하는 경우가 적었다.

　　　공감의 감소로 인해 같은 기간의 대학생들은 자신에
대해서만 긍정적으로 생각하는 자기애가 증가했다.[46] 예를 들
어 타인과의 관계보다 개인의 성공에 집중하는 사회적 분위
기 역시 공감이 줄어드는 이유가 되고 있다.[47] 이러한 변화의
이유는 확실하지 않다. SNS 때문일까? 아니면, 부모의 양육
방법이 달라져서일까? 또는 대학 입학 절차에서 스트레스를
많이 받기 때문일까? 원인은 확실치 않지만, 결과는 분명하
다. 공감의 부족으로 도덕 저항가들이 줄고 있다.

　　　부모, 교사, 공동체가 이런 경향을 되돌리기 위해 할
수 있는 몇 가지 방법이 있다. 일단 공감도 기술이며, 고정된
특성이 아니라는 것을 강조해야 한다. 타고난 공감 능력이 좋
은 사람들이 있지만, 우리 모두 공감을 개발할 수 있다.[48] 스탠
퍼드 대학교의 캐롤 드웩은 다른 사람의 시각을 이해하려고
노력하는 의지만으로도 공감 능력을 배울 수 있다는 사실을
입증했다.[49] 공감 능력을 기를 수 있다는 이야기를 들은 사람
은 사회적, 정치적 문제에서 상충되는 시각을 가진 사람과 기
꺼이 이야기하고, 인종이 다른 사람의 말에 귀를 기울인다.

　　　이것은 우리에게 희망을 준다. 공감은 도덕 저항가가
되는 첫 단계이고, 누구나 개발할 수 있는 기술이기 때문이다.

10. 변하는 의미 시작되었다

이 책에서는 누군가가 어려움에 처했을 때 대부분의 사람이 침묵하는 행인이 되도록 만드는 심리적 요소를 집중적으로 설명했다. 하지만 놀라운 도덕적 용기를 보여준 수많은 사람도 소개했다. 그렇다고 그릇된 행동 앞에서 도덕적 저항가가 개입하기를 마냥 기다릴 수만은 없다. 우리에게 필요한 것은 다수의 사람이 성향과 관계없이 목소리를 높이는 것이다. 한마디로 더 많은 도덕적 저항가를 만들어내야 한다.

　　이미 직장, 학교, 공동체에서 도덕적 용기를 북돋고, 중요한 변화를 만들기 위해서 사용할 수 있는 몇 가지 전략에 대해 설명했다. 이 전략을 다시 한번 짚어보려고 한다.

달라질 수 있다는 믿음

우리 중 다수는 옳지 않은 행동 앞에서 침묵한다. 한 사람이 목소리를 높인다고 달라지는 것은 없다고 생각하기 때문이다. 모두가 이렇게 생각하고 행동하지 않는 쪽을 선택한다면 그릇된 행동은 계속될 것이다. 도덕 저항가를 만들어내기 위한 한 가지 중요한 단계는 사람들에게 침묵의 대가를 이해하도록 만들고 행동이 중요하다고 설득하는 것이다.

　　스탠퍼드 대학교의 아니타 라탄과 캐롤 드웩은 편견

을 효율적으로 비판할 수 있다면, 행동의 의지에 영향을 미칠 수 있는지 연구했다.[1] 이들은 흑인, 라틴계, 혼혈 학생에게 입학 결정 과정에 대해 온라인으로 파트너와 토론하도록 했다. 각 학생은 매트라는 백인 2학년 학생과 짝을 맺어 토론했다. 사실 매트는 연구진이 만들어낸 역할이었다. 온라인 토론 중에 매트는 "솔직히 말해서 입학 때 다양성을 고려해 학생들을 입학시키는 학교의 정책 때문에 내가 과도하게 스펙을 쌓는 건 아닌지 걱정하기도 했어요. 자격도 없는데 다양성 때문이라면서 나보다 훨씬 부족한 학생들을 입학시키는 학교가 너무 많아서 놀랐어요"라고 말했다.

연구진은 이 말에 누가 반대를 표하는지 주목했다.

먼저 좋지 않은 소식은, 매트에게 반대를 표한 학생이 25%밖에 되지 않는다는 사실이다. 하지만 좋은 소식도 있었다. 선행 여론 조사에서 사람의 성격을 변화시킬 수 있다고 답한 학생들은 매트의 발언에 우려를 표할 가능성이 컸다. 이들 중에서는 37%가 매트의 의견에 반대했다. 반대의 경우는 개입을 하더라도 변화가 없을 것이라는 생각 때문에 매트의 그릇된 발언을 지적할 이유가 없었다.

연구진은 더욱 대담하게 편견을 표출하면 개입 가능성이 높아지는지 테스트하기 위해 두 번째 실험을 진행했다. 이번에는 학생들이 유명 기업의 여름 인턴 프로그램 첫날이라는 가상 시나리오를 설정했다. 시나리오에서 실험 참가자들은 기업의 첫인상에 대해 다른 인턴과 이야기를 나누었다. 한 남성 인턴이 "여기 일하는 사람들을 보고 놀랐어요. 다양성이라는 명목으로 여성, 소수 인종, 외국인이 너무 많아요. 이 회사가 얼마나 오래 최고의 자리를 유지할 것 같아요?"라고 말을 꺼냈다.

실험 참가자 대부분은 그의 발언이 상당히 불쾌하다고 평가했다. 연구진은 실험 참가자들에게 그의 말에 맞설지("조용하지만 단호하게 그를 교육하겠다"), 또는 개입을 피할지("아무 일도 없었던 것처럼 행동하겠다")를 물었다. 또한 앞으로 그와의 상호 작용을 어떻게 줄일지에 대해서도 물었다.

이번에는 이들의 행동을 관찰하는 것에 그치지 않고 생각을 물었다. 하지만 첫 번째 실험에서와 마찬가지로 사람들의 생각을 바꾸어 차이를 만들 수 있는지 의견을 물었다. 사람의 성격을 변화시킬 수 있다고 생각하는(드웩은 이를 두고 '성장의 마음가짐'이 매우 중요하다고 판단한다) 실험 참가자는 불쾌한 발언을 한 인턴에 대응할 가능성이 높았다. 또한 이들은 문제의 인턴과 상호 작용을 포기할 가능성도 적었다. 개인의 특성과 능력은 타고난 것이며 전체적으로 바꿀 수 없다고 생각하는, 고정된 생각을 가진 실험 참가자는 이보다 더 수동적이고, 상황을 회피하려는 성향이 컸다. 자신의 의견을 말할 용기를 갖기를 바란다면 변화를 만들 수 있다는 사실을 믿는 것부터 시작하는 것이 좋다.

기술과 전략을 배우다

변화의 힘을 믿는 것만으로 그릇된 행동에 대응할 수 있는 것은 아니다. 이를 위한 기술이 필요하며, 이 과정에서 타인과 너무 충돌한다고 느끼지 않는 것이 좋다. 4장에서 설명한 것처럼 응급 처치 수단이나 심폐 소생술 등 특별 훈련을 받은 사람은 신체적 위험에 직면했을 경우에도 개입할 가능성이 높다. 훈련은 사회적 비용이 초래될 때 남의 개입을 돕는 중요한 역할을 한다.

그릇된 행동에 대응하는 사람들이 갖게 되는 가장 큰 공포는 불편한 기분이다. 당황스러운 상황, 기분을 원치 않는 것이다. 단순한 전략을 배우는 것만으로도 도덕적 용기를 기를 수 있지만, 이는 기술이 필요하다. 여행 경비를 부풀리는 동료에게 대응하는 것과 동료의 성차별적 언급을 지적하는 것은 다른 접근 방식이 요구된다. 1장에서 설명한 것처럼 밀그램 실험에서 연구진의 지시에 가장 잘 저항한 사람은 다양한 방식으로 대응한 사람들이었다.[2]

의견을 알리는 첫 번째 전략은 빠르고 분명하게 걱정이나 반대를 전달할 방법을 찾는 것이다. 일장 연설을 늘어놓으면서 남을 가르칠 필요는 없다. 또한 상대방에게 모욕을 줄 이유도 없다. 그릇된 행동을 한 사람과 이를 지켜본 사람에게 그 말이나 행동이 옳지 않다는 사실만 간단하게 알리면 된다.

직장 내에서 동성애 혐오 발언에 대한 대응을 조사한 연구에서는 가장 효과적인 대응 방법이 조용하면서도 직접적으로 "그건 불편합니다" 또는 "그런 단어는 사용하지 마세요"라고 알리는 것이었다.[3] 학교에서의 괴롭힘이나 부하를 마구 다루는 동료를 제지하는 것까지 다른 해로운 행동에서도 유사한 접근법이 사용될 수 있다. 만약 공개적으로 용인할 수 없다는 말을 하면 수용할 수 없다는 의지를 분명히 할 수 있다. 이는 새로운 사회적 잣대를 만드는 중요한 첫 번째 단계이다.

또 다른 방법은 그들이 아니라 자신에게 불편하다는 뜻을 전달하는 것이다. 이 방법은 상대가 기분 나빠하거나 방어적 태도를 취할 위험을 덜어주면서도 여전히 이들의 행동과 언급이 틀렸다는 사실을 주지시킨다. 이를 위해서 자신의 행동을 설명하기 위해서 자신과의 연관성을 보여주는 방법이 있다. 예를 들어, "나는 성당을 다니면서 자랐기 때문에 그런 말은 불편해"라거나 "내 친한 친구가 고등학교에서 성폭력을 당한 적이 있어. 그래서 그런 농담은 불편해"라고 말하는 것이다.

마지막 전략은 상대의 불편한 말을 유머라고 추정하고(실제는 그렇지 않더라도), 그에 맞게 대응하는 것이다. 누군가 여성 대통령에 관한 성차별적 언급을 했다면 "그거 재미있네! 하지만 여성 대통령은 너무 감정적이라고 진짜로 생각하는 사람도 있더라고" 하는 식으로 받아넘기는 것이다. 이러한 접근 방식은 당사자와 주변에 자신은 그 말에 동의하지 않는다는 사실을 분명히 밝히면서, 발언의 당사자가 어리숙해 보이도록 또는 나쁘게 보이도록 만들지 않는 장점이 있다. 이 과정에서 상대를 당신의 편으로 끌어들여 외부인에서 내부인으로 변화시킬 수도 있다.

실천, 실천 그리고 또 실천

편견이나 비윤리적 행동에 대응하는 다양한 방법을 배운다면 변화를 만들 수 있다. 하지만 기술과 전략만으로는 부족하다. 실제로 적용해봐야 한다. 불쾌한 말과 문제가 되는 행동에 대해 다양한 종류의 대응을 실습하면 의견을 밝히고 대응하는 일이 일상적으로 생각될 것이다. 뿐만 아니라 현실에서의 개입에 자신감도 갖게 된다.

중고등학교, 대학교, 일터에서 가장 효과를 거둘 수

있는 프로그램은 어려운 상황을 해결하는 방법에 대한 훈련을 제공할 뿐만 아니라 훈련 참가자에게 계획된 활동과 역할 이행을 실습할 수 있는 풍부한 기회를 제공해야 한다. 고등학교와 대학교에서의 성폭력 예방, 뉴올리언스 EPIC 훈련에서 사용된 개입 프로그램의 특별한 점이 바로 이것이다.

　　　훈련과 실습은 어린 아이에게서도 효과가 확인되었다. 텍사스 대학교의 연구진은 미국 남서부에서 유치원생부터 초등학교 3학년까지 성차별적 언급에 대응하는 방법에 관한 프로그램을 시행했다.[4] 모든 아이는 따돌림와 성별 정형화에 대한 수업을 받았다. 예를 들어 "게임은 남자만 하는 거야", "너는 여자아이라 의사는 안 돼. 간호사를 해야지", "남자들이 여자보다 수학을 잘 한다" 같은 말을 예로 들었다. 일단 학생들을 두 집단으로 나뉘었다. 첫 번째 집단의 아이들에게는 같은 학생의 성차별적 말에 직면하는 방법에 대한 두 가지 이야기를 들려주었다. 이후 이야기 중 가장 좋아하는 부분을 그림으로 그리게 했다. 두 번째 집단의 아이들은 성차별적 발언에 맞서는 방법을 실습했다. 예를 들어, "잠깐, 그런 식으로 나누는 건 좋지 않아!", "난 동의 안 해! 난 성차별은 말이 안 된다고 생각해!"라고 외치는 연습이었다.

　　　훈련 후 연구진은 일부러 두 집단의 아이들을 성차별적 발언에 노출시켜 대응을 평가했다. 연구진은 아이들이 각자 누군가의 분실물을 사무실로 가져다주도록 했다. 분실물은 성적 정형화에 반대되는 것들이었다. 예를 들어, 어떤 소녀의 것이라면서 공구 벨트를 가져다 달라거나, 남자 아이의 것이라면서 앙증맞은 손지갑을 가져다 달라고 했다. 사무실로 오는 길에 동성의 아이가 "그 지갑은 여자 거야!" 또는 "공구 벨트는 남자가 쓰지!"라는 식의 성차별적인 발언을 하도록 했다. (실험 대상인 아이가 만난 동성 친구는 연구진의 교육을 따르도록 지시를 받았으며, 교사는 아이가 지시대로 행동하는지 관찰했다.) 연구진은 아이들의 반응을 기록했고, 아이들의 반응은 네 카테고리로 구분되었다. 첫 번째는 합의("나도 그렇게 생각해")였고, 두 번째는 무시(동성 친구를 모르는 척 지나친다)였으며, 세 번째는 반대("그런 말을 하면 안 돼"), 네 번째는 도전("남자나 여자를 위한 물건이라는 건 없어")이었다.

이 결과는 교육의 장점을 보여준다. 성차별 발언에 대응하는 법을 배운 아이 중 20%는 어떤 방식으로든 성차별에 도전한 반면, 교육을 받지 않은 아이들은 단 2%만 성차별에 도전했다. 대응하는 전략을 배우는 것만으로는 부족하다. 우리 모두 실제 상황에서 실천하는 것이 중요하다.

작은 변화로부터

도덕 저항가를 키우기 위한 또 다른 중요한 전략은 사람들이 올바른 방향으로 가도록 유도하고, 작은 변화라도 이루도록 훈련시키는 것이다. 또는 옳지 못한 방향으로 향하는 움직임은 작은 것이라도 거부해야 한다. 이 작은 변화가 큰 변화로 이어질 수 있다. 앞에서 설명한 것처럼, 이러한 접근 방식은 중고등학교에서의 따돌림, 대학교에서의 성폭력, 경찰서의 문제 행동 예방을 위해 설계된 가장 효율적인 프로그램들에서 모두 사용한 것이다. 아이들과 교사가 괴롭힘이 심해지기 전에 욕설이나 따돌림 등 미묘한 폭력을 목격하고 개입해야 하는 것도 이 때문이다. 기업이 윤리적 행동을 촉발하는 미묘한 신호를 만들어 노동자들이 문제 행동의 징후를 보이는 것을 막아야 하는 것도 같은 이유이다.

전 세계적으로 여러 연구에서 사람들에게 작은 행동이 어떻게 큰 폭력으로 이어지는지 보여주어 위험한 상황을 막고 행동의 동기를 부여할 수 있다는 것을 보여주었다. 심리학자인 어빈 스타웁과 로리 펄맨은 사람들의 공감을 늘리고 권위에 대한 복종 경향은 줄일 수 있다는 것을 보여주었다.[5] 두 사람은 르완다, 부룬디, 콩고에서 치유와 화해를 홍보하면서 "수동적 태도는 악행을 발전시키고, 사람들의 행동은 이를 막는다", "가치 폄하는 폭력의 가능성을 높이고, 인간다움은 폭력을 줄인다" 등의 주제를 강조하는 워크숍과 라디오 드라마를 통해 옳지 못한 행동에 직면했을 때 행동하지 않으면 심각한 결과를 초래하게 된다고 강조했다. 1년 후, 이들의 메시지에 노출된 사람들은 의견을 전달하려는 의지가 높아진 것으로 나타났다. 일단 사람들이 침묵의 결과를 이해하게 되자 이들은 행동에 나섰다. 비인간적 언어나 물리적 구분 등 작은 행동에 대한 저항에 불과했지만, 인종 학살을 예방하는 놀라운 결과로 이어졌다.

이 결과는 초기 개입의 중요성을 입증한다. 올바른 방향으로의 작은 노력을 시작한 사람을 도덕 저항가로 변화시킬 수 있다는 것을 보여주는 결과이기도 했다. 유대인을 도운 독일인들은 박해받을 처지에 놓인 사람을 도운 보통 사람이었다.[6] 이들은 상점에서 물건을 살 수 없게 된 유대인 이웃을 위해 식량과 물건 등을 대신 구입하는 등의 작은 도움에서 시작해 이후 짧은 기간이라도 이들을 숨겨주는 등 더 중요하고 위험한 행동을 하게 되었다. 나치 독일에서 유대인을 구했던 사람들의 목숨을 건 노력은 극단적이면서도 이례적 역사이다. 하지만 우리의 일상 속에서도 도덕 저항가를 찾을 수 있다. 숙제를 베끼려는 학급 친구를 말리고, 사무실에서 성차별적 발언을 제지하며, 스포츠팀에서의 괴롭힘을 알리는 일도 도덕 저항이다. 도덕 저항가의 시작은 용기 있는 첫걸음을 떼는 것에서 시작된다.

공감은 기술이다

2017년, 다트머스 대학교 대학원에서 심리학과 신경 과학을 전공하던 크리스티나 라푸아노는 대학 행정 당국에 자신의 지도 교수인 윌리엄 켈리를 고발하는 어려운 결정을 내렸다. 라푸아노는 2년 전 회의에서 두 사람이 술을 많이 마셨을 때 켈리에게 성폭행을 당했다고 대학 행정 당국에 알렸다. 라푸아노는 켈리가 다른 여학생에게도 같은 범행을 계속하고 있다는 사실을 알게 된 후 이 사실을 고발했다. 라푸아노는《뉴욕타임스》와의 인터뷰에서 "후배들에게까지 이어지는 범죄를 끝내고 싶었습니다. 끔찍한 범죄가 지금도 계속되고 있었습니다"라고 털어놓았다.[7]

라푸아노는 다른 여성에 대한 공감 때문에 옳지 못한 행동을 고발할 용기를 얻었다. 공감은 도덕 저항가의 공통점이다. 괴롭힘이나 성폭력 같은 나쁜 행동을 목격했을 때 사람들에게 개입을 위한 힘을 실어주기 위해 개발된 프로그램은 행동의 동기를 부여하기 위해 희생자와의 공감을 형성하는 데 집중한다. 9장에서 설명한 것처럼 인종이나 문화적 배경이 다른 이들과 시간을 보낸 후에는 이들에게 공감하고, 이들이 도움이 필요할 때 개입할 가능성이 높아진다.

　　이러한 사실은 비관적이면서도 동시에 용기를 준다. 우리가 살고 있는 사회는 양극화가 심화되고 있다. 사람들은 '우리'와 '저들'을 구분한다. 미국의 경우 보수와 진보로, MSNBC와 폭스 뉴스 시청자로, 동부 해안의 엘리트와 미국 내륙의 '진짜 미국인'으로 분열되고 있다. 이러한 분열은 서로 오랜 시간 함께 하지 못하게 만들고, 그 결과 서로에 대해 공감하기 어렵게 만든다. 어쩌면 미국에서 공감 능력이 감소하는 원인은 이 때문인지도 모른다.

　　하지만 공감은 태어나면서 얻는 특성이 아니다. 분명 기를 수 있다. 어떤 사람들은 다른 사람의 눈을 통해서 쉽게 세상을 바라본다. 하지만 그렇지 못하더라도 시간과 노력을 통해 더욱 공감하고, 도덕적 용기를 얻을 수 있다.

이상적인 '우리'의 모습

사람들은 낯선 이들보다는 친구를 더 적극적으로 돕는다. 친구가 직장에서 괴롭힘을 당하거나 성폭력에 희생된다면 적극적으로 보호하려고 한다.[8] 모르는 타인보다는 공통점이 있는 타인을 더 도우려고 한다. 예를 들어, 같은 스포츠팀의 팬이라면 더 도우려고 한다.

차이보다 공통점에 집중해 같은 집단의 내부인을 늘리는 것은 상대적으로 쉽게 개입할 수 있는 방법이다. 2장에서 맨체스터 유나이티드의 팬은 라이벌 팀의 유니폼을 입은 사람보다 맨유의 유니폼을 입은 타인을 더 적극적으로 도왔다.[9] 연구진은 후속 연구에서 다시 맨체스터 유나이티드의 팬을 모집해 동일한 누군가가 아파하면서 쓰러지는 응급 상황에 노출시켰다. 쓰러진 사람은 맨유와 리버풀의 유니폼, 또는 아무 무늬도 없는 티셔츠를 입었다.

이 실험에서 달랐던 점은 실험 참가자들에게 사고 목격 전, 축구 팬들 사이의 공통점에 대한 짧은 글을 쓰도록 한 것이다. 또한 자신에게 있어 축구를 좋아한다는 것이 얼마나 중요하고, 다른 축구 팬들과 어떠한 유대 관계를 가지고 있는지 물었다. 이러한 과정의 목적은 특정 팀의 팬이 아니라 축구 팬 전체로 공통의 정체성을 확대하기 위함이었다.

실험 참가자 중 80%는 맨체스터 유나이티드 유니폼을 입은 사람을 도왔다. 아무런 무늬도 없는 티셔츠를 입은 사람을 도운 실험 참가자는 단 22%였다. 하지만 이전 실험과 달리 라이벌인 리버풀 유니콤을 입은 사람을 도운 실험 참가자는 70%나 되었다. (이전 실험에서는 소수만 도움을 주었다.)

　　자신과 타인의 연결에 대해 생각을 확대하면 행동하지 않는 인간의 자연스러운 본성을 극복할 수 있다. (남학생 사교 모임 회원이라고 생각하는 대신 같은 대학 학생이라고 생각하고, 특정 인종이나 동일 종교인이라고 생각하는 대신 미국인 또는 영국인으로 생각한다. 궁극적으로는 모두 같은 인간이라고 생각하는 것이다.)

우리에게는 윤리적 지도자가 필요하다

내 아들 로버트는 라크로스팀에 속해 있었다. 어느 봄날 아침, 라커룸에서 팀의 동료들이 주말 계획을 주제로 이야기를 나눌 때 로버트는 그 이야기를 듣고 있었다. 누군가 그날 밤에 여자 친구와 춤을 추러 갈 생각이라고 하자 누군가가 장난으로 "그 자식 이름이 뭐냐?"라고 물었다. 다른 아이들이 웃음을 터뜨리자, 코치는 "남자랑 데이트를 할 수도 있고, 여자일 수도 있지. 그게 뭐 중요하니?"라며 끼어들었다고 한다.

　　나는 로버트의 이야기를 들으면서 코치가 라커룸에서 아이들에게 전달한 메시지가 무척 고마웠다. 코치, 교사, 정치 지도자처럼 집단의 지도자이거나 권한이 있는 사람의 역할은 도덕적 용기를 갖게 하는 데 있어서 특히 중요하다. 이들의 말과 행동은 수용하지 못할 행동에 대한 분명한 메시지를 전달한다.

내가 암허스트 대학교에서 막 일을 시작했을 때, 나는 25명의 학생을 가르쳤다. 이중 다섯 명은 풋볼팀 선수였다. 이 학생들은 정기적으로 수업에 참여했지만, 수업 시간의 토론에는 참여하지 않았다. 다른 학생들에게는 좋지 않은 예였다. 이들은 상당히 눈에 띄었다. 무엇보다 다른 학생보다 덩치가 훨씬 컸기 때문이다. 또한 캠퍼스 내에서의 위상이 상당했다. 이들을 토론에 참여시키는 것은 여간 힘든 일이 아니었다. 나는 풋볼팀 코치였던 EJ 밀스에게 이메일을 보내 수업 시간에 벌어지는 일을 설명하고, 그의 도움을 청했다.

밀스는 영리한 해결책을 내놓았다. 밀스는 그 수업을 듣는 선수의 이름을 모두 알려달라고 요청했다. 그러고는 내 말을 모두에게 전달했다. 그의 메시지는 짧았다. "다음 주 샌더슨 교수님의 수업에서 단 한 마디도 하지 않은 사람은 토요일 시합에서 뛰지 못한다." 짐작했겠지만, 문제는 단번에 해결되었다.

지도자의 위치에 있는 누군가의 강력한 메시지는 모든 종류의 사회적 기준을 만드는 데 큰 도움을 줄 수 있다. 대학생 풋볼 선수 3000명을 대상으로 진행한 한 연구를 보면, 코치가 경기장 밖에서 벌어지는 선수들의 부적절한 행동에 대해 언급할 것이라고 생각할 경우 선수들이 문제 행동을 목격했을 때 개입할 가능성이 상승하는 것으로 확인되었다.[10] 또한 선수들에게 코치나 팀원이 이성을 올바르게 대우하는지, 관계에서의 폭력은 발생하지 않는지, 주변에서 옳지 않은 일이 발생했을 때 대응하는 것에 대한 언급을 들은 적이 있는지 물었다. 그리고 코치가 경기장 밖에서 벌어지는 옳지 못한 행동에 대해 강하게 규제하는지 물었다. 마지막으로는 적절하지 않은 성적 행동으로 이어질 수 있는 상황에서 개입할 의도가 있는지도 물었다.

확인 결과 코치의 말은 중요했다. 코치나 팀원으로부터 올바른 행동과 문제 행동에 대해 목소리를 높이는 것이 얼마나 중요한지 들은 선수들은 부적절한 성적 행동을 예방하기 위해 개입할 가능성이 높았다. 코치가 경기장 밖에서의 행동 위반에 대해 제재를 하겠다고 강조한 경우에도 그러한 행동을 막기 위해 개입했다고 답할 확률이 높았다. 이 연구는 선수들이 실제 의도에 따라 행동했는지를 알려주지는 않는다. 하지만 적어도 이러한 올바른 의도를 만들기 위한 역할을 이행했다는 사실은 보여준다.

집단을 이끄는 사람들의 다양한 형태를 기억하길 바란다. 코치, CEO, 경찰서장, 대학 학장처럼 공식적인 지도자가 있다. 하지만 비공식적 지도자의 역할을 이행하는 사람도 많다. 고등학교의 경우 상급생은 후배들에게 모델이 되는 경우가 많다. 또한 신입 사원은 상사를 보고 조직의 기준을 배운다. 조직 내에 있는 윤리적 지도자 한 사람이 다른 구성원에게 모범이 되며, 도덕적 용기에 대한 긍정적 전파 효과를 만들 수 있다.

함께 싸울 친구를 찾으라

이 책에서는 주변의 친구를 통해 올바른 행동을 위한 도덕적 용기를 권고받았던 다수의 사례를 소개했다. 고등학교에서 분홍색 옷을 입었다고 따돌림당한 신입생을 돕기 위해 '분홍색 셔츠의 바다'를 연출한 학생들도 있었고, 스탠퍼드 대학교의 성폭력을 고발한 두 명의 스웨덴 대학원생도 있었다. 기업의 경우 에리카 청과 타일러 슐츠라는 두 명의 직원이 개인적으로, 그리고 경력에서도 상당한 파장을 감수하고 의료 진단 기업인 테라노스의 사기 행각을 고발했다. 도덕적 용기의 중요한 열쇠는 분노를 공유하고 함께 행동할 의지가 있는 친구를 찾는 것이다.

　　스탠퍼드 대학교 사회학과 교수인 더그 맥아담은 가장 우세한 사회적 기준에 맞설 수 있는가의 척도가 함께 할 동료라고 말한다.[11] 1960년대, 노스캐롤라이나주 그린즈버러에 위치한 슈퍼마켓 체인 울워스의 간이 식당에서 연좌 농성을 시작한 흑인 대학생 네 명은 좋은 친구이자 룸메이트 사이였다. 이들 중 세 명은 같은 고등학교를 졸업했다. 이들의 우정은 괴롭힘과 인종 차별, 폭력의 위협을 함께 극복하는 데 도움이 되었다.

　　　이러한 사례는 압박에 대한 저항을 극복하기 위해서는 혼자가 아닐 때 훨씬 쉽다는 연구 결과와 일치한다. 솔로몬 애쉬의 판단에 대한 연구에서 실험 참가자들이 단체가 제공한 옳지 못한 답에 순응하지 않는 능력을 보여주는 가장 큰 척도는 함께 저항할 사람의 존재 여부였다. 마찬가지로 밀그램의 연구에서 실험 참가자들이 타인에게 충격을 가하도록 했을 때 누군가 먼저 거부하자 이후 다른 실험 참가자도 거부할 수 있었다.[12] 타고난 도덕 저항가가 아니라면, 비슷한 생각을 가진 친구를 찾는 것이 도덕적 용기를 보여줄 능력을 얻기 위한 올바른 단계가 된다.

높은 수준의 기준을 추구하라

앞에서는 집단 내에서 집단의 기준에 대항하는 것이 얼마나 어려운지 설명했다. 집단이 친구들이든, 남학생 사교 모임이든, 동료들이든 마찬가지였다. 침묵하는 방관자에서 적극적으로 도움을 주는 사람으로 변화시키기 위해서는 기준을 바꾸고, 사람들에게 자신이 믿는 기준이 틀렸을지도 모른다는 사실을 알려야 한다.

중고등학교, 대학교, 직장 등 새로운 환경에 속하게 되면 그 집단이 가지고 있는 기준이 무엇인지 알지 못한다. 그래서 새롭게 속하게 된 사람들의 믿음은 목소리를 높일 수 있는 기회가 되기도 한다. 중고등학교, 대학교, 직장 내의 동료 리더들은 침묵하지 않는 것의 가치를 강조하고, 방관하는 것이 아니라 개입하는 문화를 주장할 수 있다. 뉴올리언스 EPIC 프로그램의 기반이 된 연구를 진행한 어빈 스타웁은 이렇게 말한다. "생각을 바꾸어야 합니다. 경찰들이 수동적 방관자로 남는다면 결국 동료의 행동에 책임을 지게 된다는 점을 알아야 합니다. 서로에 대한 의리를 저버리라는 것이 절대 아닙니다. 진정한 의리가 무엇인지 깨닫기를 바라는 것입니다. 침묵하는 대신 과도한 폭력이 발생하는 것을 막는 것이 진정한 의리입니다."[13]

기준을 바꾸면 행동도 바꿀 수 있다. 한 연구에서는 호텔 투숙객을 대상으로 에너지 절약을 위한 수건 재사용을 권하는 다양한 메시지를 제시해 효과를 비교했다.[14] 일부 투숙객에게는 "환경을 지켜주세요. 수건 재사용은 자연을 존중하고 환경을 보호할 수 있습니다"라는 친환경 메시지를 사용했다. 또 다른 투숙객에게는 비슷하지만 약간 느낌이 다른 메시지를 사용했다. "환경을 보호하는 다른 투숙객의 노력에 동참해보세요. 투숙객의 75%는 수건을 한 번 이상 재사용해 호텔의 새로운 에너지 절약 프로그램에 참여하고 있습니다. 여러분도 수건을 재사용해 환경 보호에 동참해보세요"라는 메시지였다.

실험 결과 두 번째 메시지가 훨씬 효과적이었다. 첫 번째 메시지를 받은 투숙객 중 수건 재사용에 동참한 사람은 38%였지만, 두 번째 메시지를 받은 투숙객은 48%가 수건 재사용에 동참했다. 타인의 행동 변화를 인지하면 자신의 행동을 바꿀 가능성도 상승했다. 그룹 내 구성원의 대부분(여기에서는 투숙객)이 특정 활동에 참여하고 있다고 생각하면 자신도 행동을 바꾸어야 한다고 생각하게 된다.

단순히 사회적 집단의 실질적 기준을 알려주는 것만으로도 행동의 변화를 끌어낼 수 있다. 예일 대학교의 알랜 거버와 연구진은 투표에 대한 사회적 기준을 알리는 것이 단순히 투표가 의무라고 말하는 것보다 투표율 상승에 효과가 있다는 사실을 깨달았다.[15] 한 연구에서는 미시간주에 거주하는 주부 8000명을 대상으로 네 가지 투표 독려 우편물을 발송

했다. 첫 번째 우편물은 투표가 사회적 의무라고 강조했고, 두 번째 우편물은 공식 기록으로 투표 참여율을 연구 중이라고 했다. 세 번째 우편물은 주부의 투표 참여율을 기재했고, 네 번째 우편물은 이웃의 투표 참여율과 주부의 투표 참여율을 기재했다. 실험 결과 네 번째 우편은 투표율을 8.1%나 끌어올려 가장 효과가 뛰어난 것으로 확인되었다. 반대로 첫 번째 우편물은 투표율을 1.8% 상승시켜 효과가 가장 적었다. 이 사례를 통해 이웃의 투표율을 알리는 것처럼 약한 사회적 압박이 참여율을 높이는 효율적 방법임을 확인할 수 있다.

현재의 사회적 기준을 알리는 것은 일반적 인식이 잘못되었을 때 특히 중요하다. 3장에서 설명한 것처럼 사람들은 개인적 믿음과는 다른, 공개적으로 전파되는 말에 의존하기 때문에 타인의 생각과 느낌을 오해하고는 한다. 이러한 오해 때문에 자신은 불편하게 느끼면서도, 타인은 불편하게 느끼지 않는다고 생각해 목소리를 내지 않게 된다. 오해를 수정하고, 오해를 만들고 유지한 심리적 힘을 제대로 이해하면 사람들의 행동을 변화시킬 수 있다. 오해를 교정하면 사람들이 따돌림에 맞서고, 술을 덜 마시며, 성폭력을 막기 위해 용기 있게 개입하고, 직장에서 경험하는 불쾌한 언행을 지적하도록 할 수 있다.

이제, 당신은 무엇을 선택할 것인가

도덕 저항가가 되겠다고 결정하면 침묵하고 방관하는 문화를 용기 있게 행동하는 문화로 바꿀 수 있다.

펜실베이니아 대학교의 데이먼 센톨라의 최근 연구는 다수가 지지하지 않더라도 대규모 사회적 변화를 이룰 수 있다고 주장한다.[16] 실제로 집단 구성원 중 25%의 지지를 확보하면 새로운 기준을 세우기 위한 임계점을 만드는 데 충분하다. 작지만 강력한 소수는 재사용을 위한 분리수거, 투표 독려 등 사회적 변화를 실현할 수 있다.

동성 결혼 허용은 사회가 빠르게 변화한 대표적인 사례이다. 내 딸 캐롤린은 2004년에 태어났다. 그 해에 메사추세츠주는 미국에서 처음으로 동성 간의 결혼을 법적으로 허용했다. 2015년, 미국 대법원은 동성 간의 결혼이 근본적 권리라고 판결했다. 미국의 거의 모든 주에서는 동성 간의 결혼이 불법이었지만, 전국적으로 단 11년 만에 합법으로 인정받는 놀라운 변화에 대해 캐롤린이 했던 말이 아직도 생생하다. 캐롤린은 "왜 이렇게 오래 걸렸죠?"라고 물었다. 내가 캐롤린 만한 나이었을 때는 동성 결혼이 가능할 것이라고는 꿈에도 상상하지 못했다. 동성연애자가 미국의 대통령 후보가 될 것이라고도 짐작하지 못했다. 어쩌면 공격적인 말을 듣거나, 성적으로 문제가 되는 행동을 목격하고, 직장에서 목격한 부정행위에 대응해 행동하기를 기대하는 문화를 만드는 것은 그다지 큰 노력이 필요하지 않을지도 모른다. 법학자 카스 선스타인은 《변화는 어떻게 시작되는가》에서 침묵하고 방관하도록 만드는 사회적 기준은 어떻게 무너지고, 사회적 변화를 가져오는지 설명했다.[17] 가끔은 한 사람의 목소리만으로 충분할 수 있다. 한 사람의 목소리가 다른 사람이 목소리를 높일 수 있도록 용기를 준다면 그것으로 충분하다.

쉬운 선택은 달콤하다. 그냥 외면하고, 다른 누군가 행동하기를 기다리면 된다. 하지만 변화를 만들 수 있음에도 불구하고 그렇지 않기로 선택한다면 그 결과를 수용해야 한다. 《에덴의 동쪽》에서 존 스타인벡이 표현한 것처럼, "인간은 선과 악의 거미줄에 걸려들고는 한다. 삶과 생각, 배고픔, 야심에 사로잡히고 탐욕과 잔인함에도 빠진다. 하지만 친절함과 관대함에 사로잡힐 수도 있다. 사람은 인생의 먼지와 파편을 치우면 자신에게 이렇게 묻게 된다. 그것은 선일까, 악일까? 내가 잘한 것일까, 아닐까?"[18]

부디 여러분이 이 책에서 소개한 전략을 일상에서 활용하고, 의문을 제기하고, 발견하게 된 답을 자랑스러워할 수 있기를 바란다.

감사의 말

우선, 처음부터 내 아이디어에 열정을 보여주고, 나의 제안을 가다듬을 가이드를 제시하기 위해 노력을 아끼지 않았던 출판 에이전트 조에 파그나멘타의 노력에 감사한다. 오후에 에이전트에 문의 편지를 보내면 불과 몇 시간도 지나지 않아 관심을 담은 회신을 받았을 수 있었다. 심지어 그들은 자정이 넘은 시간도 마다하지 않았다. 어느 아침에는 남편에게 이렇게 늦은 밤까지 이메일을 읽고 답하는 에이전트라면 내가 찾던 곳이라고 말한 적이 있다. 이러한 나의 판단은 옳았다. 앨리슨 루이스를 비롯해 파그나멘타의 팀원 모두가 지금까지 보여준 지지에 감사를 표한다. 저작권 수출 업무를 담당한 새라 비탈레와 제스 호어, 그리고 크리스틴 울프에게도 감사한다.

또한 이 책의 방향을 잡아준 편집자 조이 드 메닐의 아낌없는 노력에 무척 감사한다. 나는 메닐과의 첫 만남 자리에서 일반 독자를 대상으로 한 책을 집필하는 것에 대해 "어떻게 해야 할지 갈피를 잡지 못하겠어요"라고 말했었다. 그럼에도 메닐은 나를 신뢰했고, 원고를 수없이 주고받으면서 사려 깊은 조언을 아끼지 않았던 것에 감사한다. 덕분에 내 생각과 아이디어를 공유하고, 지나치게 어려운 용어는 제할 수 있었다. 또한 조이 덩, 소냐 본첵, 표지를 디자인한 그라시엘라 갤럽, 원고를 공들여 편집한 루이즈 로빈스 등 하버드 대학교 출판사 관계자 모두에게 감사를 표한다.

마찬가지로 영국 하퍼콜린스의 올리비아 마슨, 잭 스미스, 헬렌 업턴, 조 톰슨에게도 감사를 표한다. 특히 프로젝트의 모든 단계에서 열의를 보여주고 영국 시장에서의 판매를 위해 세심하게 배려해준 아라벨라 파이크에게 특별한 감사를 표한다.

이 책이 독자들에게 선보이는 과정에서 수많은 사람의 도움이 있었다. 이 책의 첫 작업을 가능하게 만들었던 오스틴 사랏과 자금을 모아준 암허스트 대학교 행정실, 처음으로 내 원고가 책으로 만들어질 수 있다고 말해주고 내 생각을 구성할 수 있도록 무한한 도움을 준 세셀리아 칸첼라로에게 감사한다. 신경 과학 기법과 신경 해부학에 대한 문의에 답해준 동료 맷 슐킨트와 사라 터전, 로즈 코웰에게 감사한다. 특히 원고 초안을 검토해주고 자세한 피드백을 준 스티브 톰슨에게 감사한다. 어빈 스타웁이 제공한 철저하고 사려 깊은 의견에 특히 감사를 표한다. 방관자 효과에 대한 이해를 위해 스타웁의 개인적인 경험과 전문성을 모두 활용할 수 있었다. 또한 저녁 파티, 점심 식사, 근무 시간 중에 아이디어에 대해 계속 이야기하고, 연구와 실제 사례에 대한 유용한 제안을 보내준 많은 친구, 동료, 학생들에게 감사를 표하고 싶다.

마지막으로, 남편 바트 홀랜더에게 고맙다고 말하고 싶다. 프로젝트의 부침 속에서도 "잘 되어가?"라고 묻지 않아

주고, 우리의 휴가라는 게 몇 시간 동안 카페에 앉아 미친 듯이 글을 써 내려가는 내 모습을 바라보는 것이라는 사실을 기꺼이 수용해준 데 깊은 감사를 표한다.

참고문헌

1. 괴물에 대한 환상

1. 다음 글을 참고하라. S. L. Plous and P. G. Zimbardo, "How social science can reduce terrorism," *Chronicle of Higher Education*, September 10, 2004.

2. S. Klebold, *A Mother's Reckoning: Living in the Aftermath of Tragedy* (New York: Crown, 2016). (수 클리볼드, 《나는 가해자의 엄마입니다》)

3. P. G. Zimbardo, "The human choice: Individuation, reason, and order vs. deindividuation, impulse, and chaos," in *Nebraska Symposium on Motivation*, ed. W. J. Arnold and D. Levine, 237-307 (Lincoln: University of Nebraska Press, 1969).

4. A. Silke, "Deindividuation, anonymity, and violence: Findings from Northern Ireland," *Journal of Social Psychology* 143 (2003): 493-499.

5. E. Diener, R. Lusk, D. DeFour, and R. Flax, "Deindividuation: Effects of group size, density, number of observers, and group member similarity on self-consciousness and disinhibited behavior," *Journal of Personality and Social Psychology* 39 (1980): 449-459.

6. A. J. Ritchey and R. B. Ruback, "Predicting lynching atrocity: The situational

norms of lynchings in Georgia," *Personality and Social Psychology Bulletin* 44, no. 5 (2018): 619-637.

7. 일부 신경과학자들은 가설을 검증할 때 특정한 통계적 오류, 즉 비 독립적 오류를 범했다는 비난을 받아왔다. 이러한 오류는 먼저 하나의 통계 테스트를 사용하여 분석할 데이터를 선택한 다음 두 번째(비 독립) 통계 테스트를 사용하여 데이터를 분석할 때 발생한다. 이러한 통계적 오류에 대해서는 다음 문헌에서 자세히 설명하고 있다. American Psychological Association, "*P*-values under question," *Psychological Science Agenda*, March 2016, https://www.apa.org/science/about/psa/2016/03/p-values; A. Abbot, "Brain imaging studies under fire," *Nature* News, January 13, 2009, https://www.nature.com/news/2009/090113/full/457245a.html.

8. Massachusetts Institute of Technology, "When good people do bad things," *ScienceDaily*, June. 12, 2014, https://www.sciencedaily.com/releases/2014/06/140612104950.htm.

9. M. Cikara, A. C. Jenkins, N. Dufour, and R. Saxe, "Reduced self-referential neural response during intergroup competition predicts competitor harm," *NeuroImage* 96 (2014): 36-43.

10. A. C. Jenkins and J. P. Mitchell, "Medial prefrontal cortex subserves diverse forms of self-reflection," *Social Neuroscience* 6, no. 3 (2011): 211-218; W. M. Kelley, C. N. Macrae, C. L. Wyland, S. Caglar, S. Inati, and T. F. Heatherton, "Finding the self? An event-related fMRI study," *Journal of Cognitive Neuroscience* 14 (2002): 785-794; C. N. Macrae, J. M. Moran, T. F. Heatherton, J. F. Banfield, and W. M. Kelley, "Medial prefrontal activity predicts memory for self," *Cerebral Cortex* 14, no. 6 (2004): 647-654.

11. 다음 글을 참고하라. A. Trafton, "Group mentality," MIT Technology Review website, posted August 5, 2014, https://www.technologyreview.com/s/529791/group-mentality/.

12. S. Milgram, "Behavioral study of obedience," *Journal of Abnormal and Social Psychology* 67, no. 4 (1963): 371-378.

324

13. J. M. Burger, "Replicating Milgram: Would people still obey today?" *American Psychologist* 64 (2009): 1-11; D. Doliński, T. Grzyb, M. Folwarczny, P. Grzybała, K. Krzyszycha, K. Martynowska, and J. Trojanowski, "Would you deliver an electric shock in 2015? Obedience in the experimental paradigm developed by Stanley Milgram in the 50 years following the original studies," *Social Psychological and Personality Science* 8, no. 8 (2017): 927-933.

14. W. H. Meeus and Q. A. Raaijmakers, "Administrative obedience: Carrying out orders to use psychological.administrative violence," *European Journal of Social Psychology* 16 (1986): 311-324.

15. T. Blass, "Attribution of responsibility and trust in the Milgram obedience experiment," *Journal of Applied Social Psychology* 26 (1996): 1529-1535.

16. A. Bandura, "Moral disengagement in the perpetration of inhumanities," *Personality and Social Psychology Review* 3, no. 3 (1999): 193-209.

17. H. A. Tilker, "Socially responsible behavior as a function of observer responsibility and victim feedback," *Journal of Personality and Social Psychology* 14, no. 2 (1970): 95-100.

18. J. M. Burger, Z. M. Girgis, and C. C. Manning, "In their own words: Explaining obedience to authority through an examination of participants' comments," *Social Psychological and Personality Science* 2 (2011): 460-466. 자신이 학습자에게 해를 끼치는 것에 대해 개인적인 책임감을 느낀다고 말한 실험 참가자 중 3분의 2 정도는 최대치의 충격을 가하기 전에 멈추었지만, 최대치의 충격까지 진행한 실험 참가자의 경우 이들 중 12%만이 개인적인 책임감을 느낀다고 말했다.

19. E. A. Caspar, J. F. Christensen, A. Cleeremans, and P. Haggard, "Coercion changes the sense of agency in the human brain," *Current Biology* 26, no. 5 (2016): 585-592.

20. E. Filevich, S. Kuhn, and P. Haggard, "There is no free won't: antecedent brain activity predicts decisions to inhibit," *PloS One* 8, no. 2 (2013): e53053.

21. S. D. Reicher, S. A. Haslam, and J. R. Smith, "Working toward the experimenter: reconceptualizing obedience within the Milgram paradigm as identification-

based followership," *Perspectives on Psychological Science* 7, no. 4 (2012): 315-324.

22. L. Ross and R. E. Nisbett, *The Person and the Situation: Perspectives of Social Psychology* (London: Pinter and Martin, 2011). (리처드 니스벳·리 로스, 《사람일까 상황일까》)

23. Milgram, "Behavioral study of obedience."

24. M. M. Hollander, "The repertoire of resistance: Non-compliance with directives in Milgram's 'obedience' experiments," *British Journal of Social Psychology* 54 (2015): 425-444.

25. F. Gino, L. D. Ordóñez, and D. Welsh, "How unethical behavior becomes habit," *Harvard Business Review* blogpost, September.4, 2014, https://hbr.org/2014/09/how-unethical-behavior-becomes-habit.

26. D. T. Welsh, L. D. Ordóñez, D. G. Snyder, and M. S. Christian, "The slippery slope: How small ethical transgressions pave the way for larger future transgressions," *Journal of Applied Psychology* 100, no. 1 (2015): 114-127.

27. I. Suh, J. T. Sweeney, K. Linke, and J. M. Wall, "Boiling the frog slowly: The immersion of C-suite financial executives into fraud," *Journal of Business Ethics* (July 2018): 1-29.

28. B. T. Denny, J. Fan, X. Liu, S. Guerreri, S. J. Mayson, L. Rimsky, et al., "Insula-amygdala functional connectivity is correlated with habituation to repeated negative images," *Social Cognitive and Affective Neuroscience* 9 no. 11 (2014): 1660-1667.

29. N. Garrett, S. C. Lazzaro, D. Ariely, and T. Sharot, "The brain adapts to dishonesty," *Nature Neuroscience* 19 (2016): 1727-1732.

30. B. Gholipour, "How telling small lies can make you stop caring about big ones," *HuffPost*, October. 24, 2016, https://www.huffpost.com/entry/brain-dishonesty_n_580e4b26e4b0a03911edfff9.

31. S. J. Gilbert, "Another look at the Milgram obedience studies: The role of the gradated series of shocks," *Personality and Social Psychology Bulletin* 7, no. 4 (1981): 690-695.

32. A. Modigliani and F. Rochat, "The role of interaction sequences and the timing

of resistance in shaping obedience and defiance to authority," *Journal of Social Issues* 51, no. 3 (1995): 107-123.

33. D. J. Packer, "Identifying systematic disobedience in Milgram's obedience experiments: A meta-analytic review," *Perspectives on Psychological Science* 3, no. 4 (2008): 301-304.

34. S. A. Ifill, *On the Courthouse Lawn: Confronting the Legacy of Lynching in the Twenty-First Century* (Boston: Beacon Press, 2007).

35. M. L. King, "Address at the Fourth Annual Institute on Nonviolence and Social Change at Bethel Baptist Church," Montgomery, AL, December 3, 1959, https://kinginstitute.stanford.edu/king-papers/documents/address-fourth-annual-institute-nonviolence-and-social-change-bethel-baptist-0.

2. 이것은 누구의 책임인가

1. M. Gansberg, "37 who saw murder didn't call the police: Apathy at stabbing of Queens woman shocks inspector," *New York Times*, March 27, 1964. 원문을 보면 사건 현장에 있었던 38명의 목격자 중 단 한 명만 경찰에 신고했지만, 키티는 이미 사망한 후였다고 주장했다.

2. S. M. Kassin, "The killing of Kitty Genovese: What else does this case tell us?" *Perspectives on Psychological Science* 12, no. 3 (2017): 374-381.

3. J. M. Darley and B. Latane, "Bystander intervention in emergencies: Diffusion of responsibility," *Journal of Personality and Social Psychology* 8 (1968): 377-383.

4. T. Theisen, "Florida teens heard on video mocking, laughing at man as he drowns in pond, authorities say," *Orlando Sentinel*, July 20, 2017, https://www.orlandosentinel.com/news/os-cocoa-drowning-20170720-story.html.

5. E. Levensen, "Fraternity pledge died 'alone in a room full of people' at party," *CNN*, December 21, 2017, https://www.cnn.com/2017/12/20/us/fsu-fraternity-pledge-death-grand-jury/index.html.

6. D. Boyle, "Muslim women's hijab grabbed by man who tried to pull off headscarf in London's Oxford Street," *Telegraph*, October 18, 2016, https://

www.telegraph.co.uk/news/2016/10/18/muslim-womans-hijab-grabbed-by-man-who-tried-to-pull-off-headsca/.

7. "Chinese toddler left for dead in hit-and-run crash dies," *BBC*, October 21, 2011, https://www.bbc.com/news/world-asia-pacific-15398332.

8. G. Pandey, "India rape: Bystanders ignored Vishakhapatnam attack," *BBC*, October 24, 2017, https://www.bbc.com/news/world-asia-india-41736039.

9. M. Plotner, H. Over, M. Carpenter, and M. Tomasello, "Young children show the bystander effect in helping situations," *Psychological Science* 26, no. 4 (2015): 499-506.

10. Association for Psychological Science, "Children less likely to come to the rescue when others are available," *ScienceDaily*, March 24, 2015, https://www.sciencedaily.com/releases/2015/03/150324132259.htm.

11. S. J. Karau and K. D. Williams, "Social loafing: A meta-analytic review and theoretical integration," *Journal of Personality and Social Psychology* 65 (1993): 681-706.

12. S. Freeman, M. R. Walker, R. Borden, and B. Latane, "Diffusion of responsibility and restaurant tipping: Cheaper by the bunch," *Personality and Social Psychology Bulletin* 1, no. 4 (1975): 584-587.

13. K. D. Williams, S. A. Nida, L. D. Baca, and B. Latane, "Social loafing and swimming: Effects of identifiability on individual and relay performance of intercollegiate swimmers," *Basic and Applied Social Psychology* 10 (1989): 73-81.

14. B. Latane, K. Williams, and S. Harkins, "Many hands make light the work: The causes and consequences of social loafing," *Journal of Personality and Social Psychology* 37, no. 6 (1979): 822-832.

15. S. M. Garcia, K.Weaver, G. B. Moskowitz, and J. M. Darley,"Crowded minds: The implicit bystander effect," *Journal of Personality and Social Psychology* 83 (2002): 843-853.

16. D. H. Cymek, "Redundant automation monitoring: Four eyes don't see more than two, if everyone turns a blind eye," *Human Factors* 7 (2018): 902-921.

17. F. Beyer, N. Sidarus, S. Bonicalzi, and P. Haggard, "Beyond self-serving bias: Diffusion of responsibility reduces sense of agency and outcome monitoring," *Social Cognitive and Affective Neuroscience* 12 (2017): 138-145.

18. 실험 참가자가 다른 두 명의 타인과 주사위 게임을 할 경우, 실험 참가자가 한 개의 주사위를 먼저 던지고 다른 두 명이 나머지 주사위 두 개를 던질 경우보다 실험 참가자가 주사위 세 개를 동시에 던지면 FRN 진폭이 더 작게 나타났다. P. Li, S. Jia, T. Feng, Q. Liu, T. Suo, and H. Li, "The influence of the diffusion of responsibility effect on outcome evaluations: Electrophysiological evidence from an ERP study," *NeuroImage* 52, no. 4 (2010): 1727-1733.

19. M. van Bommel, J.-W. van Prooijen, H. Elffers, and P. A. M. Van Lange, "Be aware to care: Public self-awareness leads to a reversal of the bystander effect," *Journal of Experimental Social Psychology* 48, no. 4 (2012): 926-930.

20. M. Levine and S. Crowther, "The responsive bystander: How social group membership and group size can encourage as well as inhibit bystander intervention," *Journal of Personality and Social Psychology* 95 (2008): 1429-1439.

21. N. L. Kerr and S. E. Bruun, "Dispensability of member effort and group motivation losses: Free-rider effects," *Journal of Personality and Social Psychology* 44, no. 1 (1983): 78-94.

22. A. S. Ross, "Effect of increased responsibility on bystander intervention: The presence of children," *Journal of Personality and Social Psychology* 19, no. 3 (1971): 306-310.

23. R. E. Cramer, M. R. McMaster, P. A. Bartell, and M. Dragna, "Subject competence and minimization of the bystander effect," *Journal of Applied Social Psychology* 18 (1988): 1133-1148.

24. R. F. Baumeister, S. P. Chesner, P. S. Senders, and D. M. Tice, "Who's in charge here? Group leaders do lend help in emergencies," *Personality and Social Psychology Bulletin* 14 (1988): 17.22.

25. J. C. Turner, M. A. Hogg, P. J. Oakes, S. D. Reicher, and M. S. Wetherell, *Rediscovering the Social Group: A Self-Categorization Theory* (Oxford: Basil Blackwell,

1987).

26. M. Levine, A. Prosser, D. Evans, and S. Reicher, "Identity and emergency intervention: How social group membership and inclusiveness of group boundaries shape helping behavior," *Personality and Social Psychology Bulletin* 31 (2005): 443-453.

27. M. Levine and R. Manning, "Social identity, group processes, and helping in emergencies," *European Review of Social Psychology* 24 (2013): 225-251.

28. M. Slater, A. Rovira, R. Southern, D. Swapp, J. J. Zhang, C. Campbell, and M. Levine, "Bystander responses to a violent incident in an immersive virtual environment," *PLOS One* 8, no. 1 (2013): e52766.

29. A. Dobrin, "The real story of the murder where 'no one cared,'" *Psychology Today* blog, posted March 8, 2014, https://www.psychologytoday.com/us/blog/am-i-right/201403/the-real-story-the-murder-where-no-one-cared; H. Takooshian, D. Bedrosian, J. J. Cecero, L. Chancer, A. Karmen, J. Rasenberger, et.al., "Remembering Catherine 'Kitty' Genovese 40 years later: A public forum," *Journal of Social Distress and the Homeless* 5 (2013): 63-77.

3. 침묵을 부르는 불확실성

1. R. L. Shotland and M. K. Straw, "Bystander response to an assault: When a man attacks a woman," *Journal of Personality and Social Psychology* 34 (1976): 990-999.

2. E. Staub, "A child in distress: The influence of age and number of witnesses on children's attempts to help," *Journal of Personality and Social Psychology* 14, no. 2 (1970): 130-140. 이러한 결과는 실험 조건이 서로 다르기 때문에 집단 내에서 실험 참가자를 도울 가능성이 낮던 2장에서 소개한 것과 다를 수 있다. 스타웁의 연구에서 아이들은 서로를 알고 있었고, 고통 상황이 더 심각했다.

3. R. D. Clark and L. E. Word, "Where is the apathetic bystander? Situational characteristics of the emergency," *Journal of Personality and Social Psychology* 29 (1974): 279-287.

4. R. D. Clark and L. E. Word, "Why don't bystanders help? Because of

ambiguity?" *Journal of Personality and Social Psychology* 24 (1972): 392-400.

5. J. Drury, C. Cocking, and S. Reicher, "The nature of collective 'resilience': Survivor reactions to the 2005 London bombings," *International Journal of Mass Emergencies and Disasters* 27, no. 1 (2009): 66-95.

6. C. Cocking, J. Drury, and S. Reicher, "Bystander intervention during the 7/7 London bombings: An account of survivor's [sic] experiences," PowerPoint presentation, n.d., www.sussex.ac.uk/affiliates/panic/BPS%20london%20 bystanders%202007.ppt.

7. P. Fischer, T. Greitemeyer, F. Pollozek, and D. Frey, "The unresponsive bystander: Are bystanders more responsive in dangerous emergencies?" *European Journal of Social Psychology* 36, no. 2 (2006): 267-278.

8. R. Philpot, L. S. Liebst, M. Levine, W. Bernasco, and M. R. Lindegaard, "Would I be helped? Cross-national CCTV footage shows that intervention is the norm in public conflicts," *American Psychologist* (2019), advance online publication, doi:10.1037/amp0000469.

9. P. Fischer, J. I. Krueger, T. Greitemeyer, C. Vogrincic, A. Kastenmuller, D. Frey, et.al., "The bystander-effect: A meta-analytic review on bystander intervention in dangerous and non-dangerous emergencies," *Psychological Bulletin* 137, no. 4 (2011): 517-537.

10. L. Ashburn-Nardo, K. A. Morris, and S. A. Goodwin, "The Confronting Prejudiced Responses (CPR) model: Applying CPR in the workplace," *Academy of Management Learning and Education* 7 (2008): 332-342.

11. B. Latané and J. M. Darley, "Group inhibition of bystander intervention in emergencies," *Journal of Personality and Social Psychology* 10 (1968): 308-324.

12. J. A. Harrison and R. B. Wells, "Bystander effects on male helping behavior: Social comparison and diffusion of responsibility," *Representative Research in Social Psychology* 19, no. 1 (1991): 53-63.

13. E. Staub, "Helping a distressed person: Social, personality, and stimulus determinants," in *Advances in Experimental Social Psychology*, vol. 7, ed. L.

Berkowitz, 293-341 (New York: Academic Press, 1974).

14. C. Kilmartin, T. Smith, A. Green, H. Heinzen, M. Kuchler, and D. Kolar, "A real time social norms intervention to reduce male sexism," *Sex Roles* 59, no. 3-4 (2008): 264-273.

15. J. R. B. Halbesleben, "The role of pluralistic ignorance in the reporting of sexual harassment," *Basic and Applied Social Psychology* 31, no. 3 (2009): 210-217.

16. D. T. Miller and C. McFarland, "Pluralistic ignorance: When similarity is interpreted as dissimilarity," *Journal of Personality and Social Psychology* 53, no. 2 (1987): 298-305.

17. J. D. Vorauer and R. K. Ratner, "Who's going to make the first move? Pluralistic ignorance as an impediment to relationship formation," *Journal of Social and Personal Relationships* 13 (1996): 483-506.

18. J. N. Shelton and J. A. Richeson, "Intergroup contact and pluralistic ignorance," *Journal of Personality and Social Psychology* 88, no. 1 (2005): 91-107.

19. M. van Bommel, J.-W. van Prooijen, H. Elffers, and P. A. M. Van Lange, "Booze, bars, and bystander behavior: People who consumed alcohol help faster in the presence of others," *Frontiers in Psychology* 7 (2016), article 128.

20. S. D. Preston and F. B. de Waal, "Empathy: Its ultimate and proximate bases," *Behavioral and Brain Sciences* 25 (2002): 1-20.

21. N. H. Frijda, The Emotions (Cambridge: Cambridge University Press, 2006); P. J. Lang, "The motivational organization of emotion: Affect reflex connections," in *The Emotions: Essays on Emotion Theory*, ed. S. van Goozen, N. E. van de Poll, and J. A. Sergeant, 61-96 (Hillsdale, NJ: Erlbaum, 1993).

22. R. Hortensius and B. de Gelder, "The neural basis of the bystander effect: The influence of group size on neural activity when witnessing an emergency," *Neuroimage* 93, pt. 1 (2014): 53-58.

23. J. Lipman-Blumen, *The Allure of Toxic Leaders: Why We Follow Destructive Bosses and Corrupt Politicians—And How We Can Survive Them* (New York: Oxford University Press, 2006). (진 립먼-블루먼, 《부도덕한 카리스마의 매혹》)

24. B. Latané and J. Rodin, "A lady in distress: Inhibiting effects of friends and strangers on bystander intervention," *Journal of Experimental Social Psychology* 5, no. 2 (1969): 189-202.

25. "Couples recognized suspect from TV reports," *CNN*, March 13, 2003, http://www.cnn.com/2003/US/West/03/13/smart.witnesses/index.html.

26. 조종사가 누구였는지 정확히 알려지지 않았지만, 이 이야기는 사실인 것으로 보인다. See L. Zuckerman, "Name of pilot who roused passengers still a mystery," *New York Times*, October 1, 2001; D. Mikkelson, "Pilot's Advice," Snopes, https://www.snopes.com/fact-check/blanket-advice/.

4. 침묵과 행동의 저울질

1. J. M. Darley and C. D. Batson, "'From Jerusalem to Jericho': A study of situational and dispositional variables in helping behavior," *Journal of Personality and Social Psychology* 27 (1973): 100-108.

2. J. F. Dovidio, J. A. Piliavin, S. L. Gaertner, D. A. Schroeder, and R. D. Clark, "The arousal: cost-reward model and the process of intervention: A review of the evidence," *Review of Personality and Social Psychology* 12 (1991): 83-118.

3. J. A. Piliavin and I. M. Piliavin, "Effect of blood on reactions to a victim," *Journal of Personality and Social Psychology* 23 (1972): 353-361.

4. C. Sasson, D. J. Magid, P. Chan, E. D. Root, B. F. McNally, A. L. Kellermann, and J. S. Haukoos, "Association of neighborhood characteristics with bystander-initiated CPR," *New England Journal of Medicine* 367, no. 17 (2012): 1607-1615.

5. C. Sasson, C. C. Keirns, D. Smith, M. Sayre, M. Macy, W. Meurer, et.al., "Small area variations in out-of-hospital cardiac arrest: Does the neighborhood matter?" *Annals of Internal Medicine* 153, no. 1 (2010): 19-22.

6. E. Y. Cornwell and A. Currit, "Racial and social disparities in bystander support during medical emergencies on US streets," *American Journal of Public Health* 106, no. 6 (2016): 1049-1051.

7. C. E. Ross, J. Mirowsky, and S. Pribesh, "Powerlessness and the amplification of

threat: Neighborhood disadvantage, disorder, and mistrust," *American Sociological Review* 66, no. 4 (2001): 568-591.

8. N. M. Steblay, "Helping behavior in rural and urban environments: A meta-analysis," *Psychological Bulletin* 102, no. 3 (1987): 346-356.

9. J. K. Swim and L. L. Hyers, "Excuse me—what did you just say?!: Women's public and private responses to sexist remarks," *Journal of Experimental Social Psychology* 35 (1999): 68-88.

10. E. H. Dodd, T. A. Giuliano, J. M. Boutell, and B. E. Moran, "Respected or rejected: Perceptions of women who confront sexist remarks," *Sex Roles* 45, no. 7-8 (2001): 567-577.

11. K. Kawakami, E. Dunn, F. Karmali, and J. F. Dovidio, "Mispredicting affective and behavioral responses to racism," *Science* 323, no. 5911 (2009): 276-278.

12. J. Steenhuysen, "Whites may be more racist than they think: study," Reuters, January 8, 2009, https://www.reuters.com/article/us-racism/whitesmay-be-more-racist-than-they-think-study-idUSTRE5076YX20090108.

13. N. I. Eisenberger, "The neural bases of social pain: Evidence for shared representations with physical pain," *Psychosomatic Medicine* 74, no. 2 (2012): 126-135.

14. N. I. Eisenberger, M. D. Lieberman, and K. D. Williams, "Does rejection hurt? An fMRI study of social exclusion," *Science* 302, no. 5643 (2003): 290-292.

15. C. N. DeWall, G. MacDonald, G. D. Webster, C. L. Masten, R. F. Baumeister, C. Powell, et. al., "Acetaminophen reduces social pain: Behavioral and neural evidence," *Psychological Science* 21, no. 7 (2010): 931-937.

16. D. Mischkowski, J. Crocker, and B. M. Way, "From painkiller to empathy killer: Acetaminophen (paracetamol) reduces empathy for pain," *Social Cognitive and Affective Neuroscience* 11, no. 9 (2016): 1345-1353.

17. "When you take acetaminophen, you don't feel others' pain as much," *Ohio State News*, May 9, 2016, https://news.osu.edu/when-you-take-acetaminophen-you-dont-feel-others-pain-as-much/.

18. T. L. Huston, M. Ruggiero, R. Conner, and G. Geis, "Bystander intervention into crime: A study based on naturally-occurring episodes," *Social Psychology Quarterly* 44, no. 1 (1981): 14-23.

19. A. Fantz, "Cub Scout leader, ex-teacher confronted London terrorist," *CNN*, May 24, 2013, https://www.cnn.com/2013/05/23/world/europe/uk-woman-terrorists/index.html.

20. E. D. Murphy, "Bystander performs CPR at gym, saves man's life," © *Portland Press Herald* [Maine], posted on EMS1.com, April 6, 2017, https://www.ems1.com/ems-products/cpr-resuscitation/articles/227897048-Bystander-performs-CPR-at-gym-saves-mans-life/.

5. 우리는 미움받을 용기가 없다

1. S. E. Asch, "Effects of group pressure upon the modification and distortion of judgment," in Groups, Leadership and Men, ed. H. Guetzkow, 177-190 (Pittsburgh: Carnegie Press, 1951).

2. M. J. Salganik, P. S. Dodds, and D. J. Watts, "Experimental study of inequality and unpredictability in an artificial cultural market," *Science* 311, no. 5762 (2006): 854-856.

3. E. Robinson and S. Higgs, "Liking food less: The impact of social influence on food liking evaluations in female students," *PloS One* 7, no. 11 (2012): e48858.

4. R. B. Cialdini, R. R. Reno, and C. A. Kallgren, "A focus theory of normative conduct: Recycling the concept of norms to reduce littering in public places," *Journal of Personality and Social Psychology* 58, no. 6 (1990): 1015-1026; A. W. Kruglanski and D. M. Webster, "Group members' reactions to opinion deviates and conformists at varying degrees of proximity to decision deadline and of environmental noise," Journal of Personality and Social Psychology 61, no. 2 (1991): 212-225; S. Schachter, "Deviation, rejection, and communication," *Journal of Abnormal and Social Psychology* 46, no. 2 (1951): 190-207.

5. L. M. Janes and J. M. Olson, "Jeer pressures: The behavioral effects of observing

ridicule of others," *Personality and Social Psychology Bulletin* 26, no. 4 (2000): 474-485.

6. D. K. Campbell-Meiklejohn, D. R. Bach, A. Roepstorff, R. J. Dolan, and C. D. Frith, "How the opinion of others affects our valuation of objects," *Current Biology* 20, no. 13 (2010): 1165-1170.

7. A. Shestakova, J. Rieskamp, S. Tugin, A. Ossadtchi, J. Krutitskaya, and V. Klucharev, "Electrophysiological precursors of social conformity," *Social Cognitive and Affective Neuroscience* 8, no. 7 (2013): 756-763.

8. V. Klucharev, K. Hytonen, M. Rijpkema, A. Smidts, and G. Fernandez, "Reinforcement learning signal predicts social conformity," *Neuron* 61, no. 1 (2009): 140-151.

9. Cell Press, "Brain mechanisms of social conformity," *ScienceDaily* website, January 16, 2009, https://www.sciencedaily.com/releases/2009/01/090114124109.htm.

10. P. Shaw, N. Kabani, J. P. Lerch, K. Eckstrand, R. Lenroot, N. Gotay, et.al., "Neurodevelopmental trajectories of the human cerebral cortex," *Journal of Neuroscience* 28 (2008): 3586-3594.

11. A. E. Guyer, V. R. Choate, D. S. Pine, and E. E. Nelson, "Neural circuitry underlying affective responses to peer feedback in adolescence," *Social Cognitive and Affective Neuroscience* 7 (2012): 82-91; C. Sebastian, E. Viding, K. D. Williams, and S. J. Blakemore, "Social brain development and the affective consequences of ostracism in adolescence," *Brain and Cognition* 72 (2010): 134-135; L. H. Somerville, "The teenage brain: Sensitivity to social evaluation," *Current Directions in Psychological Science* 22, no. 2 (2013): 121-127.

12. L. J. Knoll, L. Magis-Weinberg, M. Speekenbrink, and S. J. Blakemore, "Social influence on risk perception during adolescence," *Psychological Science* 26 (2015): 583-592.

13. M. Gardner and L. Steinberg, "Peer influence on risk taking, risk preference, and risky decision making in adolescence and adulthood: An experimental study," *Developmental Psychology* 41, no. 4 (2005): 625-635.

14. A. E. Curry, J. H. Mirman, M. J. Kallan, F. K. Winston, and D. R. Durbin, "Peer passengers: How do they affect teen crashes?" *Journal of Adolescent Health* 50 (2012): 588-594.

15. B. Simons-Morton, N. Lerner, and J. Singer, "The observed effects of teenage passengers on the risky driving behavior of teenage drivers," *Accident Analysis and Prevention* 37 (2005): 973-982.

16. E. E. Nelson, E. Leibenluft, E. B. McClure, and D. S. Pine, "The social re-orientation of adolescence: A neuroscience perspective on the process and its relation to psychopathology," *Psychological Medicine* 35 (2005): 163-174.

17. L. E. Sherman, A. A. Payton, L. M. Hernandez, P. M. Greenfield, and M. Dapretto, "The power of the like in adolescence: Effects of peer influence on neural and behavioral responses to social media," *Psychological Science* 27, no. 7 (2016): 1027-1035.

18. E. B. McClure, "A meta-analytic review of sex differences in facial expression processing and their development in infants, children, and adolescents," Psychological Bulletin 126, no. 3 (2000): 424-453; A. J. Rose and K. D. Rudolph, "A review of sex differences in peer relationship processes: Potential trade-offs for the emotional and behavioral development of girls and boys," *Psychological Bulletin* 132, no. 1 (2006): 98-131.

19. S. Nolen-Hoeksema and S. J. Girgus, "The emergence of gender differences in depression during adolescence," *Psychological Bulletin* 115, no. 3 (1994): 424-443.

20. A. E. Guyer, E. B. McClure-Tone, N. D. Shiffrin, D. S. Pine, and E. E. Nelson, "Probing the neural correlates of anticipated peer evaluation in adolescence," *Child Development* 80, no. 4 (2009): 1000-1015.

21. D. A. Prentice and D. T. Miller, "Pluralistic ignorance and alcohol use on campus: Some consequences of misperceiving the social norm," *Journal of Personality and Social Psychology* 64, no. 2 (1993): 243-256.

22. C. A. Sanderson, J. M. Darley, and C. S. Messinger, "'I'm not as thin as you think I am': The development and consequences of feeling discrepant from the

thinness norm," *Personality and Social Psychology Bulletin* 28, no. 2 (2002): 172-183.

23. C. A. Sanderson, J. M. Wallier, J. E. Stockdale, and D. J. A. Yopyk, "Who feels discrepant and how does feeling discrepant matter? Examining the presence and consequences of feeling discrepant from personal and social norms related to thinness in America and British high school girls," *Journal of Social and Clinical Psychology* 27 (2008): 995-1020.

24. Sanderson, Darley, and Messinger, "I'm not as thin as you think I am."

25. Prentice and Miller, "Pluralistic ignorance and alcohol use."

26. G. Bohner, F. Siebler, and J. Schmelcher, "Social norms and the likelihood of raping: Perceived rape myth acceptance of others affects men's rape proclivity," *Personality and Social Psychology Bulletin* 32, no. 3 (2006): 286-297.

27. H. W. Perkins and D. W. Craig, "A successful social norms campaign to reduce alcohol misuse among college student-athletes," *Journal of Studies on Alcohol* 67 (2006): 880-889.

28. C. M. Schroeder and D. A. Prentice, "Exposing pluralistic ignorance to reduce alcohol use among college students," *Journal of Applied Social Psychology* 28, no. 23 (1998): 2150-2180.

29. J. A. Mutterperl and C. A. Sanderson, "Mind over matter: Internalization of the thinness norm as a moderator of responsiveness to norm misperception education in college women," *Health Psychology* 21, no. 5 (2002): 519-523.

30. K. M. Turetsky and C. A. Sanderson, "Comparing educational interventions: Correcting misperceived norms improves college students' mental health attitudes," *Journal of Applied Social Psychology* 48 (2018): 46-55.

31. *Report I of the 40th Statewide Investigating Grand Jury*, redacted by order of PA Supreme Court, Office of the Attorney General, Commonwealth of Pennsylvania, July. 27, 2018, pp. 7, 1, https://www.attorneygeneral.gov/report/.

32. R. Denhollander, "The price I paid for taking on Larry Nassar," op-ed, *New York Times*, January 26, 2018.

33. ABC News, Nightline, May 9, 2017, https://abcnews.go.com/Nightline/video/

details-emerge-horrific-penn-state-fraternity-house-party-47290537.

6. 따돌림이라는 사회적 무기

1. I use the phrase "died by suicide" intentionally instead of the more commonly used phrase "committed suicide," based on current recommendations from the psychology community. S. Beaton, P. Forster, and M. Maple, "Suicide and language: Why we shouldn't use the 'C' word," InPsych, Australian Psychological Association, February 2013, https://www.psychology.org.au/publications/inpsych/2013/february/beaton; J. Ravitz, "The words to say.and not to say.about suicide," *CNN*, June 11, 2018, https://www.cnn.com/2018/06/09/health/suicide-language-words-matter/index.html.

2. N. Alavi, T. Reshetukha, E. Prost, K. Antoniak, C. Patel, S. Sajid, and D. Groll, "Relationship between bullying and suicidal behaviour in youth presenting to the emergency department," *Journal of the Canadian Academy of Child and Adolescent Psychiatry* 26, no. 2 (2017): 70-77.

3. S. M. Swearer and S. Hymel, "Understanding the psychology of bullying: Moving toward a social-ecological diathesis stress model," *American Psychologist* 70, no. 4 (2015): 344-353.

4. P. O'Connell, D. Pepler, and W. Craig, "Peer involvement in bullying: Insights and challenges for intervention," *Journal of Adolescence* 22 (1999): 437-452.

5. K. Rigby and P. T. Slee, "Bullying among Australian school children: Reported behavior and attitudes toward victims," *Journal of Social Psychology* 131, no. 5 (1991): 615-627; L. Jenkins and A. B. Nickerson, "Bystander intervention in bullying: Role of social skills and gender," Journal of Early Adolescence 39, no. 2 (2019): 141-166.

6. 다음 글을 참고하라. S. Wolpert, "'Cool' kids in middle school bully more, UCLA psychologists report," UCLA Newsroom, January 24, 2013, http://newsroom.ucla.edu/releases/cool-middle-school-kids-bully-242868.

7. M. Sandstrom, H. Makover, and M. Bartini, "Social context of bullying: Do

misperceptions of group norms influence children's responses to witnessed episodes?" *Social Influence* 8, no. 2-3 (2013): 196-215.

8. T. Pozzoli and G. Gini, "Why do bystanders of bullying help or not? A multidimensional model," *Journal of Early Adolescence* 33 (2013): 315-340; T. Pozzoli, G. Gini, and A. Vieno, "The role of individual correlates and class norms in defending and passive bystanding behavior in bullying: A multilevel analysis," *Child Development* 83 (2012): 1917-1931.

9. L. R. Barhight, J. A. Hubbard, S. N. Grassetti, and M. T. Morrow, "Relations between actual group norms, perceived peer behavior, and bystander children's intervention to bullying," *Journal of Clinical Child and Adolescent Psychology* 46, no. 3 (2017): 394-400; Pozzoli, Gini, and Vieno, "The role of individual correlates and class norms."

10. V. Kubiszewski, L. Auzoult, C. Potard, and F. Lheureux, "Witnessing school bullying: To react or not to react? An insight into perceived social norms regulating self-predicted defending and passive behaviours," *Educational Psychology* 39, no. 9 (2019): 1174-1193.

11. I. Peritz, "Students give world a lesson in courage," *Globe and Mail*, April 26, 2018.

12. C. Salmivalli, K. Lagerspetz, K. Björkqvist, K. Österman, and A. Kaukiainen, "Bullying as a group process: Participant roles and their relations to social status within the group," *Aggressive Behavior* 22 (1996): 1-15.

13. R. Faris and D. Felmlee, "Casualties of social combat: School networks of peer victimization and their consequences," *American Sociological Review* 79, no. 2 (2014): 228-257.

14. "For most adolescents, popularity increases the risk of getting bullied," Press release, American Sociological Association, April 1, 2014, https://www.asanet.org/press-center/press-releases/most-adolescents-popularity-increases-risk-getting-bullied.

15. 다음 글을 참고하라. T. Pearce, "Popular kids more likely to be bullies, study finds," *Globe and Mail*, February 8, 2011.

16. G. Gini, P. Albiero, B. Benelli, and G. Altoè, "Determinants of adolescents' active defending and passive bystanding behavior in bullying," *Journal of Adolescence* 31, no. 1 (2008): 93-105.

17. L. N. Jenkins and S. S. Fredrick, "Social capital and bystander behavior in bullying: Internalizing problems as a barrier to prosocial intervention," *Journal of Youth and Adolescence* 46, no. 4 (2017): 757-771.

18. J. R. Polanin, D. L. Espelage, and T. D. Pigott, "A meta-analysis of school-based bullying prevention programs' effects on bystander intervention behavior," *School Psychology Review* 41 (2012): 47-65.

19. J. Pfetsch, G. Steffgen, M. Gollwitzer, and A. Ittel, "Prevention of aggression in schools through a bystander intervention training," *International Journal of Developmental Science* 5, no. 1-2 (2011): 139-149.

20. S. Low, K. S. Frey, and C. J. Brockman, "Gossip on the playground: Changes associated with universal intervention, retaliation beliefs, and supportive friends," *School Psychology Review* 39, no. 4 (2010): 536-551.

21. H. W. Perkins, D. W. Craig, and J. M. Perkins, "Using social norms to reduce bullying: A research intervention among adolescents in five middle schools," *Group Processes and Intergroup Relations* 14, no. 5 (2011): 703-722.

22. E. L. Paluck, H. Shepherd, and P. M. Aronow, "Changing climates of conflict: A social network experiment in 56 schools," *Proceedings of the National Academy of Sciences of the United States of America* 113, no. 3 (2016): 566-571.

23. E. L. Paluck, "Changing climates of conflict: A social network experiment in 56 schools," Research brief, Woodrow Wilson School of Public and International Affairs, Princeton University, January 2016, https://wws.princeton.edu/faculty-research/research/item/changing-climates-conflict-social-network-experiment-56-schools.

24. J. A. Kelly, D. A. Murphy, K. J. Sikkema, R. L. McAuliffe, R. A. Roffman, L. J. Solomon, et.al., "Randomised, controlled, community-level HIV-prevention intervention for sexual-risk behaviour among homosexual men in US cities.

Community HIV Prevention Research Collaborative," *Lancet* 350, no. 9090 (1997): 1500.1505; E. L. Paluck, "Peer pressure against prejudice: A high school field experiment examining social network change," *Journal of Experimental Social Psychology* 47, no. 2 (2011): 350-358.

25. M. M. Ttofi and D. P. Farrington, "Effectiveness of school-based programs to reduce bullying: A systematic and meta-analytic review," *Journal of Experimental Criminology* 7 (2011): 27-56.

26. J. Juvonen, H. L. Schacter, M. Sainio, and C. Salmivalli, "Can a school-wide bullying prevention program improve the plight of victims? Evidence for risk × intervention effects," *Journal of Consulting and Clinical Psychology* 84, no. 4 (2016): 334-344.

27. 다음 글을 참고하라. S. Wolpert, "Anti-bullying program focused on bystanders helps the students who need it the most," UCLA Newsroom, February 1, 2016, http://newsroom.ucla.edu/releases/anti-bullying-program-focused-on-bystanders-helps-the-students-who-need-it-the-most.

28. Kubiszewski, Auzoult, Potard, and Lheureux, "Witnessing school bullying."

29. T. Jungert, B. Piroddi, and R. Thornberg, "Early adolescents' motivations to defend victims in school bullying and their perceptions of student-teacher relationships: A self-determination theory approach," *Journal of Adolescence* 53 (2016): 75-90.

30. E. Staub, "The roots of evil: Personality, social conditions, culture and basic human needs," *Personality and Social Psychology Review* 3 (1999): 179-192.

31. J. M. Hektner and C. A. Swenson, "Links from teacher beliefs to peer victimization and bystander intervention: Tests of mediating processes," *Journal of Early Adolescence* 32, no. 4 (2012): 516-536.

32. K. L. Mulvey, S. Gonulta., E. Goff, G. Irdam, R. Carlson, C. DiStefano, and M. J. Irvin, "School and family factors predicting adolescent cognition regarding bystander intervention in response to bullying and victim retaliation," *Journal of Youth and Adolescence* 48 (2019): 581-596.

33. E. Ahmed, "'Stop it, that's enough': Bystander intervention and its relationship to school connectedness and shame management," *Vulnerable Children and Youth Studies* 3, no. 3 (2008): 203-213.

34. 다음 글을 참고하라. M. Shipman, "Family, school support makes kids more likely to stand up to bullying," *NC State News*, November 12, 2018, https://news.ncsu.edu/2018/11/support-bullying-intervention/.

7. 그건 사랑이 아니다

1. J. Cui and B. O'Daly, "DKE case raises questions about fraternity bans," *Yale Daily News*, October 27, 2016.

2. D. Lisak and P. M. Miller, "Repeat rape and multiple offending among undetected rapists," *Violence and Victims* 17 (2002): 73-84.

3. P. R. Sanday, *Fraternity Gang Rape: Sex, Brotherhood, and Privilege on Campus* (New York: New York University Press, 1990).

4. S. B. Boeringer, "Influences of fraternity membership, athletics, and male living arrangements on sexual aggression," *Violence against Women* 2 (1996): 134-147; L. Lackie and A. F. de Man, "Correlates of sexual aggression among male university students," *Sex Roles* 37 (1997): 451-457; P. Y. Martin, "The rape prone culture of academic contexts: Fraternities and athletics," *Gender and Society* 30, no. 1 (2016): 30-43; S. McMahon, "Rape myth beliefs and bystander attitudes among incoming college students," *Journal of American College Health* 59, no. 1 (2010): 3-11; S. K. Murnen and M. H. Kohlman, "Athletic participation, fraternity membership, and sexual aggression among college men: A meta-analytic review," *Sex Roles* 57 (2007): 145-157.

5. T. Crosset, J. Benedict, and M. MacDonald, "Male student athletes reported for sexual assault: A survey of campus police departments and judicial affairs offices," *Journal of Sport & Social Issues* 19 (1995): 126-140.

6. B.-R. Young, S. L. Desmarais, J. A. Baldwin, and R. Chandler, "Sexual coercion practices among undergraduate male recreational athletes, intercollegiate athletes,

and non-athletes," *Violence against Women* 23, no. 7 (2017): 795-812.

7. E. T. Bleecker and S. K. Murnen, "Fraternity membership, the display of degrading sexual images of women, and rape myth acceptance," *Sex Roles* 53, no. 7-8 (2005): 487-493.

8. S. Houseworth, K. Peplow, and J. Thirer, "Influence of sport participation upon sex role orientation of Caucasian males and their attitudes toward women," *Sex Roles* 20, no. 5-6 (1989): 317-325.

9. J. B. Kingree and M. P. Thompson, "Fraternity membership and sexual aggression: An examination of mediators of the association," *Journal of American College Health* 61 (2013): 213-221.

10. Murnen and Kohlman, "Athletic participation, fraternity membership, and sexual aggression."

11. J. R. Mahalik, B. D. Locke, L. H. Ludlow, M. A. Diemer, R. P. Scott, M. Gottfried, and G. Freitas, "Development of the Conformity to Masculine Norms Inventory," *Psychology of Men and Masculinity* 4 (2003): 3-25.

12. C. A. Franklin, L. A. Bouffard, and T. C. Pratt, "Sexual assault on the college campus: Fraternity affiliation, male peer support, and low self-control," *Criminal Justice and Behavior* 39 (2012): 1457-1480; D. K. Iwamoto, W. Corbin, C. Lejuez, and L. MacPherson, "College men and alcohol use: Positive alcohol expectancies as a mediator between distinct masculine norms and alcohol use," *Psychology of Men and Masculinity* 15 (2014): 29-39.

13. S. Boeringer, C. Shehan, R. Akers, "Social contexts and social learning in sexual coercion and aggression: Assessing the contribution of fraternity membership," *Family Relations* 40, no. 1 (1991): 58-64.

14. R. C. Seabrook, L. M. Ward, and S. Giaccardi, "Why is fraternity membership associated with sexual assault? Exploring the roles of conformity to masculine norms, pressure to uphold masculinity, and objectification of women," *Psychology of Men and Masculinity* 19, no. 1 (2018): 3-13.

15. A. Abbey, "Alcohol's role in sexual violence perpetration: Theoretical

explanations, existing evidence, and future directions," *Drug and Alcohol Review* 30 (2011): 481-489.

16. B. D. Locke and J. R. Mahalik, "Examining masculinity norms, problem drinking, and athletic involvement as predictors of sexual aggression in college men," *Journal of Counseling Psychology* 52, no. 3 (2005): 279-283.

17. G. B. Forbes, L. E. Adams-Curtis, A. H. Pakalka, and K. B. White, "Dating aggression, sexual coercion, and aggression-supporting attitudes among college men as a function of participation in aggressive high school sports," *Violence against Women* 12 (2006): 441-455.

18. K. Parker, "Women in majority-male workplaces report higher rates of gender discrimination," Pew Research Center, *Fact Tank*, March 7, 2018, https://www.pewresearch.org/fact-tank/2018/03/07/women-in-majority-male-workplaces-report-higher-rates-of-gender-discrimination/.

19. C. F. Karpowitz and T. Mendelberg, *The Silent Sex: Gender, Deliberation, and Institutions* (Princeton, NJ: Princeton University Press, 2014).

20. C. Karpowitz and T. Mendelberg, "Is an old boys' club always sexist?" *Washington Post*, October 23, 2014.

21. C. Newlands and M. Marriage, "Women in asset management: Battling a culture of 'subtle sexism,'" *Financial Times*, November 29, 2014.

22. E. Chang, *Brotopia: Breaking Up the Boys' Club of Silicon Valley* (New York: Portfolio, 2018).

23. S. Chira, "We asked women in blue-color workplaces about harassment. Here are their stories," *New York Times*, December 29, 2017.

24. C. Kilmartin, T. Smith, A. Green, H. Heinzen, M. Kuchler, and D. Kolar, "A real time social norms intervention to reduce male sexism," *Sex Roles* 59 (2008): 264-273; C. Loh, C. A. Gidycz, T. R. Lobo, and R. Luthra, "A prospective analysis of sexual assault perpetration: Risk factors related to perpetrator characteristics," *Journal of Interpersonal Violence* 20 (2005): 1325-1348.

25. M. Carlson, "I'd rather go along and be considered a man: Masculinity and

bystander intervention," *Journal of Men's Studies* 16 (2008): 3-17.

26. C. M. Dardis, M. J. Murphy, A. C. Bill, and C. A. Gidycz, "An investigation of the tenets of social norms theory as they relate to sexually aggressive attitudes and sexual assault perpetration: A comparison of men and their friends," *Psychology of Violence* 6, no. 1 (2016): 163-171.

27. Dardis, Murphy, Bill, and Gidycz, "An investigation of the tenets of social norms theory."

28. M. P. Thompson, K. M. Swartout, and M. P. Koss, "Trajectories and predictors of sexually aggressive behaviors during emerging adulthood," *Psychology of Violence* 3 (2013): 247-259.

29. P. M. Fabiano, H. W. Perkins, A. Berkowitz, J. Linkenbach, and C. Stark, "Engaging men as social justice allies in ending violence against women: Evidence for a social norms approach," *Journal of American College Health* 52, no. 3 (2003): 105-112.

30. A. L. Brown and T. L. Messman-Moore, "Personal and perceived peer attitudes supporting sexual aggression as predictors of male college students' willingness to intervene against sexual aggression," *Journal of Interpersonal Violence* 25 (2010): 503-517.

31. R. M. Leone and D. J. Parrott, "Misogynistic peers, masculinity, and bystander intervention for sexual aggression: Is it really just 'locker-room talk'?" *Aggressive Behavior* 45 (2019): 55-64.

32. R. M. Leone, D. J. Parrott, and K. M. Swartout, "When is it 'manly' to intervene? Examining the effects of a misogynistic peer norm on bystander intervention for sexual aggression," *Psychology of Violence* 7 (2017): 286-295.

33. "Remarks by the President and Vice President at an event for the Council on Women and Girls," White House, press release, January 22, 2014, https:// obamawhitehouse.archives.gov/the-press-office/2014/01/22/remarks-president- and-vice-president-event-council-women-and-girls.

34. T. Rosenbert, "The destructive influence of imaginary peers," *New York*

Times Opinionator blog, March 27, 2013, https://opinionator.blogs.nytimes.c om/2013/03/27/the-destructive-influence-of-imaginary-peers/.

35. C. Kilmartin, T. Smith, A. Green, H. Heinzen, M. Kuchler, and D. Kolar, "A real time social norms intervention to reduce male sexism," *Sex Roles* 59 (2008): 264-273.

36. C. A. Gidycz,L. M. Orchowski,and A. D. Berkowitz, "Preventing sexual aggression among college men: An evaluation of a social norms and bystander intervention program," *Violence against Women* 17, no. 6 (2011): 720-742.

37. J. A. Mutterperl and C. A. Sanderson, "Mind over matter: Internalization of the thinness norm as a moderator of responsiveness to norm misperception education in college women," *Health Psychology* 21, no. 5 (2002): 519-523; K. M. Turetsky and C. A. Sanderson, "Comparing educational interventions: Correcting misperceived norms improves college students' mental health attitudes," *Journal of Applied Social Psychology* 48 (2018): 46-55.

38. V. L. Banyard, E. G. Plante, and M. M. Moynihan, "Bystander education: Bringing a broader community perspective to sexual violence prevention," *Journal of Community Psychology* 32 (2004): 61-79.

39. S. J. Potter, M. M. Moynihan, and J. G. Stapleton, "Using social self-identification in social marketing materials aimed at reducing violence against women on campus," *Journal of Interpersonal Violence* 26 (2011): 971-990.

40. L. Salazar, A. Vivolo-Kantor, J. Hardin, and A. Berkowitz, "A web-based sexual violence bystander intervention for male college students: Randomized controlled trial," *Journal of Medical Internet Research* 16, no. 9 (2014): e203; C. Y. Senn and A. Forrest, "'And then one night when I went to class': The impact of sexual assault bystander intervention workshops incorporated in academic courses," *Psychology of Violence* 6, no. 4 (2016): 607-618.

41. S. J. Potter, M. Flanagan, M. Seidman, H. Hodges, and J. G. Stapleton, "Developing and piloting videogames to increase college and university students' awareness and efficacy of the bystander role in incidents of sexual violence,"

Games for Health Journal 8, no. 1 (2019): 24-34.

42. V. L. Banyard, M. M. Moynihan, and E. G. Plante, "Sexual violence prevention through bystander education: An experimental evaluation," *Journal of Community Psychology* 35 (2007): 463-481; A. L. Coker, P. G. Cook-Craig, C. M. Williams, B. S. Fisher, E. R. Clear, L. S. Garcia, and L. M. Hegge, "Evaluation of Green Dot: An active bystander intervention to reduce sexual violence on college campuses," *Violence against Women* 17, no. 6 (2011): 777-796; J. Langhinrichsen-Rohling, J. D. Foubert, H. M. Brasfield, B. Hill, and S. Shelley-Tremblay, "The Men's Program: Does it impact college men's self-reported bystander efficacy and willingness to intervene?" *Violence against Women* 17 no. 6 (2011): 743-759; S. J. Potter and M. M. Moynihan, "Bringing in the bystander in-person prevention program to a U.S. military installation: Results from a pilot study," *Military Medicine* 176, no. 8 (2011): 870-875.

43. J. Katz and J. Moore, "Bystander education training for campus sexual assault prevention: An initial meta-analysis," *Violence and Victims* 28 (2013): 1054-1067; H. H. Kettrey and R. A. Marx, "The effects of bystander programs on the prevention of sexual assault across the college years: A systematic review and meta-analysis," *Journal of Youth and Adolescence* 48 (2019): 212-227.

44. A. L. Coker, B. S. Fisher, H. M. Bush, S. C. Swan, C. M. Williams, E. R. Clear, and S. DeGue, "Evaluation of the Green Dot bystander intervention to reduce interpersonal violence among college students across three campuses," *Violence against Women* 21, no. 12 (2015): 1507-1527.

45. E. N. Jouriles, R. McDonald, D. Rosenfield, N. Levy, K. Sargent, C. Caiozzo, and J. H. Grych, "TakeCARE, a video bystander program to help prevent sexual violence on college campuses: Results of two randomized, controlled trials," *Psychology of Violence* 6, no. 3 (2015): 410-420; A. Kleinsasser, E. N. Jouriles, R. McDonald, and D. Rosenfield, "An online bystander intervention program for the prevention of sexual violence," *Psychology of Violence* 5, no. 3 (2014): 227-235.

46. E. N. Jouriles, R. McDonald, D. Rosenfield, and K. S. Sargent, "Increasing

bystander behavior to prevent adolescent relationship violence: A randomized controlled trial," *Journal of Consulting and Clinical Psychology* 87, no. 1 (2019): 3-15; K. S. Sargent, E. N. Jouriles, D. Rosenfield, and R. McDonald, "A high school-based evaluation of Take-CARE, a video bystander program to prevent adolescent relationship violence," *Journal of Youth and Adolescence* 46, no. 3 (2016): 633-643.

47. V. L. Banyard and M. M. Moynihan, "Variation in bystander behavior related to sexual and intimate partner violence prevention: Correlates in a sample of college students," *Psychology of Violence* 1, no. 4 (2011): 287-301; K. M. Lukacena, T. Reynolds-Tylus, and B. L. Quick, "An application of the reasoned action approach to bystander intervention for sexual assault," *Health Communication* 34, no. 1 (2019): 46-53; S. McMahon, "Rape myth beliefs and bystander attitudes among incoming college students," *Journal of American College Health* 59, no. 1 (2010): 3-11; S. McMahon, P. Treitler, N. A. Peterson, and J. O'Connor, "Bystander intentions to intervene and previous sexual violence education: A latent class analysis," *Psychology of Violence* 9, no. 1 (2019): 117-126.

48. M. Planty, "Third party involvement in violent crime, 1993-1999," NCJ 189100, Bureau of Justice Statistics, Special Report, U.S. Department of Justice, July 2002, https://www.bjs.gov/content/pub/pdf/tpivc99.pdf.

49. P. Y. Martin and R. A. Hummer, "Fraternities and rape on campus," *Gender and Society* 3 (1989): 457-473.

50. M. Winerip, "Stepping up to stop sexual assault," *New York Times*, February 7, 2014.

51. S. E. Humphrey and A. S. Kahn, "Fraternities, athletic teams, and rape: Importance of identification with a risky group," *Journal of Interpersonal Violence* 15, no. 12 (2000): 1313-1322.

52. G. B. Forbes, L. E. Adams-Curtis, A. H. Pakalka, and K. B. White, "Dating aggression, sexual coercion, and aggression-supporting attitudes among college men as a function of participation in aggressive high school sports," *Violence*

against Women 12 (2006): 441-455.

53. E. Anderson, "Inclusive masculinity in a fraternal setting," *Men and Masculinities* 10, no. 5 (2008): 604-620.

54. A. A. Boswell and J. Z. Spade, "Fraternities and collegiate rape culture: Why are some fraternities more dangerous places for women?" *Gender and Society* 10, no. 2 (1996): 133-147.

8. 낡고 닳은 조직 문화

1. J. A. Woodzicka and M. LaFrance, "Real versus imagined gender harassment," *Journal of Social Issues* 57, no. 1 (2001): 15-30.

2. L. F. Fitzgerald, S. Swan, and K. Fischer, "Why didn't she just report him? The psychological and legal implications of women's responses to sexual harassment," *Journal of Social Issues* 51, no. 1 (1995): 117-138.

3. L. M. Cortina and J. L. Berdahl, "Sexual harassment in organizations: A decade of research in review," in *Handbook of Organizational Behavior: Micro Perspectives*, ed. C. Cooper and J. Barling, 469-497 (Thousand Oaks, CA: Sage, 2008).

4. C. C. Miller, "It's not just Fox: Why women don't report sexual harassment," *New York Times*, April 11, 2017, B2.

5. A. Fredin, "The unexpected cost of staying silent," *Strategic Finance* 93 (2012): 53-59.

6. UMass Amherst News Office, "Badgett coauthors report examining harassment complaints," University of Massachusetts Amherst, School of Public Policy, December 13, 2018, https://www.umass.edu/spp/news/badgett-coauthors-report-examining-sexual-harassment-complaints.

7. L. M. Cortina and V. J. Magley, "Raising voice, risking retaliation: Events following interpersonal mistreatment in the workplace," *Journal of Occupational Health Psychology* 8, no. 4 (2003): 247-265.

8. L. Ashburn-Nardo, J. C. Blanchar, J. Petersson, K. A. Morris, and S. A. Goodwin, "Do you say something when it's your boss? The role of perpetrator power in

prejudice confrontation," *Journal of Social Issues* 70, no. 4 (2014): 615-636.

9. W. Martinez, S. K. Bell, J. M. Etchegaray, and L. S. Lehmann, "Measuring moral courage for interns and residents: Scale development and initial psychometrics," *Academic Medicine* 91, no. 10 (2016): 1431-1438.

10. C. V. Caldicott and K. Faber-Langendoen, "Deception, discrimination, and fear of reprisal: Lessons in ethics from third-year medical students," *Academic Medicine* 80, no. 9 (2005): 866-873.

11. C. K. Hofling, E. Brotzman, S. Dalrymple, N. Graves, and C. Bierce, "An experimental study of nurse-physician relations," *Journal of Nervous and Mental Disease* 143 (1966): 171-180.

12. D. Maxfield, J. Grenny, R. Lavandero, and L. Groah, "The silent treatment: Why safety tools and checklists aren't enough to save lives," September 2011, https://faculty.medicine.umich.edu/sites/default/files/resources/silent_treatment.pdf.

13. T. Couch, "Skimming and scamming: Detecting and preventing expense reimbursement fraud," *Accounting Today*, June 15, 2018, https://www.accountingtoday.com/opinion/skimming-and-scamming-detecting-and-preventing-expense-reimbursement-fraud.

14. 이러한 관행과 이를 알고도 묵인하는 동료들의 모습은 나를 무척 괴롭게 했고, 결국 《뉴욕타임스 매거진》의 <윤리학자> 코너에 편지를 쓰게 되었다. K. A. Appiah, "How can I make my colleague stop stealing?" *New York Times Magazine*, May 8, 2018.

15. J. F. Burns, "In Britain, scandal flows from modest request," *New York Times*, May 19, 2009.

16. K. Stone, "Rep. Duncan Hunter's wife implicates congressman in vast misuse of campaign funds," *Times of San Diego*, June 13, 2019.

17. M. J. Quade, R. L. Greenbaum, and O. V. Petrenko, "'I don't want to be near you, unless…': The interactive effect of unethical behavior and performance onto relationship conflict and workplace ostracism," *Personnel Psychology* 70 (2016): 675-709.

18. R. Goldstein, "Hugh Thompson, 62, who saved civilians at My Lai, dies," *New York Times*, January 7, 2006, C14.

19. R. Leung, "An American hero: Vietnam veteran speaks out about My Lai," 60 Minutes, CBS News, May 6, 2004.

20. N. Trautman, "Police code of silence facts revealed," International Association of Chiefs of Police, Legal Officers Section, Annual Conference, 2000, https://www.aele.org/loscode2000.html.

21. M. Davey, "Police 'code of silence' is on trial after murder by Chicago officer," *New York Times*, December 3, 2018.

22. J. Pease, "The sin of silence," *Washington Post*, May 31, 2018.

23. A. D. Sorkin, "Isolated victims, from Williamsburg to Notre Dame," *New Yorker*, January 23, 2013.

24. L. H. Somerville, "What can we learn from Dartmouth?" Letter to Young Scientists, *Science*, November 20, 2018, https://www.sciencemag.org/careers/2018/11/what-can-we-learn-dartmouth.

25. T. Kopan, "Lindsey Graham: 'Tell Donald Trump to go to hell,'" *CNN*, December 8, 2015, https://www.cnn.com/2015/12/08/politics/lindsey-graham-donald-trump-go-to-hell-ted-cruz/index.html.

26. K. Sutton, "Lindsay Graham heaps praise on Trump: 'I am all in.'" *Politico*, April 19, 2017.

27. D. Brooks, "Morality and Michael Cohen," op-ed, *New York Times*, March 1, 2019, A23.

28. J. Comey, "How Trump co-opts leaders like Bill Barr," op-ed, *New York Times*, May 2, 2019, A27.

29. F. Gino and M. H. Bazerman, "When misconduct goes unnoticed: The acceptability of gradual erosion in others' unethical behavior," *Journal of Experimental Social Psychology* 45 (2009): 708-719.

30. I. Suh, J. T. Sweeney, K. Linke, and J. Wall, "Boiling the frog slowly: The immersion of C-suite financial executives into fraud," *Journal of Business Ethics* (July

2018): 1-29.

31. Association of Certified Fraud Examiners, "2012 Report to the nations," Key Findings and Highlights, ACFE, Austin, TX, 2012, https://www.acfe.com/rttn-highlights.aspx.

32. P. Schutz, "Department of Justice meets with Chicago police union," WTTW News, December 11, 2015, https://news.wttw.com/2015/12/11/department-justice-meets-chicago-police-union.

33. T. Devine and T. F. Maassarani, *The Corporate Whistleblower's Survival Guide: A Handbook for Committing the Truth* (Oakland, CA: Berrett-Koehler Publishers, 2011).

34. A. Graham, "The thought leader interview: Jonathan Haidt," *Strategy + Business* newsletter 82, February 1, 2016, https://www.strategy-business.com/article/The-Thought-Leader-Interview-Jonathan-Haidt?gko=ddc37.

35. W. Yakowicz, "A new website that helps CEOs lead more ethically," *Inc.* website, January 22, 2014, https://www.inc.com/will-yakowicz/nonprofit-aims-to-help-ceos-lead-more-ethically.html.

36. F. O. Walumbwa and J. Schaubroeck, "Leader personality traits and employee voice behavior: Mediating roles of ethical leadership and work group psychological safety," *Journal of Applied Psychology* 94, no. 5 (2009): 1275-1286.

37. D. M. Mayer, K. Aquino, R. S. Greenbaum, and M. Kuenzi, "Who displays ethical leadership and why does it matter? An examination of antecedents and consequences of ethical leadership," *Academy of Management Journal* 55, no. 1 (2012): 151-171.

38. J. Jordan, M. E. Brown, L. K. Treviño, and S. Finkelstein, "Someone to look up to: Executive-follower ethical reasoning and perceptions of ethical leadership," *Journal of Management* 39, no. 3 (2013): 660-683.

39. Summary of F. Kiel, "Measuring the return on character," *Harvard Business Review*, April 2015, 20-21, *HBR* website, https://hbr.org/2015/04/measuring-the-return-on-character.

40. "Leadership," Ethicalsystems.org, 2018, https://www.ethicalsystems.org/content/

leadership.

41. J. Lammers, D. A. Stapel, and A. D. Galinsky, "Power increases hypocrisy: Moralizing in reasoning, immorality in behavior," *Psychological Science* 21, no. 5 (2010): 737-744.

42. Association for Psychological Science, "Why powerful people—many of whom take a moral high ground—don't practice what they preach," *ScienceDaily*, December 30, 2009, https://www.sciencedaily.com/releases/2009/12/09122910 5906.htm.

43. 다음 글을 참고하라. D. T. Welsh, L. D. Ordóñez, D. G. Snyder, and M. S. Christian, "The slippery slope: How small ethical transgressions pave the way for larger future transgressions," *Journal of Applied Psychology* 100, no. 1 (2015): 114-127.

44. H. Brody, "The company we keep: Why physicians should refuse to see pharmaceutical representatives," *Annals of Family Medicine* 3, no. 1 (2005): 82-85; C. Ornstein, M. Tigas, and R. G. Jones, "Now there's proof: Docs who get company cash tend to prescribe more brand-name meds," *ProPublica*, March 17, 2016, https://www.propublica.org/article/doctors-who-take-company-cash-tend-to-prescribe-more-brand-name-drugs.

45. I. Larkin, D. Ang, J. Steinhart, M. Chao, M. Patterson, S. Sah, et.al., "Association between academic medical center pharmaceutical detailing policies and physician prescribing," *Journal of the American Medical Association* 317, no. 17 (2017): 1785-1795.

46. C. W. Bauman, L. P. Tost, and M. Ong, "Blame the shepherd not the sheep: Imitating higher-ranking transgressors mitigates punishment for unethical behavior," *Organizational Behavior and Human Decision Processes* 137 (2016): 123-141.

47. C. P. Guthrie and E. Z. Taylor, "Whistleblowing on fraud for pay: Can I trust you?" *Journal of Forensic Accounting Research* 2, no. 1 (2017): A1-A19.

48. J. H. Wilde, "The deterrent effect of employee whistleblowing on firms' financial

misreporting and tax aggressiveness," *Accounting Review* 92, no. 5 (2017): 247-280.

49. L. L. Shu, N. Mazar, F. Gino, D. Ariely, and M. H. Bazerman, "Signing at the beginning makes ethics salient and decreases dishonest self-reports in comparison to signing at the end," *Proceedings of the National Academy of Sciences of the United States of America* 109, no. 38 (2012): 15197-15200.

50. O. J. Sheldon and A. Fishbach, "Anticipating and resisting the temptation to behave unethically," *Personality and Social Psychology Bulletin* 41, no. 7 (2015): 962-975.

51. Society for Personality and Social Psychology, "Anticipating temptation may reduce unethical behavior, research finds," *Science Daily*, May 22, 2015, https://www.sciencedaily.com/releases/2015/05/150522083509.htm.

52. M. Bateson, D. Nettle, and G. Roberts, "Cues of being watched enhance cooperation in a real-world setting," *Biology Letters* 2, no. 3 (2006): 412-414.

53. R. L. Helmreich, A. Merritt, and J. Wilhelm, "The evolution of crew resource management training in commercial aviation," *International Journal of Aviation Psychology* 9, no. 1 (1999): 19-32.

54. E. Staub, "Promoting healing and reconciliation in Rwanda, and generating active bystandership by police to stop unnecessary harm by fellow officers," *Perspectives on Psychological Science* 14, no. 1 (2019): 60-64.

55. J. Aronie and C. E. Lopez, "Keeping each other safe: An assessment of the use of peer intervention programs to prevent police officer mistakes and misconduct, using New Orleans' EPIC program as a potential national model," *Police Quarterly* 20 (2017): 295-321.

56. 다음 글을 참고하라. T. Jackman, "New Orleans police pioneer new way to stop misconduct, remove 'blue wall of silence,'" *Washington Post*, January 24, 2019.

57. A. Novotney, "Preventing police misconduct," *Monitor on Psychology* 48, no. 9 (2017): 30.

58. Jackman, "New Orleans police pioneer new way to stop misconduct."

59. Staub, "Promoting healing and reconciliation in Rwanda."

60. D. Maxfield, "How a culture of silence eats away at your company," *Harvard Business Review*, December 7, 2016; W. Martinez, S. K. Bell, J. M. Etchegaray, and L. S. Lehmann, "Measuring moral courage for interns and residents: Scale development and initial psychometrics," *Academic Medicine* 91, no. 10 (2016): 1431-1438.

61. J. Nance, *Why Hospitals Should Fly: The Ultimate Flight Plan to Patient Safety and Quality Care* (Bozeman, MT: Second River Healthcare, 2008).

62. "Why hospitals should fly: Learning valuable lessons from the aviation industry," Winnipeg Regional Health Authority, press release, April 25, 2015, https://www.wrha.mb.ca/quality/files/JohnNance.pdf.

63. D. M. Mayer, S. Nurmohamed, L. K. Trevino, D. L. Shapiro, and M. Schminke, "Encouraging employees to report unethical conduct internally: It takes a village," *Organizational Behavior and Human Decision Processes* 121 (2013): 89-103.

9. 도덕 저항가에 대한 이해

1. K. Zernike, "The reach of war: the witnesses; only a few spoke up on abuse as many soldiers stayed silent," *New York Times*, May 22, 2004.

2. B. Monin, P. J. Sawyer, and M. J. Marquez, "The rejection of moral rebels: Resenting those who do the right thing," *Journal of Personality and Social Psychology* 95, no. 1 (2008): 76-93.

3. W. I. Miller, The Mystery of Courage (Cambridge, MA: Harvard University Press, 2000); E. Staub, "The roots of goodness: The fulfillment of basic human needs and the development of caring, helping and nonaggression, inclusive caring, moral courage, active bystandership, and altruism born of suffering," in *Nebraska Symposium on Motivation*, vol. 51: *Moral Motivation through the Life Span*, ed. G. Carlo and C. P. Edwards, 33-72 (Lincoln: University of Nebraska Press, 2005); E. Staub, *The Roots of Goodness and Resistance to Evil: Inclusive Caring, Moral Courage, Altruism Born of Suffering, Active Bystandership and Heroism* (New York: Oxford University Press, 2015).

4. T. L. Sonnentag and M. A. Barnett, "An exploration of moral rebelliousness with adolescents and young adults," *Ethics and Behavior* 23 (2013): 214-236; T. L. Sonnentag and M. A. Barnett, "Role of moral identity and moral courage characteristics in adolescents' tendencies to be a moral rebel," *Ethics and Behavior* 26, no. 4 (2016): 277-299.

5. E. Midlarsky, "Aiding under stress: The effects of competence, dependency, visibility, and fatalism," *Journal of Personality* 39, no. 1 (1971): 132-149; E. Staub, *Personality: Basic Aspects and Current Research* (Englewood Cliffs, NJ; Prentice-Hall, 1980).

6. C. Hellemans, D. Dal Cason, and A. Casini, "Bystander helping behavior in response to workplace bullying," *Swiss Journal of Psychology* 76, no. 4 (2017): 135-144.

7. G. Gini, P. Albiero, B. Benelli, and G. Altoe, "Determinants of adolescents' active defending and passive bystanding behavior in bullying," *Journal of Adolescence* 31, no. 1 (2008): 93.105.

8. Sonnentag and Barnett, "An exploration of moral rebelliousness."

9. M. Y. Bamaca and A. Umana-Taylor, "Testing a model of resistance to peer pressure among Mexican-origin adolescents," *Journal of Youth and Adolescence* 35 (2006): 631-645; T. E. Dielman, P. C. Campanelli, J. T. Shope, and A. T. Butchart, "Susceptibility to peer pressure, self-esteem, and health locus of control as correlates of adolescent substance abuse," *Health Education Quarterly* 14 (1987): 207-221.

10. Sonnentag and Barnett, "Role of moral identity and moral courage characteristics."

11. D. A. Saucier and R. J. Webster, "Social vigilantism: Measuring individual differences in belief superiority and resistance to persuasion," *Personality and Social Psychology Bulletin* 36 (2010): 19-32.

12. A. Moisuc, M. Brauer, A. Fonseca, N. Chaurand, and T. Greitemeyer, "Individual differences in social control: Who 'speaks up' when witnessing uncivil, discriminatory, and immoral behaviours?" *British Journal of Social Psychology* 57

(2018): 524-546.

13. E. Midlarsky, S. F. Jones, and R. P. Corley, "Personality correlates of heroic rescue during the Holocaust," *Journal of Personality* 73, no. 4 (2005): 907-934.

14. H. W. Bierhoff, R. Klein, and P. Kramp, "Evidence for the altruistic personality from data on accident research," *Journal of Personality* 59 (1991): 263-280.

15. V. P. Poteat and O. Vecho, "Who intervenes against homophobic behavior? Attributes that distinguish active bystanders," *Journal of School Psychology* 54 (2016): 17-28.

16. P. M. Zoccola, M. C. Green, E. Karoutsos, S. M. Katona, and J. Sabini, "The embarrassed bystander: Embarrassability and the inhibition of helping," *Personality and Individual Differences* 51, no. 8 (2011): 925-929.

17. D. M. Tice and R. F. Baumeister, "Masculinity inhibits helping in emergencies: Personality does predict the bystander effect," *Journal of Personality and Social Psychology* 49 (1985): 420-428.

18. D. K. Campbell-Meiklejohn, R. Kanai, B. Bahrami, D. R. Bach, R. J. Dolan, A. Roepstorff, and C. D. Frith, "Structure of orbitofrontal cortex predicts social influence," *Current Biology* 22, no. 4 (2012): R123-R124.

19. P. Jean-Richard-dit-Bressel and G. P. McNally, "Lateral, not medial, prefrontal cortex contributes to punishment and aversive instrumental learning," *Learning and Memory* 23, no. 11 (2016): 607-617.

20. E. B. Falk, C. N. Cascio, M. B. O'Donnell, J. Carp, F. J. Tinney, C. R. Bingham, et.al., "Neural responses to exclusion predict susceptibility to social influence," *Journal of Adolescent Health* 54, no. 5 suppl. (2014): S22-S31; B. G. Simons-Morton, A. K. Pradhan, C. Raymond Bingham, E. B. Falk, K. Li, M. C. Ouimet, et.al., "Experimental effects of injunctive norms on simulated risky driving among teenage males," *Health Psychology* 33, no. 7 (2014): 616-627.

21. 다음 글을 참고하라. M. Laris, "Teen drivers' brains may hold the secret to combating road deaths," *Washington Post*, July 2, 2016.

22. N. Wasylyshyn, B. Hemenway Falk, J. O. Garcia, C. N. Cascio, M. B. O'Donnell,

C. R. Bingham, et.al., "Global brain dynamics during social exclusion predict subsequent behavioral conformity," *Social Cognitive and Affective Neuroscience* 13, no. 2 (2018): 182-191.

23. D. Grossman, *On Killing: The Psychological Cost of Learning to Kill in War and Society* (Boston: Little, Brown, 1995). (데이브 그로스먼, 《살인의 심리학》)

24. H. Rosin, "When Joseph comes marching home," *Washington Post*, May 17, 2004.

25. Rosin, "When Joseph comes marching home"; "Praise for Iraq whistle-blower," CBS News, May 10, 2004.

26. "A 'whistleblower' made into a Hollywood heroine," *Weekend Edition Saturday*, NPR, June 30, 2011, https://www.npr.org/2011/07/30/138826591/a-whistleblower-made-into-a-hollywood-heroine.

27. C. D. Batson, B. D. Duncan, P. Ackerman, T. Buckley, and K. Birch, "Is empathic emotion a source of altruistic motivation?" *Journal of Personality and Social Psychology* 40, no. 2 (1981): 290-302.

28. N. Eisenberg and R. A. Fabes, "Prosocial development," in *Handbook of Child Psychology*, ed. W. Damon, vol. 3: *Social, Emotional, and Personality Development*, ed. N. Eisenberg, 5th ed., 701-778 (New York: Wiley, 1998); E. Staub, *Positive Social Behavior and Morality*, vol. 2: Socialization and Development (San Diego: Academic Press, 1979).

29. I. Coyne, A.-M. Gopaul, M. Campbell, A. Pankász, R. Garland, and F. Cousans, "Bystander responses to bullying at work: The role of mode, type and relationship to target," *Journal of Business Ethics* 157, no. 3 (2017): 813-827.

30. J. Katz, R. Pazienza, R. Olin, and H. Rich, "That's what friends are for: Bystander responses to friends or strangers at risk for party rape victimization," *Journal of Interpersonal Violence* 30, no. 16 (2015): 2775-2792.

31. N. Brody and A. L. Vangelisti, "Bystander intervention in cyberbullying," *Communication Monographs* 83, no. 1 (2016): 94-119.

32. R. L. Meyer, C. L. Masten, Y. Ma, C. Wang, Z. Shi, N. I. Eisenberger, and S. Han, "Empathy for the social suffering of friends and strangers recruits distinct

patterns of brain activation," *Social Cognitive and Affective Neuroscience* 8 (2013): 446-454.

33. M. H. Davis, "Measuring individual differences in empathy: Evidence for a multidimensional approach," *Journal of Personality and Social Psychology* 44 (1983): 113-126.

34. G. Gini, R. Thornberg, and T. Pozzoli, "Individual moral disengagement and bystander behavior in bullying: The role of moral distress and collective moral disengagement," *Psychology of Violence* (in press), doi:10.1037/vio0000223.

35. R. Hortensius, D. J. L. G. Schutter, and B. Gelder, "Personal distress and the influence of bystanders on responding to an emergency," *Cognitive, Affective and Behavioral Neuroscience* 16, no. 4 (2016): 672-688.

36. A. A. Marsh, S. A. Stoycos, K. M. Brethel-Haurwitz, P. Robinson, J. W. VanMeter, and E. M. Cardinale, "Neural and cognitive characteristics of extraordinary altruists," *Proceedings of the National Academy of Sciences of the United States of America* 111, no. 42 (2014): 15036-15041.

37. K. M. Brethel-Haurwitz, E. M. Cardinale, K. M. Vekaria, E. L. Robertson, B. Walitt, J. W. VanMeter, and A. A. Marsh, "Extraordinary altruists exhibit enhanced self.other overlap in neural responses to distress," *Psychological Science* 29, no. 10 (2018): 1631-1641.

38. E. Staub, "Building a peaceful society: Origins, prevention, and reconciliation after genocide and other group violence," *American Psychologist* 68, no. 7 (2013): 576-589.

39. 다음 글을 참고하라. S. Shellenbarger, "Are you a hero or a bystander?" *Wall Street Journal*, August 22, 2012.

40. Staub, "The roots of goodness," 2005.

41. N. Fox and H. N. Brehm, "'I decided to save them': Factors that shaped participation in rescue efforts during genocide in Rwanda," *Social Forces* 96, no. 4 (2018): 1625-1648.

42. 다음 글을 참고하라. S. Begley, "Saints and sinners: The science of good and evil,"

Newsweek, April 24, 2009.

43. J. P. Allen, J. Chango, D. Szwedo, M. Schad, and E. Marston, "Predictors of susceptibility to peer influence regarding substance use in adolescence," *Child Development* 83, no. 1 (2012): 337-350.

44. N. Abbott and L. Cameron, "What makes a young assertive bystander? The effect of intergroup contact, empathy, cultural openness, and in-group bias on assertive bystander intervention intentions," *Journal of Social Issues* 70, no. 1 (2014): 167-182.

45. S. H. Konrath, E. H. O'Brien, and C. Hsing, "Changes in dispositional empathy in American college students over time: A meta-analysis," *Personality and Social Psychology Review* 15, no. 2 (2011): 180-198.

46. J. M. Twenge and J. D. Foster, "Birth cohort increases in narcissistic personality traits among American college students, 1982-2009," *Social Psychological and Personality Science* 1, no. 1 (2010): 99-106.

47. J. M. Twenge, *Generation Me* (New York: Free Press, 2006).

48. J. Zaki, *The War for Kindness: Building Empathy in a Fractured World* (New York: Crown, 2019). (자밀 자키, 《공감은 지능이다》)

49. K. Schumann, J. Zaki, and C. S. Dweck, "Addressing the empathy deficit: Beliefs about the malleability of empathy predict effortful responses when empathy is challenging," *Journal of Personality and Social Psychology* 107, no. 3 (2014): 475-493.

10. 변화는 이미 시작되었다

1. A. Rattan and C. S. Dweck, "Who confronts prejudice? The role of implicit theories in the motivation to confront prejudice," *Psychological Science* 21, no. 7 (2010): 952-959.

2. M. M. Hollander, "The repertoire of resistance: Non-compliance with directives in Milgram's 'obedience' experiments," *British Journal of Social Psychology* 54 (2015): 425-444.

3. L. R. Martinez, M. R. Hebl, N. A. Smith, and I. E. Sabat, "Standing up and speaking out against prejudice toward gay men in the workplace," *Journal of*

Vocational Behavior 103, pt. A (2017): 71-85.

4. L. M. Lamb, R. S. Bigler, L. Liben, and V. A. Green, "Teaching children to confront peers' sexist remarks: Implications for theories of gender development and educational practice," *Sex Roles* 61, no. 5-6 (2009): 361-382.

5. E. Staub, "Promoting healing and reconciliation in Rwanda, and generating active bystandership by police to stop unnecessary harm by fellow officers," *Perspectives on Psychological Science* 14, no. 1 (2019): 60-64; E. Staub, "Preventing violence and promoting active bystandership and peace: My life in research and applications," *Peace and Conflict: Journal of Peace Psychology* 24, no. 1 (2019): 95-111.

6. S. P. Oliner and P. M. Oliner, *The Altruistic Personality: Rescuers of Jews in Nazi Europe* (New York: Free Press, 1988).

7. A. Hartocollis, "Dartmouth professors are accused of sexual abuse by 7 women in lawsuit," *New York Times*, November 15, 2018.

8. I. Coyne, A.-M. Gopaul, M. Campbell, A. Pankász, R. Garland, and F. Cousans, "Bystander responses to bullying at work: The role of mode, type and relationship to target," *Journal of Business Ethics* 157, no. 3 (2019): 813-827; J. Katz, R. Pazienza, R. Olin, and H. Rich, "That's what friends are for: Bystander responses to friends or strangers at risk for party rape victimization," *Journal of Interpersonal Violence* 30, no. 16 (2015): 2775-2792.

9. M. Levine, A. Prosser, D. Evans, and S. Reicher, "Identity and emergency intervention: How social group membership and inclusiveness of group boundaries shape helping behavior," *Personality and Social Psychology Bulletin* 31, no. 4 (2005): 443-453.

10. E. Kroshus, T. Paskus, and L. Bell, "Coach expectations about off-field conduct and bystander intervention by U.S. college football players to prevent inappropriate sexual behavior," *Journal of Interpersonal Violence* 33, no. 2 (2018): 293-315.

11. M. Gladwell, "Small change," *New Yorker*, October 4, 2010; D. McAdam, "Recruitment to High-Risk Activism: The Case of Freedom Summer," *American*

Journal of Sociology 92, no. 1 (1986): 64-90.

12. V. L. Allen and J. M. Levine, "Consensus and conformity," *Journal of Experimental Social Psychology* 5 (1969): 389-399; V. L. Allen and J. M. Levine, "Social support and conformity: The role of independent assessment of reality," *Journal of Experimental Social Psychology* 7, no. 1 (1971): 48-58; C. Nemeth and C. Chiles, "Modelling courage: The role of dissent in fostering independence," *European Journal of Social Psychology* 18, no. 3 (1988): 275-280; F. Rochat and A. Modigliani, "The ordinary quality of resistance: From Milgram's laboratory to the village of Le Chambon," *Journal of Social Issues* 51 (1995): 195-210.

13. 다음 글을 참고하라. D. Goleman, "Studying the pivotal role of bystanders," *New York Times*, June 22, 1993, C1.

14. N. J. Goldstein, R. B. Cialdini, and V. Griskevicius, "A room with a viewpoint: Using social norms to motivate environmental conservation in hotels," *Journal of Consumer Research* 35 (2008): 472-482.

15. A. Gerber, D. Green, and C. Larimer, "Social pressure and voter turnout: Evidence from a large-scale field experiment," *American Political Science Review* 102, no. 1 (2008): 33-48.

16. D. Centola, J. Becker, D. Brackbill, and A. Baronchelli, "Experimental evidence for tipping points in social convention," *Science* 360, no. 6393 (June 8, 2018): 1116-1119.

17. C. R. Sunstein, *How Change Happens* (Cambridge, MA: MIT Press, 2019). (캐스 R. 선스타인, 《변화는 어떻게 촉발되는가》)

18. J. Steinbeck, *East of Eden* (New York: Penguin Books, 1992). (존 스타인벡, 《에덴의 동쪽》)

저자 소개

캐서린 샌더슨 Catherine A. Sanderson

암허스트 대학교 심리학과 교수. 스탠퍼드 대학교에서 학사 학위를, 프린스턴 대학교에서 석사와 박사 학위를 받았다. 지극히 개인적인 심리적 기제이면서, 동시에 전 세계를 뒤덮고 사회적 이슈가 된 침묵과 방관, 무관심이 불러온 나비 효과를 보며 가졌던 "왜"라는 질문이 《방관자 효과》의 시작이었다. 샌더슨은 이 책을 통해 '방관자 효과'의 위험성을 경고하고 행동으로 옮길 구체적인 방법을 조언한다.

미국에서 가장 영향력 있는 고등 교육 정보 기관인 프린스턴 리뷰가 선정한 '최고의 교수 300인'에 이름을 올리기도 했으며, 《워싱턴포스트》, 《보스턴글로브》, 《USA투데이》, 《애틀랜틱》, CNN, CBS 등 수많은 언론을 통해 사회의 다양한 문제와 현상을 심리학의 시각으로 해석하고 함의를 짚어주고 있다. 지은 책으로는 《생각이 바뀌는 순간》 등이 있다.

박준형

서울외국어대학교 통번역대학원에서 한영 통번역 석사 학위를 취득했다. 환경부, 재정경제부 등 정부 기관과 여러 방송국에서 통번역 업무를 담당했고, 이데일리 경제부 기자로 일했다. 현재 출판번역 에이전시 베네트랜스에서 전속 번역가로 활동 중이다. 옮긴 책으로는 《용기의 정치학》, 《자본주의에 희망은 있는가》, 《피드 포워드》, 《필립 코틀러의 다른 자본주의》 등이 있다.

방관자 효과

2021년 8월 25일 초판 1쇄 발행

지은이 캐서린 샌더슨 **옮긴이** 박준형
펴낸이 김상현, 최세현 **경영고문** 박시형

책임편집 김선도 **디자인** 정아연
마케팅 임지윤, 양근모, 권금숙, 양봉호, 이주형, 신하은, 유미정
디지털콘텐츠 김명래 **경영지원** 김현우, 문경국
해외기획 우정민, 배혜림
펴낸곳 쌤앤파커스 **출판신고** 2006년 9월 25일 제406-2006-000210호
주소 서울시 마포구 월드컵북로 396 누리꿈스퀘어 비즈니스타워 18층
전화 02-6712-9800 **팩스** 02-6712-9810 **이메일** info@smpk.kr

ⓒ 캐서린 샌더슨(저작권자와 맺은 특약에 따라 검인을 생략합니다)
ISBN 979-11-6534-395-8(03330)

쌤앤파커스(Sam&Parkers)는 독자 여러분의 책에 관한 아이디어와 원고 투고를 설레는 마음으로 기
다리고 있습니다. 책으로 엮기를 원하는 아이디어가 있으신 분은 이메일 book@smpk.kr로 간단한
개요와 취지, 연락처 등을 보내주세요. 머뭇거리지 말고 문을 두드리세요. 길이 열립니다.